Mohamed Cabur

Gramática de la Lengua Española para los Árabes

Rediroma-Verlag

Mohamed Cabur, Dr. Phil., nació en la Argentina. Sus padres son de Siria. Aquí aprendió el Árabe. Después de la secundaria estudió lenguas modernas en la Universidad de Mainz en Germersheim y adquirió el grado académico Diplomado como Intérprete y Traductor. Más tarde recibió el título de doctor. En Alemania residió desde 1960 hasta 1968. Después de su regreso fue profesor de alemán por 27 años en el Instituto Goethe en Damasco.

Mohamed Cabur

GRAMÁTICA DE LA LENGUA ESPAÑOLA PARA LOS ARABES

قواعد اللغة الإسبانيّة للعرب

Adecuado para la población de Siria, de Irak,
Arabia Saudita, Libia, Qatar y otros países árabes.

Rediroma-Verlag

Los ejercicios de este libro se pueden encontrar en el formato A4 como un archivo PDF; para descargar e imprimir consulte:

http://www.rediroma-verlag.de/downloads/gramatica_1.pdf

Archivo de corrección de esta edición, consulte:

http://www.rediroma-verlag.de/downloads/gramatica_correccion_1.pdf

Mohamed Cabur

Gramática de la Lengua Española para los Árabes

قواعد اللغة الإسبانيّة للعرب

Bibliografische Information der Deutschen Nationalbibliothek

Die Deutsche Nationalbibliothek verzeichnet diese Publikation in der Deutschen Nationalbibliografie; detaillierte bibliografische Daten sind im Internet über http://dnb.ddb.de abrufbar.

ISBN 978-3-96103-052-1

www.rediroma-verlag.de

مقدمة

نظراً لإقبال الطلاب العرب في الآونة الأخيرة على تعلم اللغة الإسبانية، وذلك للاطلاع على الحياة الثقافية في اسبانيا أو دول لأميركا اللاتينية، أو لمتابعة الدراسة أو الاختصاص في إحدى جامعاتها، أو للتمتع بقراءة ذلك الكنز من الشعر والقصص لمشاهير الشعراء والكتاب أمثال لوركا وبيكر ومشادو ونيربو ونيرودا وساباتو، وغيرهم نجهل هويتهم، للأسف.

لهذه الأسباب مجتمعة ولغيرها قمت بإعداد هذا الكتاب لأيسّر للقارئ فهم مادة القواعد التي تشكل عقبة له، إذ هناك عدد من المصطلحات القواعدية يصعب ترجمتها إلى العربية وخصوصاً الأفعال بأزمنتها المختلفة كحالة ال pretérito indefinido و ال subjuntivo وفعلي الكون ser و estar، وحروف الجر وغيرها.

فأنت، أيها القارئ، كنت إذن بحاجة ملحة إلى مرجع في العربية يساعدك على فهم المبادئ الأساسية لقواعد لغة ثرفانتس الساحرة.

لقد حاولت بذل قصارى جهدي وأرجو أن أكون قد وفقت بعض الشئ في تبسيط هذه المادة لتكون لك عوناً في مهمتك. كما وأنني وضعت في آخر الكتاب لائحة بالأفعال النظامية بمجموعاتها الثلاث وأخرى بالأفعال الشاذة مشيراً فيها فقط إلى الأزمنة الشاذة.

والله الموفق!

محمد كبور
استاذ في اللغات الحديثة

Índice
الفهرس

4 El Adverbio / الظـرف

5 El Verbo / الفعل

6 Los Pronombres / الضمائر

7 Las Preposiciones / حروف الجر

8 Las Conjunciones / حروف العطف وأدوات الربط

9 Los Numerales / الصفات العددية

10 La Palabra y la Oración / الكلمة والجملة

11 Prefijos y sufijos / السوابق واللواحق

12 Estructura de las palabras internas / الهيكل الداخلي للكلمات

18 Ejercicios prácticos / تمارين عملية

Capítulo 1

El Artículo
الأداة

1.01 El artículo determinado
أداة التعريف

	singular / مفرد	**plural** / جمع
masculino / مذكّر	**el** libro / الكتاب	**los** libros / الكتب
femenino / مؤنّث	**la** casa / البيت	**las** casas / البيوت
neutro / محايد	**lo** hermoso / الشئ الجميل **lo** importante / المهم **lo** mío / ما يخصّني **lo** primero / الأول	

ملاحظة: إن اللغة الاسبانية تستخدم ثلاث أدوات تعريف:

el – los	**la – las**	**lo**
للمذكر	للمؤنّث	للمحايد

إن أداة الحياد **lo** لا تأتي إلاّ قبل صفات استخدمت كأسماء وكذلك قبل ظروف وضمائر وأعداد.

1.02 El artículo indeterminado
أداة التنكير

	singular / مفرد	plural / جمع
masculino / مذكّر	**un** libro / كتاب	**unos** libros / كتب
femenino / مؤنّث	**una** casa / بيت	**unas** casas / بيوت

ملاحظة: إن صيغة الجمع لأداة التنكير **unos** ترمز إلى عدد غير محدد. مثال:

unos alumnos بعض التلاميذ

أما إذا أتت قبل عدد يصبح معناها "تقريباً". مثال:

unos cinco alumnos تقريباً خمس تلاميذ

1.03 Uso del artículo determinado
استعمال أداة التعريف

أ **مع الكنية:** تأتي أداة التعريف قبل الكنية المسبقة أيضاً بـ:

señora(s), señor(es)

La *señora Fernández* السيدة فرنانذث

وتحذف الأداة عندما نتكلم مباشرة مع الشخص:

Encantado, señora Fernández. سررنا لمعرفتك، سيدة فرنانذث.

◂ الأداة **los + الكنية:** (في هذه الحال تحذف كلمة señores)

Es un amigo de ***los*** *López.* هو صديق لآل لوبيس.

ب **مع العمر:**
تأتي أداة التعريف في صيغة الجمع بعد حرف الجر حين نتكلم عن عمر الشخص الذي قام بعمل ما. مثال:

Don Amado se casó a ***los*** *treinta años.*
السيد أمادو تزوج وهو في الثلاثين من عمره.

◂ الأداة **los + عدد:** هنا تحذف كلمة años، إذ تعبر عن العقد (مدة عشر سنوات) الذي وصل الشخص إليه.

Carmen no llega a ***los*** *treinta.* لا تبلغ كارمن العقد الثالث من عمرها.

ج مع أيام الأسبوع:

◄ تشير أداة التعريف في صيغة المفرد إلى يوم معيّن:

*Iremos al teatro **el** viernes.* سنذهب إلى المسرح يوم الجمعة.

◄ تشير أداة التعريف في صيغة الجمع إلى دورية:

*No me gustan **los** domingos.* لا تعجبني أيام الآحاد.

◄ **مع التوقيت:**

*Es **la** una.* الساعة الواحدة.

*Son **las** diez.* الساعة العاشرة.

هـ مع النسبة المئوية:

***El** veinte por ciento de la población votó por él.*

انتخبه العشرون بالمائة من السكان.

و مع الصفات كأسماء:

١ صفة + el, la, los, las

***Es la mejor** del equipo.*

هي أفضلهم في الفريق.

***El pobre** y **el rico** comen del mismo pan.*

يأكل الغني والفقير من نفس الخبز.

٢ مصدر الفعل + el

تشكل هذه الصفة أسماءً تتبع العمل الصادر عن الفعل:

***El comer** mucho engorda.* كثرة الطعام تسمّن.

٣ **لفعل المصرّف + el que**

تسمح هذه الصيغة أيضاً بتشكيل أسماء تعود إلى العمل الذي حدده الفعل.

مثال:

***El que** viajes tanto me preocupa.*	يقلقني سفرك الكثير.

مع أسماء الإشارة وضمائر الملكية:

١ **el que, la que, los que, las que, lo que**

وإذا أتت أداة التعريف قبل اسم موصول منحته صفة الإشارة:

*Este libro es **el que** compré ayer.*	هذا هو الكتاب الذي اشتريته البارحة.

٢ **el de, la de, los de, las de, lo de**

وتمثل هذه الصيغة ضميراً يعادل ضمير الملكية، وبذلك لا نحتاج إلى تكرار الاسم المحذوف:

*Este libro es **el de** Rafa.*	هذا الكتاب هو كتاب رفاه.

ح **مع الجهات الأربع:**

el Norte الشمال، **el** Sur الجنوب، **el** Sudoeste الجنوب الغربي

ط **مع الأسماء العامة والمفاهيم المجردة:**

***El** oro es más precioso que la plata.*	الذهب أثمن من الفضة.
***La** alegría vale más que la riqueza.*	السعادة أثمن بكثير من الغنى.

ي **مع الألقاب إذا اتبعها اسم خاص:**

***El** Rey Alonso.*	الملك ألونسو.
***La** Princesa María.*	الأميرة ماريا.

ك مع بعض المصطلحات:

ceder **el** paso	تنحّى جانباً
dar **los** buenos días	صبّح عليه
dar **las** gracias	شكره
jugar a **los** naipes	لعب الورق
me da **la** gana	رغبتي أن...
nosotros **los** árabes	نحن العرب
son **las** nueve	الساعة التاسعة

لا تستعمل أداة التعريف:

- مع الأسماء الخاصّة: Jorge, María, Pedro
- مع الأشخاص بدون متمم:

Ha venido Ana.
لقد أتت آنا.
Alejandra es mejor cocinera que Juana.
أليخاندرا طباخة أفضل من خوانا.

- مع أسماء المدن والمحافظات والولايات بدون متمم لها:
Andalucía – Damasco – Galicia

باستثناء:
La Mancha – **La** Alcarria – **La** Rioja – **La** Coruña – **Las** Palmas – etc...

- مع أسماء الدول دون متمم:
Francia – Alemania – España – Italia
ولكن إذا ورد متمم مع اسم الدولة، أي أنه خصّص أو عرّف وجب استعمال الأداة:

***La** Francia de Napoleón.* فرنسا في عهد نابليون.

***La** Alemania de Hitler.*	ألمانيا الهتلرية.

◂ مع أسماء الأشهر دون تحديد معيّن:

nacido en mayo.	ولد في أيار.

ولكن نقول:

***el** mayo del último año.*	شهر أيار للعام المنصرم.

◂ مع البدل:

Madrid, capital de España.	مدريد، عاصمة إسبانيا.

◂ مع العدد الترتيبي لأسماء الحكام:

Carlos Quinto	شارل الخامس

◂ مع الكلمات التالية:
Santa, santo, san إذا وردت قبل اسم خاص:

San Francisco	القديس فرنسيس
Santa Ana	القديسة آنا

◂ مع بعض المصطلحات:

acusar recibo	أكّد استلام...
hacer frente	صمد أمام...
mudarse de casa	انتقل من مسكن إلى آخر
perder de vista	انقطعت الصلة بين...
a orillas de	على ضفّة...

en caso de	في حال...
con motivo de	بقصد أن...
a principios del año	في بدء العام...

أداة التعريف الحيادي lo:

لا تأتي أبداً مع الأسماء، ولكنها تكسب العناصر المرافقة لها صفة الاسم.

- **صفة + lo** أو **اسم مفعول + lo**

إن الأداة **lo** تحول الصفة إلى اسم ذي مفهوم مجازي، ويصبح هذا الاسم في صيغة المذكر المفرد:

***Lo** bueno que es vivir.*	ليس هناك أجمل من العيش.
*Abandonaron **lo** proyectado.*	لقد أهملوا ما خطط.

- يعبّر عن جزء من كل:

***Lo** alto de la torre.*	القسم العالي من البرج.

- للإشارة إلى مجموعة أشياء لها نفس الخواص:

*Me gusta **lo** azul.*	يعجبني ما هو أزرق (كل شئ أزرق).

- **que** + (أو ظرف) صفة + **lo**، يعطي الصفة قوة أكبر:

*Hay que ver **lo guapa que** es María.*

عليك أن ترى كم هي جميلة ماريا.

*Me sorprende **lo bien que** habla el español.*

يدهشني كيف يتكلم الاسبانية.

1.04 Uso del artículo indeterminado
استعمال أداة التنكير

يمكن اعتبار أداة التنكير **un** اختصاراً للصفة العددية **uno** وهي ترمز إلى عنصر من أصل مجموعة عناصر. لكن حين نريد أن نعطي فكرة أقل تحديداً نحذفها، وخصوصاً في حالة الجمع.

- لا تستعمل أداة التنكير المفرد:

١ قبل الكلمات التالية:

distinto – doble – igual – medio – otro – semejante – tamaño – tan – tanto

Ese es otro problema.
هذا موضوع آخر.
No imaginaba semejante tontería.
لم يكن يتصور بلادة كهذه.
Cada mañana tomaba ½ litro de leche.
كان يشرب كل صباح نصف ليتر حليب.

لكن حالياً نستخدم أداة التنكير هذه بمعنى خاص أو مميّز:

*Trabaja con **un** cierto entusiasmo que no le conocía.*
إنه يعمل بحماسة لم أكن أعرفها من قبل.
*Añadió al brebaje **un** cierto producto.*
لقد أضاف على هذا المشروب الكريه مادة أخرى.

٢ قبل كلمة **tal**:

Nunca había visto tal aventura. لم أعش أبداً مغامرة كهذه.

٣ قبل ظروف الحال:

*Cantaban con **(una)** voz grave.* كانوا يغنون بصوت خفيض.

٤ قبل صيغة أفعل التفضيل:

Exigimos mejor comida. نطالب بطعام أفضل.

٥ قبل كلمات استخدمت بمفهومها العام:

Tener niñera ahora no se lleva. في الوقت الحاضر لا يمكن توظيف مربية.

لاحظ الفرق:

*Tenemos **una** niñera eficaz.* لدينا مربية نشيطة.

أداة التنكير للجمع:

١ إذا خذفت بشكل عام نحصل على مفهوم أشمل وأقل تحديداً:

Hemos visto elefantes, tigres y leones. لقد رأينا فيلة ونموراً وأسوداً.

Cambiaba dólares por pesetas. بدّل دولاراً ببزيتا.

خواص أداة التنكير لدى استعمالها:

١ تأتي بمعنى بعض أو عدة:

*Te enseñaré **unas** fotos del viaje.* سأريك بعض صور الرحلة.

*Tengo **unos** platos nuevos.* لدي بعض الصحون الجديدة.

٢ تعبّر عن عدد تقريبي:

*Somos **unos** veinte.* نحن قرابة العشرين.

*Estamos a **unos** 30 km de la ciudad.* نبعد نحو ثلاثين كيلومتراً عن المدينة.

٣ تقلل من عدد مجموعة معينة:

Aquí hay trabajadores muy responsables.

لدينا عمال ذوي مسؤولية. (مجموعة غير محددة)

Aquí hay ***unos*** *trabajadores muy responsables.*

لدينا بعض العمال ذوي مسؤولية. (مجموعة محددة)

Capítulo 2

El Substantivo

الاسم

2.01 El género (masculino y femenino)
جنس الأســماء (مذكر ومؤنّث)

يختلف الاسم في الجنس والعدد.

١ **المذكر:** هو كل الأسماء التي تنتهي عادة بـ: **o**- أو **ón**- أو **l**- أو **r**-.

el libr**o**	الكتاب	el asient**o**	المقعد
el sarampi**ón**	الحصبة	el coraz**ón**	القلب
el mant**el**	المفرش	el pape**l**	الورق
el amo**r**	الحب	el calo**r**	الحر

◂ ويستثنى من الأسماء المنتهية بـ **r**- ما يلي:

la flo**r**	الزهرة	**la** colifl**or**	القرنبيط
la labo**r**	العمل	**la** so**r**	الأخت (الراهبة)

◂ بعض الأسماء المنتهية بـ **a**-، ولكنها تعود على أشخاص من الجنس المذكر:

el cura	الراهب	el pirat**a**	القرصان
el poet**a**	الشاعر	el atlet**a**	الرياضي

◂ الأسماء التي هي من أصل يوناني وتنتهي بـ **ma**-:

el diplo**ma**	الديبلوم	el cli**ma**	الطقس
el proble**ma**	المشكلة	el te**ma**	الموضوع
el siste**ma**	الأسلوب	el idio**ma**	اللغة
el progra**ma**	البرنامج		

◄ أسماء الألوان:

el naranja	البرتقالي	**el** rosa	الوردي
el rojo	الأحمر	**el** amarillo	الأصفر

◄ بعض الأسماء مثل:

el día	اليوم	**el** planeta	الكوكب
el mapa	الخارطة		

٢ المؤنّث:

◄ الكلمات التي تنتهي عامة بـ: **-a / -ad / -ción / -sión / -z / -zón**

la mes**a**	الطاولة	la lengu**a**	اللغة
la ed**ad**	العمر	la ciud**ad**	المدينة
la aten**ción**	العناية	la na**ción**	الأمة
la se**sión**	الجلسة	la deci**sión**	التصميم
la perdi**z**	الحجل	la nari**z**	الأنف
la sa**zón**	الموسم	la ra**zón**	الصواب

◄ الكلمات التي تنتهي بـ: **-ncia / -umbre / -eza / -ie / -nza / -cia**

la pesad**umbre**	الحزن	la l**umbre**	النار / النور
la cab**eza**	الرأس	la pobr**eza**	الفقر
la calvic**ie**	الصلع	la ser**ie**	السلسلة / تتابع
la espera**nza**	الأمل	la da**nza**	الرقص
la tenden**cia**	الميل / النزعة	la pruden**cia**	الحذر / الرصانة

◄ الكلمات التي تنتهي بـ **o-** ولكنها تعود على أشخاص من الجنس المؤنث:

la model**o**	عارضة الأزياء	la soprano	مغنية صوتها سوبرانو

٣ مذكر أو مؤنّث:

يكون الاسم مذكراً أو مؤنثاً حسب الجنس:

الكلمات التي تنتهي بـ: **ista**-

la ciclista	راكبة الدراجة	**el** ciclista	راكب الدراجة
la periodista	صحفية	**el** periodista	صحفي
la artista	فنانة	**el** artista	فنان
la modista	خياطة	**el** modista	خياط

◂ بعض الأسماء المنتهية بـ **nte**-:

la estudiante	طالبة	**el** estudiante	طالب
la principiante	مبتدئة	**el** principiante	مبتدئ
la cantante	مغنية	**el** cantante	مغن

وخلافاً لذلك:

la dependienta	خادمة	**el** dependiente	خادم
la clienta	زبونة	**el** cliente	زبون

◂ وتكون مذكرة أو مؤنثة تلك الأسماء التابعة لصنف معين من الحيوانات، ولا يمكننا من تسميتها أن نعرف إلى أي جنس تنتسب. لذا نضيف عليها العبارة **macho** (ذكر) أو **hembra** (أنثى):

el ratón hembra	فأرة	**el** ratón macho	فأر
la jirafa hembra	زرافة أنثى	**la** jirafa macho	زرافة ذكر
la rana hembra	ضفدع أنثى	**la** rana macho	ضفدع ذكر

- تلك الكلمات التي تنتهي بـ **e-** طبقاً لمصدرها الأصلي:

el golpe	ضربة	(من اللاتيني colpus مذكر)
la costumbre	عادة	(من اللاتيني consuetudo, -ine مؤنث)

- إن الأسماء التي تبدأ بـ **a** أو **ha** مشددة وهي ذات نبرة، تأخذ في صيغة المفرد الأداة **el** (طبعاً دون أن تغير في جنسها النحوي) أما في صيغة الجمع فتعود لتأخذ الأداة **las:**

el agua fría	الماء البارد	**el** haba gruesa	حبة الفول
las aguas frías	المياه الباردة	**las** habas gruesas	الفول

ازدواجية الأداة:

تأخذ بعض الأسماء الأداتين، ولكن معناها يتغير:

la frente	جبين	**el** frente	واجهة
la capital	عاصمة	**el** capital	رأسمال
la cólera	غضب / غيظ	**el** cólera	وباء الكوليرا
la cometa	طيارة ورق	**el** cometa	نيزك
la espada	سيف	**el** espada	مصارع الثيران
la pez	زفت	**el** pez	سمك
la cura	شفاء	**el** cura	راهب

- أسماء المدن:

إن أغلب أسماء المدن تكون مؤنثة إذا انتهت بحرف **a-**، وفي الحالات الأخرى مذكرة. لكن هناك حالات شاذة كثيرة حين الاستعمال:

*Barcelona es hermos**a**.*	برشلونة جميلة.
*Madrid es hermos**o**.*	مدريد جميلة.

2.02 Formación del femenino
بناء صيغة المؤنّث

التغيرات التي تطرأ على الاسم المذكر ليصبح مؤنثاً:

١ الأسماء المنتهية بـ **o-** تستبدل بـ **a-**:

la gata	هرّة	**el** gato	هر
la tía	عمة / خالة	**el** tío	عم / خال
la alumna	تلميذة	**el** alumno	تلميذ

٢ نعلق في نهاية الاسم الذي ينتهي بحرف ساكن الحرف **a-**:

la doctor**a**	طبيبة	**el** doctor	طبيب
la bailarin**a**	راقصة	**el** bailarín	راقص

٣ هناك العديد من الأسماء التي تبني حالة التأنيث مع النهايات: **-esa / -iz / -ina**

la condesa	كونتيسا	**el** conde	كونت
la duquesa	دوقة	**el** duque	دوق
la princesa	أميرة	**el** príncipe	أمير
la actriz	ممثلة	**el** actor	ممثل
la reina	ملكة	**el** rey	ملك
la heroína	بطلة	**el** héroe	بطل

٤ وهناك حالات يكون لكل جنس إسم خاص:

la mujer	إمرأة	**el** hombre	رجل
la madre	أم	**el** padre	أب

la nuera	كنة (زوجة الابن)	**el** yerno	صهر (زوج الابنة)
la hembra	أنثى	**el** macho	ذكر
la esposa	زوجة	**el** marido	زوج
la yegua	فرس	**el** caballo	حصان
la oveja	شاة / نعجة	**el** carnero	كبش / خروف
la madrina	عرابة	**el** padrino	عراب

٥ أما الأسماء التي تدل على مهن ذات ثقافة، أو مجموعة تابعة لجمعية أو حزب سياسي لا تتغير بالنسبة للجنسين:

la artista	فنانة	**el** artista	فنان
la socialista	اشتراكية	**el** socialista	اشتراكي
la deportista	رياضية	**el** deportista	رياضي

لكن مع الوقت نفسه تزداد الاستثناءات، نظراً لتطور المجتمع المستمر:

la ministra	وزيرة	**el** ministro	وزير
la catedrática	أستاذة	**el** catedrático	استاذ
la jueza	قاضية	**el** juez	قاض
la médica	طبيبة	**el** médico	طبيب
la abogada	محامية	**el** abogado	محام

٦ أما الأسماء التي تدل على مهن لا تحتاج إلى ثقافة ما، والتي تمارسها الامرأة أيضاً، فإنها تتغير حسب الجنس:

la campesina	فلاحة	**el** campesino	فلاح
la obrera	عاملة	**el** obrero	عامل
la tendera	صاحبة دكان	**el** tendero	صاحب دكان

2.03 Formación del plural

بناء صيغة الجمع

قواعد عامة:

الجمع	مثال	الجمع يأخذ	الأسماء التي تنتهي بـ
las casa**s** las liebre**s** los papá**s** los comité**s** los menú**s**	la cas**a** la liebr**e** el pap**á** el comit**é** el men**ú**	**-s**	خرف صوتي (مشدد أو غير مشدد)، عدا الحرف **i-** (مشدد) أو **y-**
las pared**es** los jabalí**es** las ley**es**	la pare**d** el jabal**í** la le**y**	**-es**	حروف ساكنة عدا الحرف **(s-)** والحرف **y-** أو **i-** (مشدد)
los pe**ces** los lápi**ces**	el pe**z** el lápi**z**	**-ces**	الحرف **z-**
los gas**es** los interes**es** los país**es**	el ga**s** el interé**s** el paí**s**	**-es**	**-s** وهي الكلمات ذات المقطع الواحد أو تلك التي تأخذ نبرة في آخر المقطع.
las tesi**s** los paragua**s**	la tesi**s** el paragua**s**	**-s**	بقية الكلمات المنتهية بـ **s-**

استثناءات:

١ الجمع المذكر:

إن الجمع المذكر يشمل أحياناً كلا الجنسين، وخصوصاً مع أسماء الأقارب وأفراد العائلة:

los padres	الوالدان	el padre	أب
los hijos	الأولاد	el hijo	ابن
los hermanos	الأخوة	el hermano	أخ
los tíos	أخوال وخالات	el tío	خال / عم

٢ هناك أسماء لا تستعمل إلا في صيغة الجمع:

los alrededores	الضواحي
las gafas	النظارة
las tijeras	المقص
las tinieblas	الدجى

٣ تبديل النبرة:

تغيّر بعض الأسماء موقع النبرة حين تحول إلى الجمع:

los reg**í**menes	el r**é**gimen	نظام
los caracteres	el car**á**cter	سلوك
los espec**í**menes	el esp**é**cimen	عيّنة

٤ تغيّر المعنى أو كسب معنى إضافي:

las letras	الآداب	la letra	حرف
las voces	الصراخ / أصوات	la voz	صوت
las esposas	زوجات / قيد	la esposa	زوجة
los gemelos	تؤمان / أزرار الكم/ منظار الأبرا	el gemelo	تؤم

٥ الأسماء المركبة:

إن الأسماء المركبة التي اندمجت أجزاؤها ببعضها، بشكل أن المتكلم يعتبرها أصلاً كلمة واحدة، تأخذ في الجمع إما **s-** أو **es-**:

los girasoles	el girasol	عباد الشمس
los ferrocarriles	el ferrocarril	سكة الحديد
los bocacalles	el bocacalle	مدخل الشارع

◂ أما الأسماء المركبة التي قسمها الأول فعل والثاني اسم لا تتغيّر في الجمع:

(limpia botas – los limpiabotas)	←	el limpiabotas
أمسح أحذية		ماسح الأحذية
(para aguas – los paraguas)	←	el paraguas
أمنع الماء عن		مظلة

2.04 Declinación del substantivo
إعراب الاسم

توجد في الاسبانية، كما في العربية، حالة الرفع (el Nominativo)، حالة النصب (el Acusativo)، أما حالة المضاف إليه (el Genitivo) يتم تشكيلها مع حرف الجر **de** (من) وحالة المجرور أو المفعول به غير المباشر (el Dativo) تبنى مع حرف الجر **a** (من / لأجل).
وتندمج الأداة **el** مع حرف الجر **de** لتصبح **del** ومع الحرف **a** لتصبح **al**.

del (de + el) – **al** (a + el)

هذا ولا يندمج الحرفان **de** و **a** مع أداة التنكير أبداً:

de un libro – **a** un libro

ويمكن أن نوضح الحالات الأربع المذكورة بالقائمة التالية:

الحالة	المفرد	الجمع
	المذكر	
الرفع	**el** libro	**los** libros
النصب	**el** libro	**los** libros
المجرور	**al** libro	**a los** libros
المضاف إليه	**del** libro	**de los** libros
	المؤنث	
الرفع	**la** revista	**las** revistas
النصب	**la** revista	**las** revistas
المجرور	**a la** revista	**a las** revistas
المضاف إليه	**de la** revista	**de las** revistas

نرى في القائمة السابقة أن حالتي الرفع والنصب متشابهان تماماً مع الأشياء، لكن مع الأشخاص تأخذ حالة النصب الحرف **a**، إذا كان الشخص معروفاً.

*He visto **al** jefe de la casa.*

رأيت رئيس الشركة.

أما إذا كان الشخص غير معروف (مرتبطاً بأداة تنكير أو عدد ما) فلا نستعمل معه في النصب الحرف **a**.

Buscamos una taquimeca.

إننا نفتش عن مختزلة وضاربة آلة كاتبة.

Tiene dos hijos (varios, muchos) hijos.

لديه ولدان (عدة أولاد).

2.05 Diminutivos y aumentativos
أدوات التصغير والتكبير

أدوات التصغير والتكبير تغيّر معنى الكلمة:

أدوات التصغير:
إن أدوات التصغير هي لواحق تعطي الأسماء والصفات وحتى الظروف واسم المفعول وحال الفاعل معان جديدة. لواحق التصغير هذه عادية جداً في اللغة الدارجة.

التصغير مع: **-ito, -ita, -itos, -itas / -illo, -illa, -illos, -illas**

إن هذه اللواحق تعطي الكلمة مفهوم التصغير، ولكن في الواقع تعطيه مفهوم العاطفة.

تشكيل التصغير:

أمثلة		تأخذ اللاحقة	الكلمات المنتهية بـ
cas**ita**	casa	**-ita (s)**	**a** (تفقد الحرف الأخير)
libr**ito**	libro	**-ito (s)**	**o** (تفقد الحرف الأخير)
angel**ito**	ángel	**-ita (s)** **-ito (s)**	حروف ساكنة مع عدا الحرفين **r** و **n**
cafe**cito**	café	**-cito (s)**	**-e**
sillon**cito**	sillón	**-cita (s)**	**-n**
calor**cito**	calor		**-r**
piedr**ecita**	piedra	**-ecito (s)**	الكلمة المؤلفة من مقطع واحد أو
flor**ecita**	flor	**-ecita (s)**	ذات الإدغام المشدد.

أشكال أخرى من التصغير:

هناك لواحق تصغير تعطي مفهوم الازدراء وهي:

mujer**zuela**	**-ueloz / -uelaz**
cas**ucha** – animal**ucho**	**-ucho / -ucha**
popul**acho** – cov**acha**	**-acho / -acha**

لواحق التكبير وكيفية تشكيل التكبير:

١ يتم تشكيل التكبير الأكثر استخداماً بواسطة اللواحق التالية:

cas**ón** – cas**ona**	**-ón / -ona**
buen**azo** – car**aza**	**-azo / -aza**
libr**ote** – car**ota**	**-ote / -ota**

٢ إن صيغة التكبير هذه تعطي الاسم إضافة إلى مفهوم التكبير مفهوم الازدراء:

solter**ón**	أعزب وذو عمر
hombr**azo**	رجل مزني
palabr**ota**	كلمة بذيئة

وبامكان هذه اللواحق أن تعطي الشئ مفهوم الوفرة والنزعة:

patr**iota**	يحب وطنه
bur**lón**	مفرط في الهزل
cabez**ote**	متصلب

٣ أما اللاحقتان **azo-** و **ada-** فقد تعبّران عن الضرب بشئ:

manot**azo**	ضربة باليد
cod**azo**	ضربة بالكوع

puñal**ada**	ضربة بالسكين
corn**ada**	جرح بواسطة رأس قرن
port**azo**	صوت الباب عندما يغلق بسرعة

ملاحظة: إضافة إلى ما قيل عن لواحق التصغير والتكبير هناك عدد من الاستثناءات في لغة المحادثة. فمع التصغير نجد:

calentito	caliente
piececito	pié

ومع التكبير قد تأخذ الكلمة عدة لواحق:

hombr**ón**	hombr**azo**	hombre
fortach**ón**	fuert**ote**	fuerte
bonach**ón**	buen**azo**	bueno

ملاحظة هامة: إننا ننصح الطالب بشكل ملح، نظراً إلى كثرة اللواحق الواردة في اللغة الاسبانية، أن يستخدم فقط اللواحق المعروفة بشكل عام والعادية منها. وحذار أن تستعمل أية كلمة مركبة، إن لم تكن متأكداً أن مفهومها قد تغير، أو تلك التي لا ترد عملياً في لغة المحادثة.

Capítulo 3

El Adjetivo

الصفة

يمكننا أن نفرق في اللغة الاسبانية بين الصفات المنتهية بحرف صوتي أو حرف ساكن وذلك إذا عدنا إلى أصلها اللاتيني.

3.01 Formación del femenino
تشكيل صيغة التأنيث للصفة

الصفة المنتهية بـ	التأنيث	مذكر	مؤنّث
-án, -in, -ón, -or	تأخذ حرف **a**	holgaz**án**	holgazan**a**
		parlach**ín**	parlachin**a**
		dormil**ón**	dormilon**a**
		seduct**or**	seductor**a**
-ior	لا تتغير	poster**ior**	poster**ior**
وصفات التفضيل:		anter**ior**	anter**ior**
mayor, menor		**mayor**	mayor
mejor, peor		**peor**	peor
		mejor	mejor
كل الصفات المنتهية بـ **-o**	تبدل **-o** بـ **-a**	buen**o**	buen**a**
		bonit**o**	bonit**a**
		chic**o**	chic**a**
بقية الصفات	لا تتغير	**interesante**	interesante
		útil	útil

- صفات النسبة (los gentilicios) المنتهية بحرف ساكن تأخذ **a**- في التأنيث.

alemana	alemán
francesa	francés
española	español

- أما تلك التي تنتهي بـ **i**-، **e**-، **a**- فلا تتغير:

una amiga belga	un chico belga
una casa marroquí	un libro marroquí
una amiga conquense	un amigo conquense

3.02 Formación del plural
تشكيل صيغة الجمع للصفة

يتم تشكيل صيغة الجمع للصفة تماماً كما هي الحال مع اسم (انظر ص ٣٦) وذلك بإضافة حرف **s**- على نهايتها، إن كانت تنتهي بحرف صوتي غير مشدد و بـ **es**- إن كانت تنتهي بحرف ساكن أو صوتي مشدد:

الجمع	المفرد	تأخذ في الجمع	الصفات المنتهية بـ
ambicioso**s**	ambicios**o**	-s	حرف صوتي غير مشدد
interesante**s**	interesant**e**		
egoísta**s**	egoíst**a**		
trabajador**es**	trabajado**r**	-es	حرف ساكن أو صوتي
marroquí**es**	marroqu**í**		مشدد
auda**ces**	auda**z**	-ces	z-
capa**ces**	capa**z**		

تطابق الصفة والاسم:

el cuarto limpio	الغرفة النظيفة
los cuartos limpios	
la cocina limpia	المطبخ النظيف
las cocinas limpias	
el cuarto es limpio	الغرفة نظيفة
los cuartos son limpios	
la cocina es limpia	المطبخ نظيف
las cocinas son limpias	

ملاحظة: إذا كانت الصفة في جملة ما تعود على أسماء مذكرة ومؤنثة معاً وردت هذه في حالة التذكير:

*La camisa y el pantalón son **rojos**.*

3.03 Posición del adjetivo en la oración
موقع الصفة في الجملة

إن موقع الصفة في الجملة يجب أن يكون منسجماً ومتناسقاً. لذا نرى أن الصفات المؤلفة من ثلاث مقاطع أو أكثر تأتي في الأخير، وفيما عدا ذلك تتصدر الاسم.

١ إن الصفات التي تأتي قبل الموصوف ترمز إلى خاصية له، وغالباً ما نجدها كزينة له. وتأتي هذه أيضاً قبل الموصوف في المفهوم المجازي:

la blanca nieve	الثلج الأبيض
la dulce miel	العسل الحلو
la negra ingratitud	الجحود الأسود

٢ وتأتي قبل الموصوف أيضاً تلك الصفات المستعملة باستمرار، دون أن تكون مشددة:

bueno – malo – grande – pequeño

un pequeño regalo	هدية صغيرة
un buen muchacho	صبي جيد

٣ تفقد بعض الصفات الحرف **o-** في نهايتها، عندما تسبق الاسم:

un chico bueno
un buen chico

وقد يطرأ هذا الحذف على الصفة عندما تسبق اسماً، أو عدداً، أو صفة، أو ظرفاً.
وفيما يلي جدول مع أمثلة لأهم هذه الصفات:

أمثلة	موقع الصفة	الصفة مختصرة	الصفة
*Es un **buen** chico.* *Fue un **mal** día.* *Sacó el **primer** puesto.* *Se sentó en el **tercer** banco.* *Llegó solo **un** minuto tarde.* ***Algún** día lo sabré.* *No tengo **ningún** libro **tuyo**.*	قبل الاسم مفرد مذكر	**buen** **mal** **primer** **tercer** **un** **algún** **ningún**	bueno malo primero tercero uno alguno ninguno
***Cualquier** sitio me agrada.* *Trabaja en una **gran** empresa.*	قبل اسم مذكر أو مؤنث مفرد	**cualquier** **gran**	cualquiera grande
*Vinieron más de **cien** personas.* ***Cien** mil manifestantes.* *Ha cumplido **veintiún** años.*	قبل اسم مذكر أو مؤنث أو عدد كبير قبل اسم مذكر جمع	**cien** **veintiún**	ciento veintiuno
*El día de **San José** es un día festivo.*	قبل اسم عام ما عدا: Angel, Domingo, Tomás, Tomé, Toribio	**San**	Santo

٤ وبعكس ما ذكر تأتي الصفة بعد الموصوف لتعطيه سمة طبيعية ومميّزة:

un ciudadano argentino	مواطن أرجنتيني (جنسية)
la Iglesia Católica	الكنيسة الكاثوليكية (مذهب)
un traje azul	حلة زرقاء (لون)
una mesa redonda	طاولة مستديرة (شكل)

٥ قد تأتي عدة صفات أو مفاعيل مستخدمة كصفات بعد الموصوف متصلة فيما بينها بحرفي العطف **y** و **o**:

Un libro divertido y cautivador.

كتاب مسل ومشوق.

Una habitación amueblada o no amueblada.

غرفة مفروشة أو غير مفروشة.

٦ هناك عدة صفات تبدل معناها، حسب موقعها في الجملة. فإن وردت بعد الموصوف أتت بمعناها الحقيقي، وإن سبقته بمعناها المجازي:

noticias ciertas	ciertas noticias
أخبار مؤكدة	بعض الأخبار
una casa grande	una gran casa
بيت كبير وواسع	بيت مهم
una mujer pobre	una pobre mujer
إمرأة فقيرة	إمرأة مسكينة

3.04 Grados de comparación
أفعل التفضيل للصفة

إن الصفة هي النوع الوحيد من الكلمات التي تستطيع تبديل صيغتها دون أن تغير مضمونها. وبهذا الشكل تأخذ كل صفة عدة درجات، تساعدها في عملية المقارنة (la comparación).
قد تدل المقارنة على مقارنة متكافئة، وهي الصيغة الأساسية للصفة (grado positivo)، أو المقارنة غير المتكافئة (el comparativo)، أو على أعلى الدرجات، درجة التفضيل (el superlativo).

١ تستعمل في درجة المقارنة المتكافئة: **tan (tanto) ... como**

*Pedro es **tan** inteligente **como** Juan.*	بيدرو ذكي مثل خوان.
*Esto vale **tanto** como aquello.*	قيمة هذا مثل ذاك.

٢ ويتم تشكيل درجة المقارنة غير المتكافئة بوضع **más ... que** أو **menos ... que** قبل الصفة الأساسية:

*Julio es **más** alto **que** Amado.*	خوليو أطول من أمادو.

*Antonio tiene **menos** dinero que Félix.*
أنطونيو يملك نقوداً أقل من فيليكس.

ملاحظة: إذا ورد افتراض ما بعد صفات المقارنة غير المتكافئة أدخلنا عليها: **lo** **de lo**

*Es mucho más trabajador **de lo que** parece.*	هو أنشط بكثير مما يبدو.

٣ ويتم تشكيل صيغة أفعل التفضيل، وهي أعلى الدرجات، بوضع **más** مع أداة التعريف قبل الصفة الأساسية:

*Este es el **más** caro hotel en Roma.*	هذا أغلى فندق في روما.

أما إذا وردت صيغة أفعل التفضيل بعد الاسم تحذف أداة التعريف (بعكس الإفرنسية)، مثال:

*Barcelona es el puerto **más** importante de España.*
برشلونة أهم مرفأ في اسبانيا.

٤ وتستخدم صيغة أفعل التفضيل المطلق **superlativo absoluto** للحديث عن عنصر قائم بذاته، دون مقارنته بشكل صريح مع غيره. ويتم تشكيل هذه الصيغة بوضع النهاية **-ísimo** على جذر الصفة الأساسية.

hermos / o → hermos**ísimo**	جميل
hermos / a → hermos**ísima**	جميلة

وإذا كان جذر الصفة ينتهي بالحروف -c-, g-, z يصبح:

rico → riquísimo	غنيّ
largo → larguísimo	طويل
feliz → felicísimo	سعيد

وإليك ملخص لما ذكر من عن أفعل التفضيل للصفة:

positivo	comparativo	superlativo relativo	superlativo absoluto
barato	**más** barato	**el más** barato	barat**ísimo**
barata	**más** barata	l**a más** barata	barat**ísima**
رخيص	أرخص	الأرخص	رخيص جداً

٥ أما مع الصفات bueno جيد، malo سيء، mucho كثير، poco و قليل، فيشتق منها درجات التفضيل من اللاتيني، وهي تشذ عم القاعدة:
إليك الجدول التالي:

positivo	comparativo	superlativo relativo	superlativo absoluto
bueno	mejor	el mejor	óptimo
malo	peor	el peor	pésimo
mucho	más	los más	muchísimo
poco	menos	los menos	poquísimo

وللصفات grande كبير، pequeño صغير، alto طويل، bajo منخفض، فلها إضافة إلى اشتقاقها الطبيعي لدرجات التفضيل أشكال أخرى مشتقة من اللاتيني:

positivo	comparativo	superlativo relativo	superlativo absoluto
grande	mayor	el mayor	máximo
pequeño	menor	el menor	mínimo
alto	superior	el superior	supremo / sumo
bajo	inferior	el inferior	ínfimo

ملاحظة:

أ تشكل درجات التفضيل من الصفات المذكورة أعلاه بشكل نظامي إذا وردت بمعناها الحقيقي / مثال:

*Esta torre es **más** alta **que** esa casa.* هذا البرج أعلى من ذلك البيت.

ب ويكون اشتقاقها غير نظامي إذا أتت بمفهومها المجازي، مثال:

*Este vestido es de calidad **superior**.* إن هذا الفستان من نوعية أفضل.

٦ تستعمل مع صيغة المقارنة غير المتكافئة الكلمة **que**:

*España es más grande **que** Portugal.*	اسبانيا أكبر من البرتغال.

ولكن إذا كان الجزء الثاني من المقارنة جملة كاملة (أي مع فعل)، تصبح عندئذ
"que" → de lo que

*Estas joyas son menos caras **de lo que** parecen.*
هذه المجوهرات هي أرخص مما تبدو.

٧ رأينا فيما سبق أن صيغة المقارنة المتكافئة بين شخصين أو شيئين تتم بواسطة
tan … como

*Es **tan** joven **como** yo.*	إنه شاب مثلي.

وكذلك تأتي مع **tanto** (tanta, tantos, tantas) **… como**

*Tenemos **tantos** deberes **como** él.*	لدينا الكثير من الواجبات مثل ما عنده.

٨ يستخدم في صيغة المقارنة غير المتكافئة الحرف **de** إذا كانت الجملة إيجابية، أما إذا كانت الجملة في صيغة النفي فيستخدم **que**:

*He gastado **más de** 500 euros.*	لقد صرفت أكثر من ٥٠٠ يورو.
*No he recibido **más que** dos cartas.*	لم أستلم سوى رسالتين.

3.05 El adjetivo como sustantivo o adverbio
الصفة كإسم أو ظرف

- الصفة كإسم:

Admiraba a ***los jóvenes.***

أعجب بالشباب.

Admitía a ***los justos*** *y rechazaba a* ***los malos.***

كان يقبل العادلين ويصد الأشرار.

- إن الصفة المذكرة المفرد المسبوقة بأداة التعريف للحيادي **lo** تستطيع أن تشكل أسماء:

derecho – claro – bajo – alto – barato – caro – poco – mucho – justo

ديمكنها أن تأتي كظروف:

Las niñas cantaban ***alto.***	كانت الفتيات تغنين بصوت عال.
Este coche viene ***derecho*** *aquí.*	هذه السيارة تأتي مباشرة إلى هنا.
¿Lo encuentras ***justo?***	أتجد ذلك عادلاً؟

Capítulo 4

El Adverbio

الظرف

إن الظرف جزء لا يتغير من الجملة، وهو يعدل في مفهوم الصفة أو الفعل، أو كلمات أخرى وحتى الجملة. ولا يمكن للظرف أبداً أن يأتي بين الفعل واسم المفعول في الأزمنة المركبة.

*He dormido **muy bien.*** لقد نمت بشكل جيد.

وبعكس الصفة التي تطابق الاسم في الجنس والعدد، لا يطابق الظرف أي عنصر من عناصر الجملة. لذا يقال عنه أنه لا يبدل صيغته البتة.

4.01 Clase de adverbios
وتنقسم الظروف تقليدياً إلى

١	**Adverbios locales / ظروف المكان**		
أين، حيث	donde	هنا	aquí
هناك	ahí, allí	فوق، على	encima
تحت	debajo	فوق، إلى فوق	arriba
تحت، أسفل	abajo	أمام، بإزاء	delante
خلف	detrás	أمام	adelante
وراء	atrás	داخل	dentro
خارج	fuera	قرب	cerca
بعيد	lejos	حوالي، حول	alrededor
إلى جانب، على حدة	aparte		

٢ ظروف الزمان / Adverbios temporales

الآن	ahora		
بعد، ثم	después, luego	قبل، أولاً	antes, primero
أبداً	nunca, jamás	دائماً	siempre
باكراً، قريباً	temprano	متأخر، مؤخراً	tarde
غداً	mañana	اليوم	hoy
بالأمس، قبل البارحة	anteayer	البارحة	ayer
سابقاً	antiguamente	حديثاُ	recién
مؤخراً، الاونة الأخيرة	últimamente		
بعد، مازال، حتى	aún, todavía, ya		

٣ ظروف الكم / Adverbios de cantidad

جداً، كثير	muy, mucho		
بعض، قليل، نصف	algo, poco, medio		
لا شيء	nada	كل شيء	todo
كاف، كفاية	bastante	أكثر من اللازم	demasiado
أقل	menos	أكثر	más
أيضاً، بما في	también	علاوة على ذلك	además, incluso

٤ ظروف الحال / Adverbios modales

هكذا، كذا	así		
تقريباً، كاد	casi		
سيء	mal	جيد، حسناً	bien
سريع، بسرعة	deprisa	ببطء، بتأن	despacio
قوي، شديد	fuerte	ناعم، ليّن	suave
عال، مرتفع	alto	منخفض	bajo
فقط، بالكاد	apenas	مطابقاً، حسب	conforme
مثل، ك	como		

Adverbios de afirmación / ظروف التأكيد	٥
sí	أجل، بالتأكيد، بلى
claro	طبعاً، بالطبع
cierto	أكيد، يقين
también	كذلك
realmente	حقاً، فعلاً
naturalmente	بالطبع، بطبيعة الحال
verdaderamente	حقاً، بالفعل

Adverbios de negación / ظروف النفي	٦
no	لا، كلا
tampoco	لا ... أيضاً، ولا
jamás	أبداً، قط
nunca	أبداً، قط
ni	أو، ولا

Adverbios de duda / ظروف الريب	٧
quizá (s)	ربما، لعل
a lo mejor	ربما، قد
tal vez	ربما
acaso	لعل، هل

4.02 Formación de los adverbios
تشكيل الظروف

وهناك ظروف مشتقة من الصفة في صيغة التأنيث، وذلك بإضافة **mente-** على نهايتها.

tranquila**mente**	➜	tranquila
بهدوء		هادئة

وإذا كانت الصفة منتهية بـ **e-** أو بحرف ساكن أضفنا على نهايتها نفس المقطع **mente-**.

prudentemente	➜	prudente
بحذر		حذر
fácilmente	➜	fácil
بسهولة		سهل

وإذا تتابعت عدة ظروف مع النهاية **mente-**، فإن الظرف الأخير هو الذي يأخذ النهاية.

¡Hable Vd. clara y distintamente! — تكلم حضرتك، بوضوح وجلاء!

وتعتبر الظروف المنتهية بـ **mente-** ظروف حال.

وفيما يلي تحليل لبعض خواص الظروف، وكذلك لمختلف المفاهيم التي يمكن أن يطرأ عليها، عندما تأخذ حرفاً جراً لتشكل تعبيراً مجروراً.

4.03 Adverbios locales

ظروف المكان

إضافة إلى ما ذكر من ظروف المكان في (ص ٦٠)، هناك تعابير ظرفية تابعة لها، وهي:

acá y allá – aquí y allí – allá arriba – aquí abajo – calle arriba – de aquí para allí – en ninguna parte – en todas partes – de arriba abajo – etc.

خواص بعض الظروف:

:allá - allí - ahí - aquí

في هذا المكان	**aquí**	
في ذلك المكان	**ahí**	هناك (أفرب إلى المتكلم)
في ذلك المكان	**allí, allá**	هنك (أبعد)

- إن هذه الظروف تعبر عن القرب أو البعد بالنسبة للمتكلم. ولها علاقة مباشرة مع أسماء الإشارة.

*Este libro de **aquí** me interesa mucho.* هذا الكتاب يهمني كثيرا.

- وهي لا تدل على المكان فقط وإنما على الزمن أيضاً:

*Nació **allá** por el año 1800.* ولد حوالي عام ١٨٠٠.

encima فوق / على:

- يدل هذا الظرف على مكان أعلى من غيره:

Acerca esa silla y pon el paquete ***encima.***
قرّب الكرسي وضع الطرد عليه (فوقه)

- ويمكن أن يأتي بمعنى "علاوة على ذلك":

Llega tarde y ***encima*** *protesta.* يصل متأخراً وعلاوة على ذلك يحتج.

- ومع الحرف **por** يمكن أن يأخذ مفهوماً مجازياً بمعنى "سطحيا":

Leí las noticias ***por encima*** *y no me enteré de nada.*
قرأت الأخبار بشكل سطحي ولم أدر شيئاً.

- مع الفعل **estar** يأتي بمعنى "يراقب شخصاً بحذر"، وذلك في اللغة العامية.

No puedo escaparme de casa, mis padres siempre están ***encima.***
لا أستطيع الهروب من البيت، أهلي يراقبونني باستمرار.

debajo تحت:

- يشير إلى مكان أخفض من آخر:

Mira ahí, seguro que hay algo ***debajo.***
انظر هناك، بالتأكيد يوجد شئ تحته.

arriba فوق:

Viven ***arriba****, en el piso superior.* يسكنون فوق، في الطابق الأعلى.

- وكهتاف يحث على الإطراء:

*¡****Arriba*** *el ánimo!* لترتفع المعنويات!

abajo تحت / أسفل:

◄ يدل على مكان أدنى:

*Viven **abajo,** en el piso inferior.*

يسكنون تحت، في الطابق السفلي.

◄ ويأتي في وثيقة مكتوبة بمعنى "أدناه":

*El importe total es el **abajo** mencionado.*

إن المبلغ الأجمالي هو المذكور أدناه.

◄ وكهتاف يأتي بمعنى "الازدراء":

*¡**Abajo** los racistas!*

ليسقط العنصريون!

adelante أمام / بإزاء:

◄ بمعنى "أبعد":

*No podemos seguir **adelante,** la calle está cortada.*

لا نستطيع التقدم، فالشارع مقطوع.

◄ يدل على زمن في المستقبل:

***En adelante** trabajaré más.*

من الآن فصاعداً سأعمل أكثر.

◄ ويستخدم في اللغة الدارجة للسماح بالدخول:

¿Puedo entrar? هل أستطيع الدخول؟

*Si, **adelante.*** نعم، تفضل.

atrás وراء / خلف:

◂ بمعنى مخبأ / في الظهر:

*¡Pon las manos **atrás!*** ضع يديك في الخلف!

◂ بمعنى زمن في الماضي:

*Semanas **atrás** llovió una barbaridad.*
من أسابيع خلت أمطرت بغزارة.

dentro داخل:

◂ بمعنى القسم الداخلي من مكان:

*Búscalo en el cajón, está **dentro.***
فتش في الصندوق، فهو بداخله.

◂ وإذا أتى مع الحرف **de** يصبح معناه "بعد زمن":

***Dentro de** una semana iré a visitarlo.*
سأذهب بعد أسبوع لزيارته.

fuera خارج:

◂ القسم الخارجي من مكان:

*Armaba mucho jaleo y lo sacaron **fuera.***
أثار شجاراً فأخرجوه.

◂ يستخدم لطرد أحد ما من مكان:

*¡Tú, Pablo, **fuera!** Estoy harto de ti.*
أنت يا بولس، أخرج، فأنا مكتظ منك.

◂ بمعنى "عدا / باستثناء" وذلك مع الحرف **de:**

Fuera de *nosotros no había nadie más.*
ما عدانا لم يكن أحد هناك.

cerca بالقرب / قريباً من:

◂ بمعنى مكان مجاور:

Estoy a un paso, vivo ***cerca.***
إنني على بعد خطوة، فأنا أسكن قريباً.

◂ يمكن أن يأتي بمعنى "أقل من / قرابة"

Son las siete, o ***cerca.***
الساعة السابعة أو أقل.

◂ ويأتي مع الحرف **de** بمعنى "عن قرب":

Nunca he visto ***de cerca*** *un tigre.*
لم أر أبداً نمراً عن قرب.

lejos بعيد:

◂ يدل على بعد كبير من المكان أو الزمان:

El museo está muy ***lejos,*** *en la otra punta de Madrid.*
المتحف بعيد جداً، فهو في الطرف الآخر من مدريد.

◂ **a lo lejos** = من مسافة كبيرة / من بعيد:

A lo lejos *se veían las casas.*
ظهرت البيوت من بعيد.

alrededor حول / حوالي:

- بمعنى ما يحيط بشئ آخر:

*Tendría **alrededor** de los cincuenta años.*

عمره حوالي الخمسين.

aparte بجانب / على حدة:

- بمعنى "في مكان ما":

*Puso sus cosas **aparte.***

وضع أغراضه على حدة.

- بمعنى "بشكل آخر / على انفراد":

*Esta factura hay que tratarla **aparte.***

إن بيان الحساب هذا يجب أن يعالج بشكل آخر.

4.04 Adverbios temporales
ظروف الزمان

إضافة إلى ما ذكر من ظروف الزمان في (ص ٦١) هناك تعابير ظرفية أخرى، وهي:

ahora mismo – a la vez – al día siguiente – a menudo – a la hora de – al mismo tiempo – a veces – de momento – de pronto – de vez en cuando – dentro de poco – de tarde – de mañana – en breve – en el acto – por ahora – para siempre – una vez al año – hoy por hoy – de hoy a mañana – etc. …

خواص بعض الظروف:

ahora الآن:

بمعنى "في هذا الوقت":

Ahora *está trabajando.*	إنه يعمل الآن.

بمعنى "منذ قليل":

Ahora *acabo de enterarme.*	علمت ذلك منذ قليل.

بمعنى "المستقبل القريب:

Ahora *lo sabremos.*	سنعلم ذلك بعد قليل.

التعبير **por ahora** بمعنى "في الوقت الحاضر":

Por ahora *no sabemos lo que va a decidir.*

في الوقت الحاضر لا نعلم ما سيقرر.

primero أولاً / قبل كل شئ:

- بمعنى "بالدرجة الأولى / قبل كل شئ":

***Primero** haz tus deberes, después irás adonde quieras.*
أولاً افعل واجباتك، ثم اذهب إلى حيث تشاء.

- ويمكن أن يأتي بمعنى "قبل":

***Primero** morir que traicionar.* الموت قبل الخيانة.

antes قبل:

- يدل على أسبقية في المكان والزمان:

***Antes** se vivía mejor.* كان العيش سابقاً أفضل.

- ويمكن أن يدل على أفضلية:

*Prefiero no dormir **antes** que no llegar a tiempo.*
أفضل ألاّ أنام من أن أصل متأخرا.

después بعد:

- يدل على تأخير في الزمان والمكان:

*Volvieron a casa mucho **después.*** عادوا إلى البيت في وقت متأخر.

luego بعدئذ / ثمّ:

- يدل على أن شيئاً يحدث بعد آخر:

*Primero me lavo, **luego** desayuno.* أولاً أغتسل ثمّ أتناول الفطور.

◂ والتعبير **desde luego** يأتي كظرف حال وهو يعادل مفهوم "بلا شك":

Desde luego *que vendrá, porque no se pierde ni una fiesta.*
سيأتي بلا شك إذ لا يترك حفلة تفوته.

siempre دائماً:

◂ بمعنى "في كل وقت":

Cuando viene a Roma, ***siempre*** *me llama.*
عندما يأتي إلى روما يتصل بي.دائماً.

◂ يمكن أن يأتي بمعنى "على كل حال":

Espérate un poco, ***siempre*** *estarás a tiempo mañana.*
انتظر قليلاً، فعلى كل حال لديك وقت غداً.

◂ أما التعبير **para siempre** يدل عاى زمن غير محدد:

Me quedaré contigo ***para siempre.*** سأبقى معك دائماً.

nunca أبداً / قط:

◂ بمعنى "ولا في زمن":

Nunca *volveré a hablar con él.* لن أتكلم معه أبداً.

◂ إذا أتى هذا الظرف بعد الفعل، وردت كلمة نفي قبل ذلك الفعل:

No volveré nunca a hablar con él.

- ولهذا الظرف مفهوم إيجابي في الجمل الاستفهامية، يكون بمعنى "مرة":

*¿Has visto **nunca** algo igual?* هل شاهدت مرة شيئاً مشابهاً؟

Jamás أبداً:

- له نفس معنى **nunca**:

***Jamás** me dijo lo que pensaba.* لم يقل أبداً ما كان يفكر به.

pronto فوراً / قريباً:

- بمعنى بسرعة / قريباً:

***Pronto** tendré noticias suyas.* قريباً ستصلني أخباره.

- ويمكن أن يأتي بمعنى "مبكراً / على وقت":

*No te preocupes, llegaré **pronto** esta noche.*
لا تقلق، فسأصل مبكراً هذه الليلة.

- إن التعبير **de pronto** يأتي بمعنى "فجأة":

***De pronto** tuvimos una avería y se paró el coche.*
فجأة حدث عطل وتوقفت السيارة.

todavía – aún مازال / حتى / ليس بعد:

- يدل على استمرارية انتهت في وقت معين:

*El autobús **todavía** no ha llegado.* لم يصل الباص بعد.

- يستعمل **aún** مثل **todavía**

ya قد / الآن / صار:

◂ يشير إلى أن ما يؤول إليه الفعل قد تحقق:

Ya *está aquí.* لقد وصل الآن.

◂ يدل على تأكيد أو موافقة:

No te olvides que tienes que estar aquí a las diez.
Ya, *no te preocupes.*
لا تنس، عليك أن تكون هنا الساعة العاشرة.
لا تقلق، سأكون.

4.05 Adverbios de cantidad
ظروف الكم

إن بعض هذه الظروف مثل: **algo – poco – todo – mucho** هي أيضاً ضمائر وصفات غير محددة.
هناك عدد كبير من المصطلحات الظرفية:

al menos – al por mayor – a lo sumo – como máximo – poco a poco – cuando más – por lo menos – etc. ...

خواص بعض هذه الظروف:

medio بمعنى "ليس كاملاً":

*Salió a la calle **medio** vestido.* خرج إلى الشارع وهو لا يرتدي كل شئ.

mucho – muy يدلان على شدة وتكرار:

- تستعمل **muy** قبل الصفات والمفاعيل والظروف:

*Está **muy** triste, **muy** cansado y vive **muy** lejos.*
إنه حزين، ومتعب كثيراً، ويعيش بعيداً جداً.

- يستعمل **mucho** خلف الأفعال وقبل الأسماء:

*Te quiero **mucho.*** أحبك كثيراً.
*Tiene **mucho** dinero.* عنده نقود كثيرة.

tanto – tan مثل / يعادل / كذا:

- تستعمل قبل الصفات والمفاعيل والظروف:

*¡Es **tan** generoso conmigo!*	كم هو كريم معي!
*Estás **tan** cansado como yo.*	أنت متعب بشكل مثلي.
*No te coloques **tan** lejos.*	لا تجلس بعيداً كثيراً.

◂ ويأتي **tanto** خلف الفعل:

*Me quiere **tanto.***	تحبني بشكل.

sólo فقط / إلاّ:

◂ يعادل **sólo** المصطلحات: **no … más que – no … sino**

*Trabaja **sólo** por la tarde.*	يعمل فقط بعد الظهر.
***No** trabaja **más que** por las tardes.*	لا يعمل إلاّ بعد الظهر.
***No** trabaja **sino** por las tardes.*	

ويمكن ل **solo** أن يأتي كصفة، ولكنه لا يكون مشدداً:

*Por las tardes trabaja él **solo.***	بعد الظهر يعمل لوحده.

4.06 Adverbios modales
ظروف الحال

هناك مصطلحات ظرفية للحال:

a escondidas – a medias – a salvo – a oscuras – a caballo – a pie – a patadas – de este modo – de paso – de verdad – con gusto – con razón

Se marchó ***a la francesa.***	انصرف دون أن ينبث ببنت شفة.
Hace las cosas ***a lo grande.***	يفعل الأشياء وهو يبزخ كثيراً.

4.07 El comparativo y el superlativo
أفعال التفضيل للظرف

يتم تشكيل درجات التفضيل للظرف تماماً كما هي الحال مع الصفة.

eficazmente	**más** eficazmente	efica**císimamente**
بشكل فعال	أكثر فعالية	بشكل فعال جداً

وهناك ظروف تشذ عن القاعدة:

bien	**mejor**	**lo mejor**
جيد	أفضل	الأفضل
mal	**peor**	**lo peor**
سئ	أسوأ	الأسوأ
mucho	**más**	**lo más**
كثير	أكثر	الأكثر
poco	**menos**	**lo menos**
قليل	أقل	الأقل

4.08 Uso del adverbio
استعمال الظرف

يدل الاسم اللاتيني لهذه الكلمة (adverbio ➜ ad verbum) أنها تتبع الفعل في أغلب الحالات.

*Nos saludó **cortésamente.***	إنه حيانا بكل تهذيب.
(كيف حيانا؟ بتهذيب).	

لكن إذا كان ما نريد توضيحه في الجملة هو طبيعة الفاعل، وليس بشكل وطريقة الحدث، نعوض عن الظرف بصفة خبرية.

Los amigos llegaron muy alegres.	وصل الأصدقاء وهم مرحون.
(أي أن الأصدقاء كانوا مرحين عندما وصلوا).	

ملاحظة: لا نلجأ، في بعض الأحيان، إلى تشكيل الظرف بإضافة النهاية **-mente**:

فبدل أن نقول:

frecuente**mente**	نقول	con frecuencia
rápida**mente**		con rapidez
elegante**mente**		de modo elegante

4.09 Posición del adverbio en la oración
موقع الظرف في الجملة

إن تلك الظروف التي تستخدم لإعطاء الصفة، أو الاسم كصفة، أو اسم المفعول، صيغة إضافية تأتي دائماً قبل العنصر الذي طرأ عليه التبديل:

*Es **muy** simpático.*	إنه ظريف جداً.
*Es **demasiado** sin escrúpulos.*	إنه عديم الضمير بشكل.
*Es un **poco** niño.*	إنه صبياني بعض الشئ.

أما الظروف الدالة على الحال تأتي غالباً بعد الفعل:

*Escribe **maravillosamente** bien.*	إنه يكتب بشكل ممتاز.

Capítulo 5

El Verbo

الفعل

5.01 Clases de verbos
أنواع الأفعال

تنقسم الأفعال الاسبانية إلى ثلاث مجموعات كبيرة، وذلك حسب نهاية المصدر:

الأفعال التي تنتهي بـ **-ar**
الأفعال التي تنتهي بـ **-er**
الأفعال التي تنتهي بـ **-ir**

وللفعل أشكال مختلفة في أزمنة مختلفة. يعني هذا أن الفعل يدل على الزمن والشخص التابعين له، أي أنه يشير إلى دور الفاعل في الحديث الدائر:

هل هو المتكلم، أم المستمع، أم هو شخص ثالث.

ونجد في نهاية كل فعل علامة مميزة للزمن، بالإضافة إلى علامة تميّز الشخص. ونجد هذه العلامة في جميع الأزمنة، عدا بعضها في صيغة الأمر.

العلامة المميزة لكل شخص		
لا توجد علامة خاصة		yo
	-s	tú
لا توجد علامة خاصة		él / ella / usted
	-mos	nosotros / nosotras
	-is	vosotros / vosotras
	-n	ellos / ellas / ustedes

El Presente de indicativo

المضارع المرفوع

تعبر هذه الصيغة عن عمل غير منجز، ولكنه يتم حين التكلم أو الكتابة. وليس زمنها بالبرهة العابرة وإنما تدل على فترة لا بأس بها من الزمن، تشمل هذه مدة استمرارية الكلام.

*Tú **corres** por el patio.*	(يدل على وقت)
*Los domingos **descansamos.***	(يدل على عادة)
*La Tierra **gira** alrededor del Sol.*	(يدل على استمرارية)

نهايات المضارع المرفوع

	-ar	-er	-ir
yo	**-o**	**-o**	**-o**
tú	**-as**	**-es**	**-es**
él / ella / usted	**-a**	**-e**	**-e**
nosotros / nosotras	**-amos**	**-emos**	**-imos**
vosotros / vosotras	**-áis**	**-éis**	**-ís**
ellos / ellas / ustedes	**-an**	**-en**	**-en**

مثال على ذلك:

habl**ar**	com**er**	escrib**ir**
habl**o**	com**o**	escrib**o**
habl**as**	com**es**	escrib**es**
habl**a**	com**e**	escrib**e**
habl**amos**	com**emos**	escrib**imos**
habl**áis**	com**éis**	escrib**ís**
habl**an**	com**en**	escrib**en**

ملاحظات:

١ إن نهاية صيغة المتكلم هي نفسها في المجموعات الثلاث.

٢ عند تصريف الفعل الاسباني تظهر العناصر المميزة لكل شخص.

٣ نلاحظ أن التشديد على اللفظ (بالنسبة لجميع الأشخاص) يكون على جذر الفعل، بينما يكون التشديد على المقطع الأخير بالنسبة إلى nosotros و vosotros.

٤ نرى أن نهايات المجموعتين **-er** و **-ir** تختلف فقط مع الشخصين اللذين يكون التشديد فيهما على المقطع الأخير.

الأفعال غير النظامية:

يبدو شذوذ أغلبية هذه الأفعال في جذر الفعل، وذلك حين نقوم بتصريفها. وهناك عدد كبير من هذه الأفعال يمكن تصنيفها بالشكل التالي:

١ **الأفعال التي تغيّر حرفاً صوتياً:**

يطرأ التغيير في عدد لا بأس به من هذه الأفعال على الحرف الصوتي الأخير لجذر الفعل وذلك عندما يكون هذا مشدداً.

٢ **الإدغام:**

إن الحرف الصوتي المعدل يتحول في أغلب الحالات إلى إدغام بواسطة النبرة. فإذا ما حدث ذلك تصبح الحروف الصوتية بالشكل التالي:

e ➔	**ie**	
o ➔	**ue**	
u ➔	**ue**	(فقط مع الفعل **jugar**)
a ➔		لا يتغير
i ➔		

أمثلة على ما ذكر: (لاحظ موضع النبرة)*

querer (–ie)	**poder (–ue)**	**jugar (–ue)**
qu**ie**ro	p**ue**do	j**ue**go
qu**ie**res	p**ue**des	j**ue**gas
qu**ie**re	p**ue**de	j**ue**ga
*quer**e**mos	pod**e**mos	Jug**a**mos
*quer**e**is	pod**e**is	jug**á**is
qu**ie**ren	p**ue**den	j**ue**gan

٣ أفعال أخرى تغير حرفاً صوتياً:

هناك مجموعة أخرى صغيرة من هذه الأفعال، وهي التي تنتهي بـ **ir–** يتغير فيها الحرف الصوتي **e–** في جذر الفعل إلى **i–** حين التصريف دون أن يحدث إدغام. وتكون مجموعة هذه الأفعال على الشكل التالي:

e ➜ ir

كما في فعل **pedir**. مثال:

ped**ir**	compet**ir**	re**ir**
p**i**do	comp**i**to	r**i**o
p**i**des	comp**i**tes	r**i**es
p**i**de	comp**i**te	r**i**e
ped**i**mos	compet**i**mos	re**í**mos
ped**í**s	compet**í**s	re**í**s
p**i**den	comp**i**ten	r**i**en

ملاحظة: لا يطرأ نفس التغيير على كل الأفعال التي تنتهي بـ **ir–** إذ أن هناك بعضاً من هذه الأفعال يتحول الحرف الصوتي فيها إلى إدغام:

sent**ir**	prefer**ir**
s**ie**nto	pref**ie**ro
s**ie**ntes	pref**ie**res
s**ie**nte	pref**ie**re
sent**i**mos	prefer**i**mos
sent**í**s	prefer**í**s
s**ie**nten	pref**ie**ren

٤ وهناك مجموعة محددة من الأفعال تبدي شواذاً حين تصريفها وخاصة مع الشخص الأول، أي المتكلم. أما مع بقية الأشخاص يكون التصريف نظامياً. وأهم هذه الأفعال:

الفعل	**المتكلم**	**المخاطب**	**الغائب**
hacer	**hago**	haces	hace
poner	**pongo**	pones	pone
salir	**salgo**	sales	sale
valer	**valgo**	vales	vale
saber	**sé**	sabes	sabe
ver	**veo**	ves	ve
dar	**doy**	das	da
traer	**traigo**	traes	trae
caer	**caigo**	caes	cae

El presente de los verbos "ser" y "estar"

صيغة المضارع لفعلي الكون estar, ser

estoy	أنا أكون	**soy**	(yo)
estás	أنت تكون	**eres**	(tú)
está	هو يكون	**es**	(él)
está	هي تكون	**es**	ella
está	حضرتك تكون	**es**	usted
estamos	نحن نكون	**somos**	nosotros, -as
estaís	انتم تكونون	**sois**	vostros, -as
están	هم يكونون	**son**	ellos
están	هنّ يكنّ	**son**	ellas
están	حضرتكم تكونون	**son**	ustedes

ملاحظة:

أ إن الضمائر الشخصية الموجودة بين قوسين لا تذكر إلاّ في حالة التأكيد.

Ella es portuguesa. هي برتغالية.
Él es español. هو اسباني.

ب يستخدم الضمير المخاطب **usted** (لشخص واحد) و **ustedes** (لعدة أشخاص) مختصر:

V., Vd., usted – Vs., Vds., ustedes

والصيغة الزمنية للضمير المخاطب هذا هي نفس صيغة الغائب المفرد والجمع:

usted es : él es
ustedes son : ellos son

ج يقابل فعل الكون في العربية فعلي الكون في الاسبانية، وذلك حسب المعنى، وهما: **estar, ser**

١ يستعمل فعل الكون **ser**:

◃ للدلالة على خاصية موجودة في الاسم:

*La miel **es** dulce.*	العسل حلو.

◃ للدلالة على صفات دائمة، مثل المهنة، والمذهب والجنسية:

*Mi padre **es** médico.*	والدي طبيب.
*Los habitantes **son** árabes.*	المواطنون عرب.
***Somos** alemanes.*	نحن ألمان.

◃ للدلالة على الملكية، على الأصل وأصل المادة:

*¿De quién **es** este lápiz?*	لمن هذا القلم؟
*Los turistas **son** del Japón.*	السواح من اليابان.
*La taza **es** de loza.*	الفنجان من الخزف.

◃ للدلالة على الوقت:

***Son** las dos.*	الساعة الثانية.

◃ يستعمل مع صيغة المبني للمجهول:

*Este televisor no **es** vendido en Siria.*
جهاز التلفزيون هذا لا يباع في سوريا.

٢ يستعمل فعل الكون **estar**:

◃ للدلالة على التواجد أو التوقف المؤقت:

*Muchos turistas **están** en nuestro país.*

في بلدنا كثير من السواح (يقيمون هنا مؤقتاً).

- للدلالة على حالة راهنة مؤقتة (وحتى صحية):

*¿Cómo **está** tu hermano?*	كيف حال أخيك؟
*Gracias, **está** bien.*	إنه بخير، شكراً.
***Estamos** contentos.*	نحن مسرورون، سعداء، بخير.

*He trabajado todo el día, ahora **estoy cansado.***

لقد عملت النهار بكامله والآن أنا تعبان.

El presente de los verbos "haber y tener"

صيغة المضارع للفعلين haber, tener

صيغة المضارع للفعلين: haber, tener

tener	haber
tengo	he
tienes	has
tiene	ha
tenemos	hemos
tenéis	habéis
tienen	han

ملاحظة:

نستخدم في الاسبانية الفعل **tener** كفعل الملكية، بينما نستخدم **haber** كفعل مساعد مع اسم المفعول وذلك لبناء صيغة الماضي التام.

He comprado *la casa.*	لقد اشتريت البيت.
Hemos llegado *a Buenos Aires.*	وصلنا إلى بوينس أيرس.

التغيير في الحرف الساكن:

هناك تعديلات أخرى تطرأ على مجموعات الأفعال الثلاث. والتبديل هذا يطرأ على آخر حرف ساكن في جذر الفعل. وهذه الأفعال هي التي تنتهي بـ:

-ucir, -ocer, -ecer, -acer يتحول الحرف c في آخر جذر الفعل قبل الحرفين **o** و **a** إلى: **zc**

conducir **قاد / ساق**	**conocer** **عرف**	**ofrecer** **عرض**	**nacer** **ولد**
condu**z**co	cono**z**co	ofre**z**co	na**z**co
conduces	conoces	ofreces	naces
conduce	conoce	ofrece	nace
conducimos	conocemos	ofrecemos	nacemos
conducís	conocéis	ofrecéis	nacéis
conducen	conocen	ofrecen	nacen

أما الأفعال المنتهية بـ **uir-** فإنها تأخذ **y** قبل الحروف **a**، **e**، **o**:

construir **بنى**
constru**y**o
constru**y**es
constru**y**e
construimos
construís
constru**y**en

إضافة إلى تلك التغيرات التي طرأت على الحروف الصوتية والساكنة وكذلك التغيرات التي طرأت على الحروف الصوتية والساكنة الموجودة في جذر الفعل، هناك تغيرات أخرى على كتابة نهاية جذر الفعل وعلى موقع النبرة. والتبديل في الكتابة لجذر بعض الأفعال أجري فقط للحفاظ على سلامة لفظ الحرف الساكن الأخير في جذر الفعل.

الأفعال المنتهية بـ	تبـدل	قبل الحرف
-car	**c** ب **qu**	**e**

مثال: **acercar**

صيغة الماضي التاريخي	صيغة الاحتمال للمضارع
pretérito indefinido	presente del subjuntivo
acer**qué**	acer**qu**e
acercaste	acer**qu**es
...	acer**q**ue
	acer**qu**emos
	acer**qu**éis
	acer**qu**en

ويطرأ نفس التبديل على الأفعال:

abarcar – aparcar – arrancar – atrancar – desatascar – roncar – etc. ...

الأفعال المنتهية بـ	تبدل	قبل الحرف
-cer (والمسبوقة بحرف ساكن) **-cir**	**c** ب **z**	**o** و **a**

مثال: **vencer**

صيغة الماضي التاريخي	صيغة الاحتمال للمضارع
pretérito indefinido	presente del subjuntivo
ven**z**o	ven**z**a
vences	ven**z**as
…	ven**z**a
	ven**z**amos
	ven**z**áis
	ven**z**an

وعلى منوال الفعل المصرف أعلاه تصرّف:

cocer – torcer – ejercer – convencer – escocer

mecer – recocer – resarcir – uncir – zurcir

الأفعال المنتهية بـ	تبدل	قبل الحرف
-gar	**g** ب **gu**	**e**

مثال: **pagar**

pretérito indefinido	presente del subjuntivo
pa**gu**é	pa**gu**e
pagaste	pa**gu**es
…	pa**gu**e
	pa**gu**emos
	pa**gu**éis
	pa**gu**en

ويطرأ هذا التبديل على: ahogar - colgar - pegar - regar

الأفعال المنتهية بـ	تبدل	قبل الحرف
-ger **-gir**	**g ب j**	**a و o**

مثال: **coger**

pretérito indefinido	presente del subjuntivo
co**j**o coges ...	co**j**a co**j**as co**j**a co**j**amos co**j**áis co**j**an

وتصرف مثل هذه الأفعال:

acoger – emerger – encoger – escoger – proteger – corregir – afligir
exigir – fingir – preligir – reeligir – regir – restringir – surgir – etc...

الأفعال المنتهية بـ	تبدل	قبل الحرف
-zar	**z ب c**	**e**

مثال: **cruzar**

صيغة الماضي التاريخي	صيغة الاحتمال للمضارع
pretérito indefinido	presente del subjuntivo
cru**c**é	cru**c**e
cruzaste	cru**c**es
...	cru**c**e
	cru**c**emos
	cru**c**éis
	cru**c**en

ويطرأ نفس التبديل على:

abrazar – almorzar – empezar – rebozar – rezar – etc. ...

الشواذ في الحرف الصوتي:

ويعود ذلك إلى تبديل **i** بـ **y** ولفقدان الحرفين **i** و **u**:

الأفعال المنتهية بـ	تبــدل	مع
-eer	**i** ب **y**	الغائب المفرد والجمع في صيغة الماضي التاريخي والأزمنة المشتقة وحال الفاعل.

مثال: **leer**

حال الفاعل	صيغة الاحتمال للمضارع	صيغة الماضي التاريخي
gerundio	imperfecto de subjuntivo	pretérito indefinido
le**y**endo	le**y**era o le**y**ese	leí
	le**y**eras o le**y**eses	leíste
	le**y**era o le**y**ese	le**y**ó
	le**y**éramos o le**y**ésemos	leímos
	le**y**erais o le**y**eseis	leísteis
	le**y**eran o le**y**esen	le**y**eron

وتصرف مثل هذا الفعل الأفعال: **...** creer – poseer – proveer – releer – etc.

الأفعال المنتهية بـ	تبدل	قبل الحرف
-guir	**u**	**a و o**

مثال: **distinguir**

pretérito indefinido	presente del subjuntivo
distin**go**	distin**ga**
distingues	distin**ga**s
...	distin**ga**
	distin**ga**mos
	distin**gá**is
	distin**ga**n

ويطرأ هذا التغيير أيضاً على: **seguir** – conseguir – extinguir – perseguir

الأفعال المنتهية بـ	تبــدل	مع
-ñer, -eir **-ullir, -ñir**	**i**	الغائب المفرد والجمع في صيغة الماضي التاريخي والأزمنة المشتقة وحال الفاعل.

مثال: **gruñir**

حال الفاعل	صيغة الاحتمال للمضارع			صيغة الماضي التاريخي
gerundio	imperfecto de subjuntivo			pretérito indefinido
gru**u**ñendo	gruñese	o	gruñera	...
	gruñeses	o	gruñeras	...
	gruñese	o	gruñera	gruñó
	gruñésemos	o	gruñéramos	...
	gruñeseis	o	gruñerais	...
	gruñesen	o	gruñeran	gruñeron

وتصرف على هذا المنوال الأفعال:

bullir – escabullirse – zambullir – freír – reír – sonreír

atañer – desteñir – estreñir – reñir – etc. ...

التحريف في النبرة:

هناك نوعان من الأفعال التي تنتهي بـ **-iar**:

- النوع الأول: لا يكون فيه الحرف **i** مشدداً في الإدغام **io**، لذا لا تكتب النبرة.

مثال: **cambiar**

صيغة المضالرع المرفوع	صيغة الأمر	صيغة الاحتمال للمضارع
presente de indicativo	imperativo	presente del subjuntivo
cambio cambias ...	... cambia ...	cambie ...

ويطرأ نفس التبديل على:

abreviar – acariciar – copiar – estudiar – rumiar – etc. ...

◁ النوع الثاني: ويكون فيه الحرف التابع الإدغام **io** مشدداً، بحيث أنه يشكل مقطعين، ونتيجة لذلك تكتب النبرة.

مثال: **desviar**

صيغة المضالرع المرفوع	صيغة الأمر	صيغة الاحتمال للمضارع
presente de indicativo	imperativo	presente del subjuntivo
desv**í**o		desv**í**e
desv**í**as	desv**í**a	desv**í**es
desv**í**a	desv**í**e	desv**í**e
desviamos	desviemos	desviemos
desvias	desviad	desviés
desvian	desv**í**en	desv**í**en

وتصرف كذلك الأفعال: averiar – confiar – guiar – variar – etc...

الأفعال المنتهية بـ **uar-** يتم التشديد فيها على الحرف **u** مشكلة مقطعين:

مثال: **actuar**

صيغة المضالرع المرفوع	صيغة الأمر	صيغة الاحتمال للمضارع
presente de indicativo	imperativo	presente del subjuntivo
act**ú**o		act**ú**e
act**ú**as	act**ú**a	act**ú**es
act**ú**a	act**ú**e	act**ú**e
actuamos	actuemos	actuemos
actuáis	actuad	actuéis
act**ú**an	act**ú**en	act**ú**en

ويطرأ نفس التبديل على: ... acentuar – adecuar – etc.

ولكي نتمم موضوع التبدلات والتغييرات التي تطرأ على الأفعال نضيف إلى ما ذكر تلك الأفعال المنتهية بـ **guar-**. إن هذه الأفعال تضيف إلى الحرف u علامة القطع **(ü)** إذا ورد هذا قبل الحرف **e:**

مثال: **averiguar**

presente de indicativo	imperativo	presente del subjuntivo
averig**ü**e		averig**ü**e
averiguaste	averigua	averig**ü**es
	averig**ü**e	averig**ü**e
	averig**ü**emos	averig**ü**emos
	averiguad	averig**ü**éis
	averig**ü**en	averig**ü**en

ويطرأ نفس التغيرات على الأفعال:

aguar – apaciguar – atestiguar – menguar – santiguarse – etc.

5.02 Los Verbos y pronombres reflexivos
الأفعال والضمائر المنعكسة

إذا ورد الفاعل والمفعول به في جملة ما، وكان كلاهما يمثلان نفس الشخص، أو نفس الشئ، أتى المفعول به بشكل ضمير يشير إلى أن العمل أو الحدث أو الشعور الصادر عن الفعل يعود إلى الفاعل. وتسمى هذه الأفعال **"الأفعال المنعكسة".**

ومع الأفعال المنعكسة تأتي الضمائر المنعكسة التي هي جزء من الفعل. مثال:

***Me** afeito todas las mañanas.*	أحلق ذقني كل صباح.

ويعني هذا أننا لا نستطيع الاستغناء عن الضمير المنعكس أبداً، ولا يمكن تبديله أيضاً باسم ما. وإن أمكن ذلك فإننا نتكلم عن لإفعال شبيهة بالمنعكسة. مثال:

***Me** lavo.*	أغسل نفسي (منعكس).
*Lavo **mi coche.***	أغسل السيارة (غير منعكس).

مثال على فعل منعكس:

	levantarse **نهض / استيقظ**
me	levanto
te	levantas
se	levanta
nos	levantamos
os	levantáis
se	levantan

ملاحظات:

١ تستعمل كضمائر منعكسة الضمائر الشخصية:

me – te – se – nos – os – se

وهي تأتي عادة قبل الفعل:

Nos lavamos. نغتسل.

بينما تأتي مرتبطة مع:

◁	المصدر	(El infinitivo)	lavar**se**	اغتسل.
◁	حال الفاعل	(El gerúndio)	lavando**se**	مغتسلاً.
◁	فعل الأمر	(El imperativo)	¡Láva**te**!	اغتسل!

٢ تأتي الأفعال المنعكسة في الأزمنة المركبة دائماً مع الفعل المساعد **haben.**

*Nos **hemos** levantado.* لقد نهضنا / استيقظنا.

5.03 El Pretérito indefinido
صيغة الماضي التاريخي

إن صيغة الماضي التاريخيي، بلا شك، أميز زمن بالنسبة للأزمنة التي تملكها اللغة الاسبانسة، وذلك نظراً لمشاكله الزمنية.
وهذا الزمن على علاقة وثيقة مع الماضي حين نعبر به، فهو يستخدم للإخبار عن أحداث ماضية، وسرد الحوادث بشكل دقيق، دون أية محاولة لإيجاد إمكانية أخرى.
وتجيب هذه الصيغة على السؤال "ماذا حدث"؟. وتستعمل للدلالة على أن عملاً ما قد حدث مرة واحدة في الماضي وانتهى ولا علاقة له بتاتاً بالحاضر.

Salió *de la casa, se* ***dirigió*** *a la agencia de viajes y* ***sacó*** *el billete.*
خرج من البيت، واتجه نحو مكتب السفريات واشترى تذكرة سفر.

El Pretérito indefinido de los verbos regulares
الماضي التاريخي للأفعال النظامية

١ الأفعال النظامية

يتم تصريف الأفعال النظامية المنتهية بـ **-ar, -er, -ir** في زمن الماضي التاريخي بتعويض نهايات المصدر بنهايات الأشخاص المعنية. وهذه النهايات هي:

النهايات النظامية

	-ar	-er / -ir
yo	**-é**	**-i**
tú	**-aste**	**-iste**
él / ella / usted	**-ó**	**-ió** / vocal + **yo**
nosotros / nosotras	**-amos**	**-imos**
vosotros / vosotras	**-asteis**	**-isteis**
ello / ellas / ustedes	**-aron**	**-ieron** / vocal + **yeron**

-ar	-er	-ir
compr**ar**	vend**er**	recib**ir**
compr**é**	vend**í**	recib**í**
compr**aste**	vend**iste**	recib**iste**
compr**ó**	vend**ió**	recib**ió**
compr**amos**	vend**imos**	recib**imos**
compr**asteis**	vend**isteis**	recib**isteis**
compr**aron**	vend**ieron**	recib**ieron**

ملاحظات:

١ النهايات هي نفسها للأفعال المنتهية بـ **-er** و **-ir**:

٢ إذا تأملنا صيغة الماضي التاريخي للشخص الثاني (المخاطب) نجد أنها تأخذ العلامة المميزة لها وهي حرف **-s**، بعكس الأزمنة الأخرى.

٣ إن الأفعال التي تنتهي بـ **-er** و **-ir** ويأتي قبلها حرف صوتي، يتحول فيها الحرف الصوتي i إلى y في زمن الماضي التاريخي، مع الشخص الثالث المفرد و الجمع، وذلك استناداً إلى القاعدة الواردة في (ص ٨٤).

٤ بالنسبة للأفعال النظامية لصيغة الماضي التاريخي تكون النبرة في آخر حرف، وهذه ميزة خاصة بهذه الأفعال، حتى لا يقع أي التباس مع المتكلم، والمخاطب، والغائب **(usted, ella, él, tú, yo)** في أزمنة أخرى. مثال:

أغنّي	(yo)	canto	مضارع مرفوع
غنى / غنّت	(él, ella, usted)	**cantó**	ماضي تاريخي
أن أغنّي	(yo, él, ella, usted)	cante	الاحتمال للمضارع
غنيّت	(yo)	**canté**	ماضي تاريخي

El pretérito indefinido de los verbos "estar, ser, haber y tener"

صيغة الماضي التام التاريخي للأفعال المساعدة haber, estar, ser وفعل الملكية tener

tener	haber
tuve	hube
tuviste	hubiste
tuvo	hubo
tuvimos	hubimos
tuvisteis	hubisteis
tuvieron	hubieron

estar	ser
estuve	fui
estuviste	fuiste
estuvo	fue
estuvimos	fuimos
estuvisteis	fuisteis
estuvieron	fueron

ملاحظة: هناك فرق بين كبير في المعنى بين الماضي التاريخي (pretérito indefinido) والماضي البسيط (imperfecto) وذلك لأن الماضي التاريخي يدل على عمل كان قد بدأ في الماضي وانتهى في نفس الوقت.

مثال على ذلك:

الماضي التاريخي	الماضي البسيط	المصدر
conocí	conocía	conocer
تعرفت على	عرفت	عرف
supe	sabia	saber
علمت	دريت بـ	دري بـ
tuve	tenía	tener
تلقيت / استلمت	ملكت / كان لدي	ملك

El Pretérito indefinido de los verbos irregulares

الماضي التاريخي للأفعال الشاذة

٢ الأفعال الشاذة

إن لأغلبية هذه الأفعال في صيغة الماضي التاريخي جذراً شاذاً ولجميعها نهايات مشتركة:

نهايات الأفعال الشاذة	
-e	yo
-iste	tú
-o	él / ella / usted
-imos	nosotros / nosotras
-isteis	vosotros / vosotras
-ieron / j + eron	ellos / ellas / ustedes

إن الأفعال ذات الجذر الشاذ والمنتهية في صيغة الماضي التاريخي باحرف **j** تبدل النهاية **-ieron** بـ **-eron** وذلك مع الغائب الجمع (ellas / ellos / ustedes).

الجذر الشاذة:

إليك فيما يلي لائحة لأهم الأفعال الشاذة مع جذورها، وهي كلها تأخذ حين التصريف النهايات المذكورة أعلاه.

saber	➜	**sup-**
querer	➜	**quis-**
venir	➜	**vin-**
hacer	➜	**hic- / z-**
decir	➜	**dij-**
traer	➜	**traj-**

poder	➜	**pud-**
poner	➜	**pus-**
caber	➜	**cup-**
haber	➜	**hub-**
tener	➜	**tuv-**
estar	➜	**estuv-**
andar	➜	**anduv-**

ومن جملة هذه المجموعة الأفعال المنتهية بـ **ducir-**:

conducir	**conduj-**
producir	**produj-**
traducir	**traduj-**

أمثلة لبعض الأفعال المذكورة:

المصدر	decir	estar	poder
الجذر الشاذ	**dij-**	**estuv-**	**pud-**
الفعل المصرّف	dije dijiste dijo dijimos dijisteis dijeron	estuve estuviste estuvo estuvimos estuvisteis estuvieron	pude pudiste pudo pudimos pudisteis pudieron

5.04 El Pretérito imperfecto
الماضي البسيط

تشير هذه الصيغة إلى عمل ما حدث في الماضي، دون الاكتراث بوقت بدئه أو انتهائه. مثال:

*Pedro **trabajaba, comía y dormía.*** كان بيدرو يعمل، يأكل وينام.

وتستخدم هذه الصيغة لوصف حالات، وتقاليد وكذلك أعمال وحوادث جرت في الماضي وتكررت في الماضي.

*Los indios del Perú **adoraban** el Sol.* كان هنود البيرو يعبدون الشمس.

*Mientras él **leía** un periódico, nosotros **escribíamos** una carta.*
وبينما كان يقرأ جريدة كنا نحن نكتب رسالة.

El pretérito imperfecto de los verbos regulares
صيغة الماضي البسيط للأفعال النظامية

يتم تصريف صيغة الماضي البسيط بتعويض نهايات المصدر **-ar, -er, -ir** بنهايات الأشخاص المعنية. وهذه النهايات هي:

نهايات الماضي البسيط

-er / -ir	-ar	
-ia	**-aba**	yo
-ías	**-abas**	tú
-ía	**-aba**	él / ella / usted
-íamos	**-ábamos**	nosotros / nosotras
-íais	**-abais**	vosotros / vosotras
-ían	**-aban**	ello / ellas / ustedes

-ir	-er	-ar
escrib**ir**	com**er**	habl**ar**
escrib**ía**	com**ía**	habl**aba**
escrib**ías**	com**ías**	habl**abas**
escrib**ía**	com**ía**	habl**aba**
escrib**íamos**	com**íamos**	habl**abamos**
escrib**íais**	com**íais**	habl**abais**
escrib**ían**	com**ían**	habl**aban**

ملاحظات:

١ الأفعال المنتهية بـ **ir-** و **er-** لها نفس النهايات.

٢ إن العلامات المميزة لكل شخص تتكرر في المجموعات الثلاث.

٣ النبرة تكون في آخر الفعل، ولا يطرأ أي تبديل على جذره.

El pretérito imperfecto de los verbos irrregulares

صيغة الماضي البسيط للأفعال الشاذة

الأفعال الشاذة ثلاث فقط، وهي:

ser	ir	ver
era	iba	veía
eras	ibas	veías
era	iba	veía
éramos	íbamos	veíamos
erais	ibais	veíais
eran	iban	veían

5.05 El Futuro imperfecto
المستقبل العادي

ترتبط هذه الصيغةبشكل وثيق بالحاضر والمستقبل حين التكلم، ولأسباب ما يحسن بنا أن نسمي هذا الزمن بالحاضر الافتراضي (لأنه يتضمن مفهوم التخمين). وهو يشير إلى عمل قادم لم يتم انجازه بعد.

*Te **hablaré** luego.*

***Cenarémos** en casa.*

El Futuro imperfecto de los verbos regulares
المستقبل العادي للأفعال النظامية

تصريف الأفعال النظامية لهذه الصيغة بعكس الأزمنة الأخرى، إذ تضاف إلى نهايات المصدر النهايات التابعة للأشخاص، وهذه النهايات هي:

	نهايات المستقبل العادي
yo	**-é**
tú	**-ás**
él / ella / usted	**-á**
nosotros / nosotras	**-emos**
vosotros / vosotras	**-éis**
ellos / ellas / ustedes	**-án**

-ar	-er	-ir
compr**ar**	vend**er**	recib**ir**
comprar**é**	vender**é**	recibir**é**
comprar**ás**	vender**ás**	recibir**ás**
comprar**á**	vender**á**	recibir**á**
comprar**emos**	vender**emos**	recibir**emos**
comprar**éis**	vender**éis**	recibir**éis**
comprar**án**	vender**án**	recibir**án**

El Futuro imperfecto de los verbos irregulares

المستقبل العادي للأفعال الشاذة

الأفعال الشاذة:

إن الأفعال الشاذة هي نفسها للمستقبل العادي ولفعل الشرط، ونهايتها هي نهايات بقية الأفعال. والشاذ في هذه الأفعال هو أن النهايات التي يأخذها الفاعل لا تعلق في آخر المصدر، كما هي الحال مع الأفعال النظامية، وإنما تضاف على نهاية جذر الفعل الشاذ الخاص بالأزمنة الافتراضية. ويشكل جذر الفعل الشاذ هذا المصدر نفسه (هذا المصدر الذي فقد في الأزمنة الافتراضية مقطعاً من مقاطعه) وعوض عنه في بعض الحالات بحرف ساكن.

وهذه قائمة بالأفعال الشاذة الأساسية وجذورها:

جذر الفعل المصرف في الأزمنة الافتراضية		المصدر
querr-	→	querer
dir-	→	decir
har	→	hacer
habr-	→	haber
sabr-	→	saber
cabr-	→	caber
podr-	→	poder
pondr-	→	poner
vendr-	→	venir
tend-	→	tener
saldr-	→	salir

أمثلة:

saber	tener	decir	venir
sabr**é**	tendr**é**	dir**é**	vendr**é**
sabr**ás**	tendr**ás**	dir**ás**	vendr**ás**
sabr**á**	tendr**á**	dir**á**	vendr**á**
sabr**emos**	tendr**emos**	dir**emos**	vendr**emos**
sabr**éis**	tendr**éis**	dir**éis**	vendr**éis**
sabr**án**	tendr**án**	dir**án**	vendr**án**

Uso del Futuro imperfecto

استعمال المستقبل العادي

استعمال المستقبل العادي المرفوع:

إن لهذه الصيغة استعمالات كثيرة ومختلفة فيما بينها مع أن جميعها تسير باتجاه واحد من حيث المضمون.

١ نستعمل في اللغة العامية الفعل **ir a** مع المصدر بدل صيغة المستقبل الحقيقية، وذلك عندما نشير إلى قرب حدوث العمل.

فبدل أن نقول:	***Escribiré*** *una carta.*	سأكتب رسالة.
نقول:	***Voy a escribir*** *una carta.*	أنا عازم على كتابة رسالة.

٢ نستخدم هذه الصيغة للدلالة على حدث أو حالة في المستقبل:

Mañana ***partiremos.*** سنسافر غداً.

٣ للتعبير عن افتراض أو تخمين:

Serán *las siete.* قد تكون الساعة السابعة.

٤ للتعبير عن أمر:

No ***saldrá.*** لن يخرج.

5.06 El Condicional
الفعـل الشـرطي

تعبر هذه الصيغة عن العلاقة الكائنة بين الفاعل أو المبتدأ من ناحية والخبر من ناحية أخرى، وذلك في حالة الريب والاستحالة ويكسب الخبر هنا صفة شخصية لأن رأي المتكلم يظهر كأمنية، أو افتراض، أو شك.

El condicional de los verbos regulares
تصريفالفعل الشرطي للأفعال النظامية

تصرف أفعال هذه الصيغة كما تصرف أفعال صيغة المستقبل وذلك بوضع النهايات التابعة للأشخاص في نهاية المصدر. وهذه النهايات هي:

نهايات الفعل الشرطي	
–ía	yo
–ías	tú
–ía	él / ella / usted
–íamos	nosotros / nosotras
–íais	vosotros / vosotras
–ían	ellos / ellas / ustedes

أمثلة على ذلك:

-ar	-er	-ir
compr**ar**	vend**er**	recib**ir**
comprar**ía**	vender**ía**	recibir**ía**
comprar**ías**	vender**ías**	recibir**ías**
comprar**ía**	vender**ía**	recibir**ía**
compraría**mos**	vendería**mos**	recibiría**mos**
comprar**íais**	vender**íais**	recibir**íais**
comprar**ían**	vender**ían**	recibir**ían**

Uso del condicional

استعمال صيغة الشرط

١ عند حدوث عمل ما تحت شروط معينة:

Compraríamos *la casa si* ***tuviésemos dinero.***

كنا اشترينا البيت لو كان معنا نقود.

٢ عند الاستفهام أو الاجابة بشكل لطيف:

*¿**Sabrías** traducir esta carta?* أبإمكانك ترجمة هذه الرسالة؟

*.Me **gustaría** saber si tiene razón* كنت أحب أن أعرف إن كان على حق.

5.07 El Subjuntivo
صيغة الاحتمال

إن الصفة الأساسية التي تميز هذه الصيغة من الأزمنة في الاسبانية هي أنها لا تأتينا بمعلومات جديدة. تستخدم هذه الصيغة عندما يراد الاشارة إلى العلاقة الكائنة بين الفاعل (المبتدأ) والخبر، دون إعطاء أية معلومات عن الفاعل. وبعكس هذه الصيغة تأتينا الأفعال في حالة الرفع وفعل الشرط بمعلومات جديدة عن الفاعل.

إن صيغة الاحتمال هي صيغة التصّور واللاواقعية، وهي تعبر عن الشك والافتراض والأحداث التي لا تتحقق. وأزمنة هذه الصيغة نسبية إذ أنها تعبر عن أحداث موجودة في ذهن المتكلم وهي مرتبطة بحدث آخر أو حالة ما. ولا تنطبق تسميتها على معناها الحقيقي. ولصيغة الاحتمال هذه نوعان:

١	صيغة الاحتمال للمضارع	Presente de subjuntivo
٢	صيغة الاحتمال في الماضي	Imperfecto de subjuntivo

El presente del subjuntivo de los verbos regulares
تصريف صيغة الاحتمال للمضارع للأفعال النظامية

يتم تصريف هذا الزمن بحذف نهايات المصدر **-ir, -er, -ar** وبالتعويض عنها بنهايات الأشخاص التابعة له. وهذه النهايات هي:

	-ar	**-er / -ir**
		نهايات صيغة الاحتمال للمضارع
yo	**-e**	**-a**
tú	**-es**	**-as**
él / ella / usted	**-e**	**-a**
nosotros / nosotras	**-emos**	**-amos**
vosotros / vosotras	**-éis**	**-áis**
ellos / ellas / ustedes	**-en**	**-an**

أمثلة على ما ذكر:

cant**ar**	com**er**	sub**ir**
cant**e**	com**a**	sub**a**
cant**es**	com**as**	sub**as**
cant**e**	com**a**	sub**a**
cant**emos**	com**amos**	sub**amos**
cant**éis**	com**áis**	sub**áis**
cant**en**	com**an**	sub**an**

ملاحظات:

١ إن مجموعتي الأفعال المنتهية بـ **-ir -er** لها نهايات غيرها من الأزمنة.

٢ تشبه نهايات صيغة الاحتمال نهايات المضارع المرفوع إلى حد بعيد، والفرق الوحيد بينهما هو الحروف الصوتية لكل مجموعة. والحروف الصوتية في حالة الاحتمال للمضارع المنتهية بـ **-ir, -er, -ar** تصبح على الشكل التالي:

-ar ➔ **e**
-er ➔ **a**
-ir ➔ **a**

وهنا نلفت النظر إلى أن نهايات الأفعال المنتهية بـ **ar-** في الاحتمال للمضارع تشبه نهايات الأفعال المنتهية بـ **er-** في المضارع المرفوع، وبدورها تشبه نهايات **ar-** في المضارع المرفوع، باستثناء صيغة المتكلم المفرد.

٣ التشديد على اللفظ في الاحتمال للمضارع هو نفس التشديد على اللفظ في المضارع المرفوع.

El presente del subjuntivo de los verbos irregulares

تصريف صيغة الاحتمال للمضارع للأفعال الشاذة

إن التغيير الذي يطرأ على الحروف الصوتية في زمن المضارع المرفوع يطرأ كذلك على صيغة الاحتمال للمضارع، وذلك حين تكون النبرة على الحرف الصوتي (انظر ص ٧٨). مثال على ذلك:

quer**er**	pod**er**	vol**ar**	jug**ar**
quier**a**	pued**a**	vuel**e**	juegu**e**
quier**as**	pued**as**	vuel**es**	juegu**es**
quier**a**	pued**a**	vuel**e**	juegu**e**
quer**amos**	pod**amos**	vol**emos**	jugu**emos**
quer**áis**	pod**áis**	vol**éis**	jugu**éis**
quier**an**	pued**an**	vuel**en**	juegu**en**

هناك أفعال في صيغة المضارع المرفوع يكون فيها تصريف المتكلم المفرد غير نظامي، وفي صيغة الاحتمال للمضارع يتم تصريف بقية الأشخاص كالمتكلم المفرد تماماً.

مثال: الفعل **hacer**

الفعل ينتهي بـ **-er**

في صيغة الاحتمال للمضارع ← ينتهي بـ **-a**

صيغة المتكلم المفرد غير النظامية في المضارع المرفوع:

تصرف كل صيغ الاحتمال للمضارع بهذا الشكل:

الاحتمال للمضارع	المضارع المرفوع
ha**ga**	ha**go**
ha**gas**	haces
ha**ga**	hace
ha**gamos**	hacemos
ha**gáis**	hacéis
ha**gan**	hacen

إن الأفعال الشاذة في صيغة الاحتمال للمضارع قليلة، وفيما يلي ندرج أهمها مع تصريفها:

ver	**ser**	**haber**
vea	sea	haya
veas	seas	hayas
vea	sea	haya
veamos	seamos	hayamos
veáis	seáis	hayáis
vean	sean	hayan

estar	**saber**	**ir**
esté	sepa	vaya
estés	sepas	vayas
esté	sepa	vaya
estemos	sepamos	vayamos
estéis	sepáis	vayáis
estén	sepan	vayan

أمثلة على ما ذكر:

المضارع المرفوع / Presente de indicativo

oi**go**	cre**zco**	que**po**	pon**go**	di**go**
oyes	creces	cabes	pones	dices
…	…	…	…	…

الاحتمال للمضارع / Presente de subjuntivo

oi**ga**	cre**zca**	que**pa**	pon**ga**	di**ga**
oi**gas**	cre**zcas**	que**pas**	pon**gas**	di**gas**
oi**ga**	cre**zca**	que**pa**	pon**ga**	di**ga**
oi**gamos**	cre**zcamos**	que**pamos**	pon**gamos**	di**gamos**
oi**gáis**	cre**zcáis**	que**páis**	pon**gáis**	di**gáis**
oi**gan**	cre**zcan**	que**pan**	pon**gan**	di**gan**

ملاحظات:

١ إن كل الأفعال المذكورة تأخذ النهايات المطلوبة لهذه الصيغة، لكن الشواذ فيها يكمن في جذر الفعل.

٢ يشذ الفعل **estar** عن غيرها فقط لأنه يأخذ النبرة.

٣ يطرأ على الفعل **saber** التبدلات التي تطرأ على الأفعال المنتهية بـ **aber-** مثل **caber** وله نفس التصريف.

٤ إن الفعلين **ver** و **ser** يظهران الشواذ في الحرف e، وهو من أصل الجذر.

El imperfecto de subjuntivo

نهايات صيغة االاحتمال للماضي

إنّ أبسط طريقة لتصريف الأفعال في صيغة الماضي هي حذف المقطع **ron-** من صيغة الغائب الجمع في الماضي التاريخي والتعويض عنه بالنهايات التابعة لكل شخص. وهذه النهايات هي:

نهايات صيغة الاحتمال للمضارع

	-ar	-er	-ir
yo	**-ra**	**-se**	**-se**
tú	**-ra**	**-ses**	**-ses**
él / ella / usted	**-ra**	**-se**	**-se**
nosotros / nosotras	**-ramos**	**-semos**	**-semos**
vosotros / vosotras	**-rais**	**-seis**	**-seis**
ello / ellas / ustedes	**-ran**	**-sen**	**-sen**

مثال: الفعل **cantar**

الماضي التاريخي له هو ← **canta - ran**

وبإضافة نهايات صيغة الاحتمال في الماضي على الشكل **canta-** نكون قد صرفنا الفعل بالشكل المطلوب.

canta**se**	canta**ra**
canta**ses**	canta**ras**
canta**se**	canta**ra**
cantá**semos**	cantá**ramos**
cant**seis**	canta**rais**
canta**sen**	canta**ran**

أمثلة أخرى:

hablar - decir - pedir - querer

صيغة الغائب الجمع في الماضي التاريخي هي:

hablaron – dijeron – pidieron – quisieron

وصيغة الاحتمال في الماضي لهذه الأفعال هي:

A

hablar**a**	dijer**a**	pidier**a**	quisier**a**
habla**ras**	dije**ras**	pidie**ras**	quisie**ras**
habla**ra**	dije**ra**	pidie**ra**	quisie**ra**
habla**ramos**	dije**ramos**	pidie**ramos**	quisie**ramos**
habla**rais**	dije**rais**	pidie**rais**	quisie**rais**
habla**ran**	dije**ran**	pidie**ran**	quisie**ran**

B

habla**se**	dije**se**	pidie**se**	quisie**se**
habla**ses**	dije**ses**	pidie**ses**	quisie**ses**
habla**se**	dije**se**	pidie**se**	quisie**se**
hablá**semos**	dijé**semos**	pidié**semos**	quisié**semos**
habla**seis**	dije**seis**	pidie**seis**	quisie**seis**
habla**sen**	dije**sen**	pidie**sen**	quisie**sen**

ملاحظات:

يجب أن نشير إلى:

١ أن صيغة الاحتمال للمضارع يتناقض مع الماضي و ليس لها هناك أي استعمال يربطها بهذا الزمن.

٢ أما صيغة الاحتمال في الماضي فإنه يتضمن بطبيعته عنصر الماضي وكذلك مفهوم الاحتمال للمضارع، وهذا ما يسمح له بالعمل في الماضي والحاضر والمستقبل أيضاً، حين نعبّر به.

٣ إن صيغة الاحتمال تستخدم غالباً مع جمل ذات تبعية (أي مع تلك الجمل التي ترتبط أو تتعلق بغيرها). وهذا يعني أنه إذا أثر الفعل الرئيسي على الفعل الآخر له أتى هذا الأخير في صيغة الاحتمال.

مثال: لنقارن بين صيغة المضارع المرفوع وصيغة الاحتمال للمضارع:

Subjuntivo	Indicativo
صيغة الافتراض اللاواقعي	**صيغة الواقع**
تعبر عن الشك والريب والافتراض وعن الأحداث غير المحققة.	تعبر عن الحقيقة وعن اليقين، وتدل عل الأحداث الواقعية.
No creo que **sea** verdad. Dudo que **venga.** Quiere que **vaya.**	Creo que **es** verdad. **Es** indudable que viene. Sabe que **voy.**

Uso del subjuntivo

استعمال صيغة الاحتمال

تأتي صيغة الاحتمال بعد الحرف **que** في الحالات التالية:

١ بعد الأفعال التي تعبر عن إرادة أو رغبة:

*Deseo que me **ayudes.*** أريد أن تساعدني.

*Queremos que nos **diga** la verdad.* نريد أن يقول لنا الحقيقة.

٢ بعد الأفعال التي تعبّر عم عاطفة أو شعور شخصي، مثل الفرح:

*Nos alegramos que **haya venido.*** يسرنا قدومكم.

*Me asombro el señor García no **haya venido.***

يدهشني أن السيد غرسيا لم يأت.

٣ بعد أفعال القول والظن، وذلك عندما تعبّر عن الريب أو عدم المعرفة بجملة استفهامية أو جملة نفي.

*¿Cree Vd. que eso **sea** verdad?*	هل تعتقد أن ذلك حقيقة؟
*No creemos que **haya dicho** eso.*	لا نعتقد أنه قال ذلك.

٤ بعد مصطلحات غير شخصية، تعبر عن الإرادة أو الشعور الشخصي، أو تنفي قولاً، كأن نقول "في ذلك الأمر ريب".

***Es necesario que venga** Vd. sin demora.*

من الضروري أن تأتي دون تأخير.

Es extraño que no** nos **haya encontrado.

من الغريب أنه لم يصادفنا.

***Es imposible que lleguemos** a tiempo.*

من الصعب أن نصل على وقت.

٥ بعد الأفعال التي تعبر عن التزام شخصي، مثل:

es preciso que – es necesario que – hace falta que – etc.

***Es necesario que apruebe** los exámenes.*

من الضروري أن يجتاز الامتحانات.

٦ بعد بعض أدوات الربط، مثل:

antes que – sin que – para que – a que – en caso que

a fin que – a no ser que – si – como si – etc.

***Antes que replique** Vd..*	قبل أن تردّ أنت.
***Para que** lo **sepa** Vd..*	حتى يكون في علمك.

En caso que *no* ***llegue*** *a tiempo.* — في حال لا أصل في الوقت المناسب.

٧ بعد الأفعال التي تعبر عن الريب والاستحالة: dudo que

Dudo que haya *venido.* — لا أظن أنه أتى.

٨ بعد الأفعال التي تعبّر عن إرادة أو أمر أو منع، مثل:
quiero que – digo que – mando que – ruego que – prohíbo que – etc.

Te digo que vayas *a verle.* — أقول لك لك بأن تذهب لرؤيته.

٩ بعد مصطلحات تعبر عن حكم ذي قيمة أو شعور ما، مثال:
es una pena que – es posible que – es natural que
es una vergüenza que – más vale que – etc.

Es posible que vayamos *de vacaciones.*
من الممكن أن نسافر في إجازة.

١٠ بعد تلك الأفعال التي تعبر عن رد فعل عاطفي، مثال:
lamento que – me gusta que – me extraña que – me sorprende que – etc.

Lamento que estés *de mal humor.* — يؤسفني أن تكون سئ المزاج.

ملاحظات هامة: هناك حروف ربط، مثل:
aunque – cuando – de manera que – mientras – etc.

يأتي معها الفعل المضارع المرفوع إذا كانت الجملة الثانوية تخبر عن شئ حقيقي، أما إذا كانت هذه الجملة تخبر عن شئ غير واقعي وردت صيغة الاحتمال. مثال:

aunque ***venimos*** — مع أننا نأتي.
aunque ***vengamos*** — حتى نأتي.

*mientras **duerme*** بينما ينام.

*mientras **duerma*** ما دام ينام.

استعمال آخر لصيغة الاحتمال: (مع اسم موصول):

١ عندما تعبر الجملة عن صفة مطلوبة أو مرغوبة:

*Buscamos un joven **que sepa** llevar la correspondencia en español.*
نفتش عن شاب يعرف المراسلة بالاسبانية.

٢ إذا كانت هذه الجملة تعود على مفهوم نفي في الجملة الرئيسية.

*No hay mal **que** cien años **dure.*** ليس هناك شر يدوم مائة عام.

٣ إذا كانت الجملة تعبر عن شئ مجهول أو ممكن حدوثه:

***Haga** Vd. **Lo que** quiera.* إفعل ما تشاء.

٤ مع جمل عامة بعد المصطلحات:
quienquiera – cualquiera

***Quienquiera que** lo **haya** hecho, queremos saberlo todo.*
أيّمن كان قد فعله نريد أن نعرف كل شئ.

***Cualquiera que sea** su motivo.* مهما كان الدافع.

5.08 El Infinitivo
المصـــدر

يعبر المصدر عن حدث أو مدلول الفعل بشكل مجرد وعام، دون أخذ الزمن والعدد والشخص بالاعتبار. يشبه المصدر الأسماء، وبامكانه أن يأخذ مفاعيل وأن يقوم بنفس الوظائف التي يقوم بها أي اسم. لذا نقول أن المصدر هو الصيغة الاسمية للفعل.

Querer es poder – Gobernar es poblar

Clases del infinitivo y sus usos
أنواع المصدر واستعمالاته

١ مصدر ينتهي بـ **–ar** مثال: hablar
٢ مصدر ينتهي بـ **–er** مثال: comer
٣ مصدر ينتهي بـ **–ir** مثال: escribir

والمصدر لا يتغيّر أبداً، فهو إذن غير قابل للتصريف.

El infinito real y el infinitivo con preposición
المصدر الحقيقي والمصدر مع حرف

حين نستعمل المصدر كاسم فإنه يأتي مع حرف جر ويكون محله في الجملة إما فاعلاً أو خبراً أو مفعولاً به. هذا وقد أصبحت بعض المصادر أسماء. مثال:

el saber	***el poder***	***el deber***	***el parecer***	***el ser***
المعرفة	المقدرة	الواجب	الرأي	المخلوق

ويسمّى هذا المصدر سواء أتى مع حرف جر أو بدونه بلمصدر الحقيقي أو المصدر مع حرف حر.
ويأتي المصدر كمفعول بعد كل فعل يأخذ إسماً منصوباً:

- بعد الأفعال المساعدة للحال:

querer – deber – saber – poder

والفعلين: dejar – hacer

- بعد أفعال تعبر عن إرادة أو رغبة:

esperar – desear – preferir – permitir – prohibir – proponer – ordenar – etc.

Le ***propongo salir*** *en seguida.*

أقترح عليك السفر فوراً.

- بعد الأفعال التي تدل على حس أو إدراك. مثال:

sentir – ver – oír

Oigo venir *el tren.*

أسمع قدوم القطار.

- بعد الأفعال التي تدل على الاعتقاد، والرأي والقرار:

creer – decidir – intentar – negar – recordar – temer – etc.

Hemos ***decidido abandonar*** *el proyecto.*

قررنا الانسحاب من المشروع.

- بعد أفعال القول والادعاء والتأكيد:

afirmar – decir – pretender – declarar – confesar – prometer – ofrecer – etc.

Prometió ayudarnos.

لقد وعد أن يساعدنا.

◂ بعد مصطلحات غير شخصية، مثل:

es necesario – es difícil – es fácil – me gusta – más vale – es útil – etc.

Será necesario mandar *un telegrama.*

إنه من الضروري إرسال برقية.

■ **المصدر مع حرف الجر de:**

Tengo el gusto ***de conocer*** *a su esposa.*

يسرني أن أتعرف على زوجتك.

Tenga la bondad ***de responder*** *a vuelta de correo.*

تفضل بالرد علينا بعودة البريد.

Tenemos la intención ***de vender*** *nuestra casa.*

في نيتنا أن نبيع البيت.

◂ بعد صفات تأخذ إسماً بعد الحرف **de:**

lejos de – digno de – capaz de

Es ***capaz de negarlo*** *todo.*

إنه قادر على إنكار كل شئ.

◂ بعد أفعال بإمكانها أن تأخذ إسماً بعد الحرف **de:**

acusar de – alegrarse de – arrepentirse de – asegurarse de
cansarse de – cesar de – dejar de – encargarse de – extrañarse de
guardarse de – quejarse de – tratar de

Me he arrepentido de vender *el jardín.*

لقد ندمت على بيع الحديقة.

Nos guardamos de irritarle.

إننا نحترس من أن نثير غضبه.

*El fiscal le **acusó de haber** cometido una infracción.*

اتهمه المدعي العام بارتكاب مخالفة.

◄ بعد مصطلحات خاصة، مثل:

dar de comer – no poder menos de – acabar de hacer

es de creer – es de suponer – etc.

***Acabo de hacer** la tarea.*

لقد انتهيت من أداء الوظيفة.

■ المصدر مع حرف الجر **a**:

◄ يأتي هذا كخبر بعد أسماء وصفات يمكنها بدورها أيضاً أن تأخذ إسماً آخر.

*No tiene derecho **a quejarse** de nosotros.*

ليس له الحق أن يتظلم منا.

*Está dispuesto **a seguirnos.***

إنه مسنعد أن يتبعنا.

◄ بعد أفعال الحركة، مثل:

ir a – venir a – llegar a – subir a – bajar a – correr a

volver a – acercarse a – apresurarse a

***Vino a verme** por la tarde.*

أتى لزيارتنا بعد الظهر.

◄ بعد أفعال تدل على اتجاه أو قصد أو التطلع نحو هدف، أو السعي وراء غرض ما. مثل:

acostumbrarse a – aprender a – aspirar a – atreverse a

ayudar a – comenzar a – meterse a – comprometerse a – limitarse a

convidar a – obligarse a – negarse a – prepararse a – etc.

Nos hemos comprometido a socorrerle.

لقد التزمنا بمساعدته.

Me limito a avisarle *a Vd. del peligro.*

أقتصر فقط على تحذيرك من الخطر.

Se preparó a partir *en seguida.*

لقد جهز نفسه للرحيل فوراً.

المصدر مع حروف جر أخرى:

- **المصدر مع حرف الجر en:**

afanarse en – complacerse en – empeñarse en convenir en
tardar en – tener interés en – tener empeño en – etc.

Se complace en leer.

وجد متعة في القراءة.

- **المصدر مع حرف الجر con:**

contentarse con – soñar con

Se contenta con tener *para fumar.*

يقتنع ما دام عنده شئ للتدخين.

- **المصدر مع حرف الجر por أو para:**

estar por – estar para

Estoy por ir *a casa.*

أني على وشك الذهاب إلى البيت.

En este momento ***estaba por salir.***

في هذه اللحظة كنت على وشك الخروج.

■ **المصدر مع الحرف por:**

empezar por – acabar por

Empieza por preparar *el desayuno.*

تبدأ بتحضير الفطور.

ويمكن أن نلخص أخيراً وظائف المصدر بالشكل التالي:

١	المصدر فاعل في الجملة:	***Leer*** *abre la mente.*
٢	المصدر خبر في الجملة:	*Querer es* ***poder.***
٣	المصدر مفعول به للفعل:	*Se fue sin* ***habérmelo dicho.***
٤	المصدر مفعول لاسم:	*Una máquina de* ***escribir.***
٥	المصدر مفعول لصفة:	*Fácil de* ***hacer.***

ملاحظة: لا يمكن لحروف الجر:

ante – bajo – contra – desde – según – hacia – durante

أن تتقدم على المصدر. ويمكن للمصدر أن يقوم مقام أنماط أخرى من الكلمات:

- يقوم مقام فعل مضارع:

  ¿Qué haces? ***Descansar.***

- يحل محل صيغة الأمر:

  ¡A callar, *niños!*

- يقوم مقام اسم:

  El toser *es síntoma de gripe.*

5.09 El Imperativo
فعــل الأمــر

إن وظيفة هذه الصيغة هي إعطاء أوامر، أو نصائح، أو تقديم أو طلب شئ ما، أو للإدلاء بشروط، حتى يمكن أن يكون ذلك بأسلوب الرجاء ومنتهى اللطف. وهذا ليس الأسلوب الوحيد في اللغة الاسبانية لكي يتحقق ما تقوم به تلك الأفعال.

¡Deja en Paz a este niño! – Perdona mi torpeza.

لفعل الأمر، من الناحية الشكلية، صفات خاصة به، فهو لا يستعمل إلا مع الشخص الثاني (المخاطب) المفرد والجمع، إذا كان هذا يقوم بدور المستمع أو المنفذ.
وفي الواقع هناك شخصان يخصان هذه الصيغة، وهما يقومان، بشكل جليّ، بدور المستمع والمنفذ. هما:

vosotros – tú

أما بقية الأشخاص الذين تشملهم هذه الصيغة أيضاً فلا يملكون فعل أمر خاصاً بهم، وإنما نستخدم معهم صيغة الاحتمال.

(tú)	**habla**
(Vd.)	**hable**
(nosotros)	**hablemos**
(vosotros)	**hablad**
(Vds.)	**hablen**

إن صيغة الأمر للمخاطب المفرد والجمع تستعملان دائماً مع القول الإيجابي. أما مع التعبير النفي نستبدل صيغة الأمر بصيغة الاحتمال للمضارع:

habla ➔ **no hables**
hablad ➔ **no habléis**

وتشبه صيغة الأمر للمخاطب المفرد **(tú)** صيغة الغائب المفرد في المضارع المرفوع:

habla

come

escribe

هناك ثمانية أفعال غير نظامية فقدت مقطعاً في صيغة الأمر:

poner	➜	**pon**
venir	➜	**ven**
tener	➜	**ten**
salir	➜	**sal**
decir	➜	**di**
hacer	➜	**haz**
ir	➜	**ve**
ser	➜	**sé**

وتشكيل صيغة الأمر مع المخاطب المفرد الجمع **(vosotros)** نحذف حرف ال **r-** من نهاية المصدر ونضع مكانه الحرف **d-**:

habla**r**	➜	habla**d**
come**r**	➜	come**d**
escrib**ir**	➜	escribi**d**

tú	¡trabaja! ¡ come! ¡escribe!	¡no trabajes! ¡no comas! ¡no escribas!
usted	¡trabaje! ¡coma! ¡escriba!	¡no trabaje! ¡no coma! ¡no escriba!
nosotros	¡trabajemos! ¡comamos! ¡escribamos!	¡no trabajemos! ¡no comamos! ¡no escribamos!
vosotros	¡trabajad! ¡comed! ¡escribid!	¡no trabajéis! ¡no comáis! ¡no escribáis!
ustedes	¡trabajen! ¡coman! ¡escriban!	¡no trabajen! ¡no coman! ¡no escriban!

إذا أتى فعل الأمر مرفقاً بضمير شخصي اتصل هذا الضمير بالفعل وكأنه ضمير متصل.

¡Siéntate aquí!

¡Láva**te** la cara!

¡Pónga**me** una cerveza!

¡Vámo**nos**!

5.10 El Participio
اسم المفعول

يدل اسم المفعول على عمل منجز أو حالة تم أداؤها.يستعمل اسم المفعول بشكل رئيسي في بناء صيغة الماضي التام **(pretérito perfecto)** مع الفعل المساعد **haber**. وكذلك في بناء صيغة الماضس التام البعيد **(pluscuamperfecto)** والمبني للمجهول **(la pasiva)** مع الفعل المساعد **ser**.

Formación del participio de los verbos regulares
صياغة اسم المفعول للأفعال النظامية

١ يصاغ اسم المفعول أولاً مع الأفعال النظامية وذلك باسابدال نهايات المصدر **-er, -ir ,** **-ar** بالمقطعين **-ido** و **-ado** كما هو مشروح أدناه.

صياغة اسم المفعول		
-ado	➜	**-ar**
-ido	➜	**-er**
-ido	➜	**-ir**

أمثلة على ذلك:

compr**ado**	compr**ar**
tom**ado**	tom**ar**
com**ido**	com**er**
ten**ido**	ten**er**
recib**ido**	recib**ir**
serv**ido**	serv**ir**

Formación del participio de los verbos irregulares

صياغة اسم المفعول للأفعال الشاذة

٢ يصاغ اسم المفعول أيضاً من الأفعال الشاذة، وهذه قليلة، أهمها:

hacer	→	**hecho**	ver	→	**visto**
satisfacer	→	**satisfecho**	escribir	→	**escrito**
decir	→	**dicho**	morir	→	**muerto**
romper	→	**roto**	abrir	→	**abierto**
volver	→	**vuelto**	cubrir	→	**cubierto**
poner	→	**puesto**			

وكذلك الأفعال المنتهية بـ **solver-**:

resolver	→	**resuelto**
absolver	→	**absuelto**

هناك أفعال تأخذ اسميّ مفعول:

freír	**frito**	**freído**
imprimir	**impreso**	**imprimido**
bendecir	**bendito**	**bendecido**
maldecir	**maldito**	**maldecido**

وفي الحالات هذه، حيث يكون للفعل إسما مفعول تستخدم الصيغة النظامية كاسم مفعول والصيغة غير النظامية كصفة. أما بالنسبة للفعل freír فتكون الآية مقلوبة، إذ الصيغة النظامية تأتي كصفة والأخرى كإسم مفعول.

Uso del participio

استعمال اسم المفعول

١ يستعمل اسم المفعول مع الفعل المساعد **haber** لبناء صيغة الماضي التام pretérito perfecto وهذه الصيغة لا تتغير أبداً.

He vivido *varios años en Alemania.*	عشت لسنوات في ألمانيا.
*¿**Has hablado** con Carmen?*	هل تكلمت مع كارمن؟

٢ ويستعمل مع الفعل المساعد res لبناء صيغة المبني للمجهول (la voz pasiva):

*El amigo **es invitado.***	الصديق مدعو.

ويتبع اسم المفعول، في صيغة المبني للمجهول الفاعل في الجنس والعدد.

*Los amigos **son invitados.***	كان الأصدقاء مدعوين.
*Los amigos **fueron invitados.***	قد كان الأصدقاء مدعوين.

٣ يستعمل كخبر للفعلين **ser** و **estar:**

Estoy cansado *de trabajar.*	إنني تعبان من العمل.
*¿**Eres soltero** o **casado**?*	هل أنت أعزب أم متزوج؟

٤ اسم المفعول كصفة:

يأتي اسم المفعول مع بعض الأفعال بشكل صفة، وهو يتبع الاسم في هذه الحال في الجنس والعدد ويطرأ عليه كل ما يطرأ على الصفات عادة.

إذا أتى اسم المفعول كصفة فإنه يأخذ مفهوم المبني للمجهول بشكل عام.

*Me pidió aquella foto **despegada** del álbum, y se la dí.*

طلب مني تلك الصورة، غير الملصقة في الألبوم، فأعطيته إياها.

5.11 El Gerundio
حال الفاعل

يشبه حال الفاعل في الأساس الظرف.

El gerundio y su formación

صياغة حال الفاعل

١ يصاغ حال الفاعل باستبدال نهايات المصدر **-ar, -er** و **-ir** بالمقطعين **-iendo** و **-ando** وذلك حسب القاعدة المشروحة أدناه:

صياغة حال الفاعل		
-ando	➔	**-ar**
-iendo	➔	**-er**
(vocal + **yendo**)	➔	**-ir**

٢ ويصاغ حال الفاعل أيضاً من مجموعة صغيرة من أفعال غير نظامية، وهي تلك الأفعال المنتهية بـ **-ir** والتي يتضمن جذرها الحرفين **-e** و **-o**. إن هذين الحرفين يصبحان **i** و **u** بشكل متوال:

آ الأفعال بـ **-ir** ➔ **e**:

p**i**d**iendo**	➔	p**e**dir
s**i**nt**iendo**	➔	s**e**ntir
v**i**n**iendo**	➔	v**e**nir
d**i**c**iendo**	➔	d**e**cir
pref**i**r**iendo**	➔	pref**e**rir

ب الأفعال بـ **-ir** ← **o:**

m**o**rir	←	mur**iendo**
d**o**rmir	←	durm**iendo**

ويمكن أن نضيف إلى هذه المجموعة الفعل poder إذ يصبح **pudiendo**.

Uso del gerundio

استعمال حال الفاعل

١ يمكن لصيغة حال الفاعل أن تأخذ أي مفعول من المفاعيل التي تأخذها الأفعال في أزمنتها المختلفة.

Escribiendo una carta *no resolverás nada.*	لن تستفيد شيئاً بكتابة رسالة.
Habiendo dicho *eso, salió corriendo.*	بعد أن قال ذلك خرج مسرعاً.

٢ ويأتي حال الفاعل أيضاً مع أفعال عديدة تأخذ دور الفعل المساعد في الجملة.

llevar – ir – venir – estar – etc.

Estábamos comiendo *cuando llegó Vd.*

كنا نتول الطعام عندما وصلت.

El niño ***va creciendo.***

الولد ينمو.

La situación económica ***ha venido mejorando*** *en estos últimos años.*

أخذ الوضع الاقتصادي يتحسن في السنوات الأخيرة.

Llevo aprendiendo *español cuatro años.*

منذ أربع سنوات وأنا أتعلم الاسبانية.

٣ يشير حال الفاعل المركب إلى عمل منجز سبق عمل الفعل الأصلي.

Escuchándololo *de nuevo, me di cuenta del error.*
انتبهت إلى الخطأ وأنا أصغي إليه ثانية.

٤ ومن استعمالات حال الفاعل الأخرى الإشارة إلى الارتباط والتوافق الزمني بين عملين.

Saliendo *del café, encontré a Juan.*	قابلت خوان وأنا خارج من المقهى.
Diciendo *esto, se marchó.*	انصرف وهو يقول ذلك.

5.12 Los Tiempos compuestos
الأزمنة المركبة

صيغة الماضي في الأزمنة المركبة.

Fórmula de los tiempos compuestos

صياغة الأزمنة المركبة

لكل زمن في اللغة الاسبانية زمن مركب. وتتم صياغة هذه الأزمنة المركبة مع الفعل المساعد **haber**، الذي يصرف حسب الزمن المطلوب واسم المفعول للفعل الأصلي.

haber + participio

١ أمثلة على صيغة الماضي التام pretérito perfecto (الزمن الماضي هذا له علاقة بالحاضر):

◂ *¿Cómo es que hablas tan bien alemán?*
كيف تتكلم الألمانية بهذا الشكل؟

◃ *Es que **he vivido** tres años en Berlín.*
السبب هو أنني عشت ثلاث سنوات في برلين.

◂ *¿**Has hablado** con Susana?*
هل تكلمت مع سوزان؟

◃ *No, todavía no. Espero verla esta noche.*
كلا، ليس بعد آمل أن أراها هذا المساء.

٢ أمثلة على صيغة الماضي التام البعيد:

◂ *¿Cómo sabías que iba a venir?*
كيف عرفت أنها ستأتي؟

◁ *Porque **había hablado** con su mujer esta mañana.*
لأني كنت قد اتصلت بزوجته ذلك الصباح.

ملاحظة هامة: إن اسم المفعول، في اللغة الاسبانية، لا ينفصل أبداً عن الفعل المساعد، كما هي الحال في لغات أخرى (الانكليزية و الألمانية والافرنسية والإيطالية):

نقول في الانكليزية: *I **have** always **lived** here.*
وفي الألمانية: *Ich **habe** immer hier **gewohnt.***
ولا نقول أبداً: ***He** siempre **vivido** aquí.*

ثانياً: في الاسبانية نستخدم كفعل مساعد فقط الفعل **haber**، بعكس الافرنسية والايطالية و الألمانية التي تستخدم إضافة إلى ذلك الفعل فعل الكون.

في الافرنسية نقول: *Cette semaine je **sui allé** trois fois au cinema.*
وفي الألمانية نقول كذلك: *Diese Woche **bin** ich dreimal ins Kino **gegangen.***
أما في الاسبانية فنقول: *Esta semana **he ido** tres veces al cine.*

Uso de los tiempos compuestos
استعمال الأفعال المركبة

لكي نفهم بشكل جيد كيفية استعمال الزمن المركب، علينا أن ندرك جلياً وظيفة الزمن المتواجد فيه الفعل **haber**، إذ أن المتكلم يعتبر ما عبّر عنه بإسم المفعول شيئاً غير مهم بحد ذاته، وهو يركز الثقل على تلك العلاقة التي تربط بذلك الزمن. مثال:

◂ *¿Cómo es que hablas bien el árabe?*
◁ ***He vivido** diez años en Siria.*

إن جواب الشخص هذا يشير إلى أن في حوزته حالياً (الكلمة حالياً تدل على سبب استعمال الفعل المساعد في الحاضر) معلومات أخرى غير السابقة، وهي السنوات العشر التي قضاها في سوريا.

إليك بعض الأمثلة التي تساعدك على فهم صيغة الماضي التام:
مثلاً: إذا شاهدت شخصاً ما وذراعه مكسور تسأله:

◂ *¿Qué te **ha pasado**?*
◃ ***He tenido** un accidente con la moto.*

ونستخدم أحياناً صيغة الماضي التام لنربط أحداث الماضي بالحاضر، معتبرين ذلك شيئاً مؤقتاً ولا شيئاً خاصاً بالماضي. إذ لا نعلم أن هناك أشياء جديدة قادمة. وهذه خاصية من خواص الماضي التام.

*Este mes todavía no **hemos ido** al cine.*
في هذا الشهر لم نذهب بعد إلى السنما.

ونرى هنا كيف أن المتكلم يربط الحاضر بالحدث الماضي الذي يعنيه، وهو لا يعتبر ذلك عملاً منجزاً في الماضي (إذ هناك بعد امكانية الذهاب إلى السينما) والمهم في هذا الحدث هو ارتباطه بالوضع في المستقبل.

El pretérito perfecto de los verbos "leer" y "comprar"
صياغة الماضي التام للفعلين: leer – comprar

صيغة الماضي التام	Pretérito perfecto
he leído	he comprado
has leído	has comprado
ha leído	ha comprado
hemos leído	hemos comprado
habéis leído	habéis comprado
han leído	han comprado

El Pluscuamperfecto

الماضي التام البعيد

نستدل من هذه الصيغة أن شيئاً ما قد بدأ وانتهى في الماضي. وقد يكون هذا العمل أو الحدث مرتبطاً أيضاً بحدث آخر ماض. وتستعمل هذه الصيغة للدلالة على أن شيئاً ما حدث قبل شئ آخر.

¿Y cómo lo reconociste?

وكيف تعرفت عليه؟

*Es que me **habían hablado** de él muchas veces, **había visto** foto suyas…*

كانوا قد حدثوني كثيراً عنه ورأيت صوراً له.

***Ya habíamos comido,** cuando nos llamó.*

عندما نادانا كنا قد أكلنا.

*Apenas **había llegado** a Damasco cuando estalló la guerra.*

بالكاد وصلت دمشق فاندلعت الحرب.

El Pluscuamperfecto de los verbos: "llegar" y "comprar"

صيغة الماضي التام البعيد للفعلين: llegar – comprar

Pluscuamperfecto	الماضي التام البعيد
habíamos comprado	habíamos comprado
habíais comprado	habíais comprado
habían comprado	habían comprado
había llegado	había llegado
habías llegado	habías llegado
había llegado	había llegado

El Futuro compuesto

المستقبل التام

تدل هذه الصيغة على أن عملاً ما قد تم إنجازه في المستقبل قبل غيره. اذن نستخدم في هذه الحال صيغة الماضي التام: pretérito perfecto.

*Luego que **habré terminado** el trabajo, os avisaré.*

سأعلمكم بعد أن أكون قد أنهيت العمل.

*Partiremos luego que **habremos comido.***

سنسافر بعد أن نكون قد أكلنا.

El Condicional compuesto

فعل الشرط المركب

تشير هذه الصيغة إلى أحداث لن تتحقق في الماضي بسبب غياب شرط من الشروط. وهي تدل على أن عملاً قد أنجز في المستقبل مقارنة مع أحداث أخرى في الماضي.

*Me dijo que **habría podido** venir.*

قال لي أنه كان بامكانه القدوم.

*Si **tuviera** dinero, ahora no **estaría** en estas condiciones porque ya me **habría comprado** una casa.*

لو كان معي نقود لما وجدتني بهذه الظروف، إذ كنت اشتريت بيتاً.

ويستعمل المستقبل التام كالمستقبل العادي معبراً عن الشك والريب وعدم المعرفة.

*¿Lo **habrá arreglado** todo?*

يا ترى، أيكون قد نظم كل شئ؟

5.13 La Pasiva

المبني للمجهول

تستخدم صيغة المبني للمجهول تماماً كما في العربية، وذلك دون ذكر الفاعل، نظراً لقلة أهميته، أو لجهلنا به، أو لأسباب أخرى.
إن الفاعل في جملة المبني للمعلوم هو صاحب الأهمية في الدرجة الأولى، وما يقوم به الفاعل من عمل يأتي في الدرجة الثانية. مثال:

***El niño** abre la puerta.* يفتح الطفل الباب.

أما في جملة المبني للمجهول نرى أن العمل الذي يقوم به الفاعل (الشخص في جملة المبني للمعلوم) هو الذي يحتل الصدارة، والفاعل بحد ذاته لا أهمية له البتة، وغالباً ما يحذف.

لا تستعمل صيغة المبني للمجهول كثيراً في اللغة الاسبانية، إذ يفضل عليها جملة معلومة أو تلك التي تسمى "المبني للمجهول المنعكس" **"La pasiva refleja"** سنرى هذه الصيغة بعد قليل.

ويفرق في الاسبانية بشكل تقليدي بين المبني للمجهول المنبثق **pasiva de proceso** (إن صحت هذه التسمية)، وبين المبني للمجهول للحالة (النتيجة).
والمبني للمجهول المنبثق هو الذي يشير إلى العمل نفسه الذي ينبثق أو يصدر عن الفاعل أو العمل الذي يطرأ عليه. مثال:

*El monumento **ha sido restaurado** recientemente.*
لقد تم ترميم النصب التذكاري حديثاً.

أما بالنسبة للمبني للمجهول للحالة لا تهمنا سوى النتيجة، لا مجريات الحديث.

*Ahora la catedral **está restaurada.*** والآن أصبحت الكاتدرائية مرمومة.

يصاغ المبني للمجهول المنبثق مع الفعل المساعد **ser** واسم المفعول للفعل الأصلي:

la pasiva = ser + participio

إن الفعل المساعد **ser** هو الفعل الوحيد الذي يستعمل لبناء المبني للمجهول، أما صيغة المبني للمجهول للحالة فيتم تشكيلها مع الفعل المساعد **estar** واسم المفعول للفعل الأصلي:

estar + participio

La conversión de la activa a la pasiva

الخطوات التي نقوم بها لتحويل المبني للمعلوم إلى المبني للمجهول

١ يتحول فاعل جملة المبني للمعلوم إلى وسيط، وغالباً لا يذكر لقلة أهميته.

٢ يصبح المفعول به في جملة المبني للمعلوم نائب فاعل مرفوعاً في جملة المبني للمجهول.

٣ يتحول فعل جملة المبني للمعلوم إلى اسم مفعول في جملة المبني للمجهول، ويسبقه الفعل المساعد المصرف. ويتبع هذا الفعل نائب الفاعل في الجنس والعدد.

٤ يصرف الفعل المساعد في جملة المبني للمجهول حسب زمن الفعل الوارد في جملة المبني المعلوم (مضارع، ماض، ماض تام) وكذلك حسب فاعله الجديد (مفرد، جمع).

ويمكن توضيح طريقة تحويل المبني للمعلوم إلى المبني للمجهول بالشكل التالي:

El niño abrió la puerta.

↓ ↓

Sujeto Objeto

*La puerta **fue abierta** (por el niño).*

↓ ↓

Sujeto prep. + dativo

ويبنى المبني للمجهول كذلك مع الضمير المنعكس **se** (pasiva refleja) وهو الضمير العائد للشخص الثالث (المفرد والجمع) في الأفعال المنعكسة. ويأتي هذا الضمير:

١ مع فاعل غير شخصي:

Se vendió *mucho ese libro el año pasado.*
لقد بيع هذا الكتاب كثيراً في العام الماضي.
Se alquilaron *muchas habitaciones durante el verano.*
أجرت غرف كثيرة خلال الصيف.

وينوب المبني للمجهول المنعكس في حالات عديدة عن المبني المجهول المنبثق (الذي يشكل مع الفعل امساعد **ser**).

Ese libro ***fue*** *muy* ***vendido*** *el año pasado.*
Muchas habitaciones ***fueron alquiladas*** *durante el verano.*

٢ مع فاعل شخصي:
عندما يكون الفاعل شخصاً، وخصوصاً إذا كان الفاعل إسماً خاصاً أو ما يشبه ذلك. فالفعل يأتي في صيغة المفرد ويرافق الاسم الحرف a، حتى نمنع بذلك أي التباس ممكن أن يحدث، كما هي الحال مع جمل الأفعال المنعكسة، سواء كان ضميرها مفرداً أو جمعاً.

En este colegio ***se quiere*** *mucho a los profesores.*
المدرسون في هذه المدرسة محبوبون كثيراً.

ويمكن أن نلخص صيغة المبني للمجهول بجميع أزمنتها بالشكل التالي:

المبني للمجهول	**La pasiva**
المضارع	Presente
somos invitados sois invitados son invitados	soy invitado eres invitado es invitado
الماضي البسيط	Pretérito imperfecto
era invitado	
الماضي التاريخي	Pretérito indefinido
fui invitado	
المستقبل العادي	Futuro imperfecto
seré invitado	
الفعل الشرطي العادي	Condicional simple
sería invitado	
الماضي التام	Pretérito perfecto
he sido invitado	
الماضي التام البعيد	Pluscuamperfecto
Había sido invitado	
المستقبل التام	Futuro perfecto
habré sido invitado	
الفعل الشرطي التام	Condicional compuesto
habría sido invitado	

Capítulo 6

Los Pronombres

الضمائر

6.01 Los Pronombres personales

الضمائر الشخصية

تنوب الضمائر الشخصية عن أسماء الأشخاص، أو الحيوانات، أو الأشياء. وهي تدل على جنس الكلمة التي تنوب عنها، كما وأنها تعرب.

واللغة الاسبانية تملك مجموعة معقدة من الضمائر الشخصية وهذه الضمائر مرتبة ومنظمة حسب وظيفتها في الجملة، وذلك لتستجيب على عناصر ذات أشكال مختلفة. فهي إما أن تكون فاعلاً، أو مفعولاً به مباشراً، أو مفعولاً به غير مباشر، أو مجروراً، أو ضميراً منعكساً، الخ ...

١ الضمائر الشخصية في حالة الرفع:

للمجاملة	الحيادي	المؤنث	المذكر	الشخص
		yo أنا	yo أنا	المتكلم المفرد
usted		tú أنت	tú أنت	المخاطب المفرد
	ello*	ella هي	él هو	الغائب المفرد
		nosotras نحن	nosotros نحن	المتكلم الجمع
ustedes		vosotras أنتنّ	vosotros أنتم	المخاطب الجمع
		ellas هنّ	ellos هم	الغائب الجمع

* لا يستعمل هذا الضمير إلا نادراً.

٢ الضمائر الشخصية في حالة النصب (مفعول مباشر):

المنعكس	للمجاملة	الحيادي	المؤنث	المذكر	الشخص
me			me	me	المتكلم المفرد
te			te	te	المخاطب المفرد
se	lo, le	lo	la	lo	الغائب المفرد
	مؤنث la				
nos			nos	nos	المتكلم الجمع
os			os	os	المخاطب الجمع
se	los, les		las	los	الغائب الجمع
	مؤنث las				

٣ الضمائر الشخصية كمفعول به مباشر دون أداة:

المنعكس	للمجاملة	الحيادي	المؤنث	المذكر	الشخص
me			me	me	المتكلم المفرد
te			te	te	المخاطب المفرد
se	le	le	la	lo	الغائب المفرد
nos			nos	nos	المتكلم الجمع
os			os	os	المخاطب الجمع
se	les		las	los	الغائب الجمع

٤ الضمائر الشخصية في حالة المجرور بحرف:

الشخص	المذكر / المؤنث	الحيادي	للمجاملة	المنعكس	استعمال خاص مع con
المتكلم المفرد	mi				conmigo
المخاطب المفرد	ti				contigo
الغائب المفرد	él / ella	ello	usted	si	consigo
					con él
					con ella
					con ello
					con ustedes
المتكلم الجمع	nosotros / nosotras		ustedes		
المخاطب الجمع	vosotros / vosotras			si	consigo
الغائب الجمع	ellos / ellas				

ملاحظات عامة حول الضمائر الشخصية:

Los pronombres personales en nominativo
الضمائر الشخصية في حالة الرفع

أ لا يستخدم الضمير الشخصي في حالة الرفع إذا أظهر الفعل بشكل واضح من هو الفاعل.
مثال:

Tengo un pasaporte europeo.
أملك جوازاً أوروبياً.

Decidimos ir de vacaciones a Munich.

قررنا الذهاب إلى ميونيخ لقضاء الإجازة.

ب الاستعمال الإلزامي للضمير:

- إذا حدث غموض أو التباس، خاصة عندما يتواجد فعلان في الجملة وقد يكون نفس الفعل تابع للمتكلم أو الغائب المفرد. مثال:

__Ella__ veía la televisión mientras __yo__ planchaba.

كانت هي تتفرج على التلفاز بينما كنت أنا أكوي.

- إذا ورد في الجملة أكثر من فاعل:

__Elena__ y __yo__ vamos al cine todos los viernes.

إيلينا وأنا نذهب كل يوم جمعة إلى السينما.

Estando __tú__ enfermo, vino __el médico__ a visitarte.

حين كنت مريضاً أتى الطبيب لزيارتك.

حالات خاصة: él – ellos – ella – ellas

تستخدم هذه الضمائر للدلالة على أشخاص، لكن إن دلت على أشياء وردت كأسماء إشارة.

Aquí tienes dos camisas, __ésta__ es de seda, __ésa__ de algodón.

هنا قميصان، هذا من حرير وذلك من قطن.

- **ello** يدل هذا الضمير دائماً على مجموعة أشياء أو أفكار، ولكنه لا يدل أبداً على أشخاص أو أشياء محددة. وهو لا يستخدم في اللغة الدارجة إلا قليلاً، لذا نستعين عنه بإسم إشارة حيادي: **(aquello – eso – esto)**

es más convincente para mí = __Esto__ es más convincente para mí.

هذا مقنع أكثر بالنسبة لي.

◂ **ustedes – usted**

هذه هي صيغة المجاملة أو الاحترام، ويأتي الفعل معها بصيغة الغائب (المفرد والجمع). وتستخدم هذه الصيغة لمخاطبة أشخاص ذوي مركز عال أو أشخاص لا تربطنا بهم أي رباط عائلي.

Tú *debes pedir perdón y* ***usted*** *debe perdonarlo.*
أنت عليك أن تطلب السماح، وأنت، أيها السيد عليك أن تسامحه.

Los pronombres personales en acusativo

الضمائر الشخصية كمفعول به مباشر

أ إن الضمير الشخصي في هذه الحالة هو **lo** وهو يعود إلى الغائب المفرد المذكر. وهو يستعمل أيضاً لينوب عن أشخاص أو حيوانات أو أشياء. مثال:

Aparca el coche, ***lo*** *cierra y* ***lo*** *abandona en la plaza.*
يوقف السيارة، يقفلها، ويتركها في الساحة.

Lo *quiero mucho (a Juan).* أحبّه كثيراً (حوان).

ب أما مع المؤنث فنستعمل الضمير **la**:

La *amaba y* ***la*** *deseaba.* كنت أحبها وأتمناها.

ج وتستعمل مع صيغة الجمع المذكر الضمائر **les** و **los** ويفضل استعمال **los** في حالة النصب.

He buscado a tus amigos y no ***los*** *he visto.*
لقد فتشت عن أصدقائك، لكنني لم أجدهم.

ج صيغة المجاملة:

ينصح باستخدام الضمائر **lo** و **los** مع صيغة المجاملة في حالة النصب. ونستعرض أدناه هذه اللوحة ذات الاستعمال العام والأقل حصراً.

مفعول به مباشر مؤنث	مفعول به مباشر مذكر	فاعل
la	**lo – le**	usted
las	**los – les**	ustedes

وبهذا الشكل يمكن أن نقبل بجمل كهذه:

*Señores, agradezco su presencia y **les** invito a tomar una copa.*

أيها السادة، أشكر حضوركم، وأدعوكم لتناول كأس.

هـ الضمير الحيادي **lo** كمفعول به مباشر:

نشير بواسطة هذا الضمير إلى جملة سابقة.

*Ven a visitarme, te **lo** pido por favor.* تعال زرني، أرجوك!

*Lo que me acabas de contar no **lo** entiendo.* ما أخبرتني به للتو لا أفهمه.

و استعمالات إضافية للضمائر كمفعول به مباشر:

إذا كان الاسم أو صيغة مماثلة له مفعولاً به وأتى هذا قبل الفعل وجب إدخال ضمير إضافي يقوم بنفس الوظيفة.

*A Susana **la** invitaremos a la fiesta.* سوزان، سندعوها للحفلة.

*A Vd. no **le** quiero escuchar.* لآ أحب أن أسمعك، أنت.

*Ese libro **lo** puse en la biblioteca.* ذلك الكتاب وضعته في المكتبة.

- يستعمل الضمير **le** كمفعول به مباشر مع صيغة المذكر والمؤنث المفرد وكذلك مع الحيادي. وهذا الضمير ينوب عن الأشخاص والأشياء على السواء.

*A tu hija conviene que **le** des una buena educación.*
بالنسبة لابنتك عليك أن تعطيها تربية صالحة.
*No prestaba a su trabajo el interés que **le** debía.*
لم يكن يعطي عمله الاهتمام المطلوب.
*A lo que me había contado no **le** di importancia.*
لم أعر أي اهتمام لما قاله لي.

- ويستعمل كذلك الضمير **les** في صيغة الجمع مع المذكر والمؤنث للأشخاص والأشياء.

*A mis primos no **les** gustan las corridas de toros.*
إن مصارعة الثيران لا تعجب أولاد عمي.
*A estos coches **les** echamos gasolina sin plomo.*
إن هذه السيارات نموّنها ببنزين خالي الرصاص.

- والضميران **le** و **les** يستعملان أيضاً مع صيغة المجاملة.

*A Vd. no **le** puedo ocultar la verdad.*
لا أستطيع أن أخفي عنك الحقيقة.
***Les** quiero decir, señores, todo lo que pienso.*
أحب أن أقول لكم، أيها السادة، كل ما أفكر به.

استبدال الضميرين **le** و **les** بالضمير **es:**
يستبدل الضميران **le** و **les** بالضمير **se** إذا أتى بعدهما ضمير منصوب أو ضمير بدأ بالحرف ا: مثال:

le + (lo, la, los, las)	➜	**se** lo, **se** la, **se** los, **se** las
les + (lo, la, los, las)	➜	**se** lo, **se** la, **se** los, **se** las

*Espere, sra. López, **se lo** doy inmediatamente.*
انتظري سيدة لوبيس، سأعطيك إياه فوراً.

*Señores, los documentos **se los** mandaré (a Vds.).*

أيها السادة، الأوراق الثبوتية سأرسلها لكم.

Los pronombres personales en dativo

الضمائر كمتتم مرفق بحرف جر

***A vosotros** os colocaré el acomodador.*

أنتم، سأضع لكم مراقب ألواح المسرح.

*Por un buen cubierto **para ellos.***	من أجل طعام جيد لهم.
*Se ha venido **con nosotros.***	لقد أتت معنا.

ملاحظة: نجد في الأمثلة التي وردت أن الضمائر الشخصية المسبقة بحرف جر هي نفس الضمائر في حالة الرفع، فقط ثلاثة منها تختلف: **mi – ti – si**

*Te olvidaste **de mí.***	***Mi***	لقد نسيتني.
*Esta carta **para ti.***	***Ti***	هذه رسالة لك.
*Miró **ante si.***	***Si***	تطلع أمامه.

Posición del pronombre en la oración

موقع الضمير في الجملة

قد ترد في جملة واحدة عدة ضمائر مختلفة، وهي تأتي بنظام معين. أما الضمير es فإنه يسبق الضمائر الأخرى.

***Se me** ha caído.*	لقد سقط مني.
***Se lo** dije ayer.*	قلت له ذلك البارحة.
***Se la** quitó rapidamente.*	انتزعه منها بسرعة.

- إن الضمير الذي يأتي في حالة المفعول به غير المباشر يأتي قبل الضمير الذي يرد بحالة المفعول به المباشر.

Me lo *traes.*	أتجلبه لي.

موقع الضمير بالنسبة للفعل:

أ تأتي الضمائر عادة قبل الفعل:

Me lo *dices.*	أتقول ذلك لي.
A mí *no* ***me*** *importa.*	أنا لا يهمني.

ب الضمير المتصل:

إذا ورد الفعل بشكل مصدر أو بحال فاعل أو بصيغة الأمر أتت الضمائر متصلة أي مرتبطة بالفعل:

*No puedo hacer**lo.***	لا أستطيع فعل ذلك.
*Estoy contando**les** la historia.*	إني أروي لهم القصة.
*Haz**me** reir.*	إجعلني أضحك.

6.02 El Demostrativo

إسم الإشارة

Clases del demostrativo

في اللغة الاسبانية نوعان من أسماء الإشارة

١ النوع الأول: ويدعى **adjetivo demostrativo** أي بمعنى صفات إشارة. وهي تحدد الاسم ولا تأتي منبورة وتطابقه في الجنس والعدد. في هذه الحال لا ترفقه أداة التعريف.

*No me conviene **esa** situación.* لا تناسبني تلك الحالة.

ويمكن أن تأتي صفات الإشارة هذه (لنبق على التسمية الاسبانية) بعد الاسم (المرفق بأداة تعريف) لإعطائه صيغة خاصة تنم عادة عن الازدراء.

*No me conviene **la** situación **esa** que me propone.*
لا تناسبني تلك الحالة التي يقترحها علي.
***La** mujer **esa** no me gusta.*
لا تعجبني تلك المرأة.

وصفات الإشارة هذه تكوّن علاقةتقارب أو تباعد بين الشخصيات الرئيسية في الحوار وكذلك بين الأشياء المعناة.
(أمثلة على ذلك: انظر استعمال أسماء الإشارة).
ولصفات الإشارة هذه (أو الأسماء) مفهوم العاطفة إضافة إلى مفهوم التقارب أو التباعد في المكان والزمان.

◂ يحمل اسم الإشارة **ese** مفهوم الازدراء:

*¡Quién se cree que es **ese** pobre desgraciado!*
من يظن نفسه ذلك التعس المسكين!

◂ ويحمل اسم الإشارة **aquel** صفة الاعجاب:

Aquel *hombre fue la gloria de nuestro pueblo.*
إن ذلك الرجل كان فخر بلادنا.

٢ النوع االثاني: وهي أسماء إشارة أو ضمائر إشارة (كما يقال).
ملاحظات هامة: إن أسماء (أو ضمائر) الإشارة هذه تكون عادةً منبورة، وبامكانها أن تأتي عكس ذلك في حال لا يحدث أي التباس. فمثلاً إذا أتت هذه الأسماء قبل اسم موصول أتت غير مشددة:

Te advierto que ***ese que*** *acaba de llegar es mi mejor amigo.*
إني ألفت نظرك إلى أن ذلك الذي وصل للتو هو أفضل أصدقائي.

No encuentro ***aquello que*** *compré.* لا أجد تلك الأشياء التي اشتريتها.

ولهذه الصفات صيغ حيادية أيضاً: **eso – eso – aquello** وهي لا تأتي منبورة أبداً.

Eso *es más creíble para mí.* ذلك الشئ معقول أكثر بالنسبة لي.

Características del demonstrativo y su uso
خواص ضمائر الإشارة واستعمالها

إن من خواص ضمائر الإشارة أنها تكوّن علاقات تقارب أو تباعد في نظام الجملة:

Vamos a cambiar de sitio las estanterías, ***ésta*** *más cerca,* ***aquélla*** *más lejos.*
سنبدل مكان المكاتب، هذه أقرب وتلك أبعد.

١ **علاقة المكان بالنسبة للمتكلم:**

أ **أقرب مكان:** (الجوار بالنسبة للمتكلم(إ يستعمل معه اسم الشارة **este** (هذا):

Este *libro (que está* ***aquí****) tiene mucho más interés para mí.*

هذا الكتاب (الموجود هنا) هو مهم بالنسبة لي.

ب **مكان أبعد:** (الجوار بالنسبة للمخاطب) يستعمل معه الاسم **ese** (ذلك):

Ese *despertador (que tienes* ***ahí****) no me gusta.*

ذلك المنبه (الموجود لديك) لا يعجبني.

ج **المكان الأبعد:** (بالنسبة للمتكلم والمخاطب) نستعمل معه الاسم **aquel** (ذاك) أو **aquella** (تلك).

La falda que lleva ***aquella*** *señora (que está sentada) es muy fea.*

إن التنورة التي ترتديها تلك السيدة (الجالسة هناك) بشعة جداً.

٢ **العلاقة الزمنية بالنسبة للمتكلم:**

أ **أقرب زمن: este** (هذا):

Este *año las cosas me salen mejor.* في هذا العام تحسنت أوضاعي.

ب **زمن أبعد: ese** (ذلك):

Estábamos sentados y en ***ese*** *momento se presentó la policía.*

كنا جالسين وفي ذلك الوقت حضرت الشرطة.

ج **الزمن الأبعد: aquel – aquella**

En ***aquella*** *época, la vida parecía más fácil.*

في ذلك العصر كانت الحياة أسهل.

الجنس	إسم الإشارة	القرب والبعد بالنسبة
مذكر	este	
مؤنث	esta	أنا (المتكلم)
حيادي	esto	
مذكر	ese	
مؤنث	esa	أنت (المخاطب)
حيادي	eso	
مذكر	aquel	
مؤنث	aquella	لا المتكلم ولا المخاطب
حيادي	aquello	

6.03 Los Posesivos
ضمـائـر الملكيـة

توجد في اللغة الاسبانية مجموعتان من ضمائر الملكية. ويعود الخلاف بينهما إلى الوظيفة الشكلية ومفهومها وكذلك إلى استعمالاتها في المجال الوظيفي. وهتان المجموعتان هما:

Clases de los posesivos
أنواع ضمـائـر الملكيـة

١ **المجموعة الأولى:** وهي غير مشددة، وتأتي دائماً قبل الاسم الذي تحدده، ولا يجوز أن تأتي مرفقة بأي نوع من آخر من معرفات الاسم. وبما أنها غير منبورة فلا يمكن أن تأتي لوحدها.

*Este es **mi** libro.* هذا كتابي.

٢ **المجموعة الثانية:** وهي منبورة، بعكس المجموعة الأولى، وقد تأتي لوحدها أو يليها اسم، وغالباً ما تكون مرفقة بإحدى معرفات الاسم.

*Este es un amigo **mío**.* هذا صديق لي.

وإليك قائمة بضمائر الملكية غير المنبورة (تأتي قبل الاسم):

ضمـائـر الملـكـيـة		**الأشخاص التابع لها ضمائر الملكية**
الجمع	**المفرد**	
mis	**mi**	yo
tus	**tu**	tú
sus	**su**	é / ella / usted
nuestros / as	**nuestro / a**	nosotros / nostras
vuestros / as	**vuestro / a**	vosotros / vosotras
sus	**su**	ellos / ellas / ustedes

ملاحظات:

أولاً: إن الصيغتين **nuestro** و **vuestro** تطابقان الاسم التابع لهما في الجنس والعدد ولا تطابقان المالك كما هي الحال في لغات أخرى.

ثانياً: إن الضمائر **su - tu - mi** تطابق فقط الاسم التابع لها في العدد.

ثالثاً: إن صيغة ضمير الملكية للغائب المفرد والجمع:

(él, ella, ellos, ellas) وصيغة المجاملة: **(usted, ustedes)** هي نفسها إن كان المالك شخصاً واحداً أم عدة أشخاص.

إن ضمائر الملكية هذه لا تأتي مع معرفات أخرى للإسم لأنها تشكل معه وحدة كاملة. وبما أن هذه الضمائر تعرّف الاسم فهي تأتي قبله دائماَ، ولكن أحياناً ترد صفة أو عدة صفات بين الضمير والاسم.

Uso de los posesivos tónicos

استعمال ضمائر الملكية غير المنبورة

تستعمل هذه الضمائر لتنوب عن شخص من الأشخاص الذين يشتركون في المحادثة، مثل:

(yo – tú – usted – nosotros/as – vosotros/as – ustedes)

أو عن شخص غائب مثل: (él – ella – ellos – ellas)

*¿Conoces a Gloria? Es **mi** hija.* هل تعرف غلوريا؟ إنها ابنتي.

*¿Has visto **mi** bolígrafo?* هل شاهدت قلمي الناشف؟

*Perdona, tengo que marcharme, he quedado con **mi** madre.*
اسمح لي أن أنصرف، فأنا متواعد مع أمي.

قائمة بضمائر الملكية المنبورة (تأتي بعد الاسم):

ضمـائـر الملكيـة				**الأشخاص التابع لها ضمائر الملكية**
الجمع		**المفرد**		
مؤنث	**مذكر**	**مؤنث**	**مذكر**	
mías	**míos**	**mía**	**mío**	yo
tuyas	**tuyos**	**tuya**	**tuyo**	tú
suyas	**suyos**	**suya**	**suyo**	é / ella / usted
nuestras	**nuestros**	**nuestra**	**nuestro**	nosotros / nostras
vuestras	**vuestros**	**vuestra**	**vuestro**	vosotros / vosotras
suyas	**suyos**	**suya**	**suyo**	ellos / ellas / ustedes

ملاحظات:

أولاً: إن جميع أشكال الضمائر المنبورة تطابق الاسم التابع له في الجنس والعدد.

ثانياً: ضمائر الملكية التابعة للأشخاص **nosotros, nosotras, vosotros, vosotras** هي نفسها منبورة كانت أم لا.

ثالثاً: ضمائر الملكية التي تنوب عن الشخص الغائب المفرد والجمع **(él, ella, ellos, ellas, usted / es)** وعن صيغة المجاملة هي نفسها أكان المالك شخصاً أم أكثر.

ر ابعاً: بشكل عام تأتي هذه الضمائر مرفقة بمعرف آخر للاسم.

Uso de los posesivos átonos

استعمال ضمائر الملكية المنبورة

- تتميّز ضمائر الملكية المنبورة عن غير المنبورة بأنها تشكل دائماً عنصراً جديداً لوصف الاسم.
واستعمال هذا الضمير يستلزم وجود الشئ المشار إليه ليعرض تلك العلاقة في سياق الكلام وكأنها خبر جديد للاسم. مثال:

*¿No conoces a Alberto? Es un amigo **mío.***
ألا تعرف ألبيرتو ؟ إنه صديق لي.
*¿Y usted trabaja en Munich? Un compañero **mío** de la universidad también está viviendo allí.*
وحضرتك، هل تعمل في ميونيخ؟ إن زميلاً لي في الجامعة يسكن هناك.

- تأتي هذه الضمائر مرفقة بأداة تعريف إن كان هناك إسم رئيسي مذكوراً يحتاج إلى متمم.

Nuestro** perro y **el tuyo. كلبنا وكلبك.

وإن ورد الضمير بشكل خبر لا يأخذ أداة:

*Estos perros son **nuestros.*** هذه الكلاب تخصنا.

- تأتي هذه الضمائر مع كلمة رئيسية كصفة لها:

*Un amigo **nuestro.*** صديق لنا.

- إن لم يتبيّن من سياق الكلام إلى أي مالك يعود الضمير **suyo** استبدل هذا بأداة التعريف وحالة المضاف إليه للضمير الشخصي المنبور:

Mi** guante y **el de él. قفازي وقفازه.
Mi** guante y **el de ella. قفازي وقفازها.

6.04 Los Relativos
إسم الموصول

فقد نجد أحياناً جملتين فيهما نفس الاسم، وجملة من هاتين الجملتين تعطينا معلومات ثانوية، ليست هذه في الواقع موضوع اهتمامنا. لكن المتكلم إنما يريد بذلك أن يلفت نظر المستمع ويساعده على التعرف على الاسم الذي هو محور الحديث. مثال:

*Viven en una **casa. La** compraron el año pasado.*
يعيشون في بيت. لقد اشتروه العام المنصرم.

نستنتج من هذا المثال أن الجملة الثانوية تعلمنا أن المتكلم يتحدث عن المنزل la casa.

*Me he encontrado con ese **chico.** A ese **chico** lo conocimos ayer en la fiesta.*
قابلت ذلك الفتى. لقد تعرفنا عليه في حفلة البارحة.

ويستخدم اسم الموصول لربط جملتين ببعضهما، وهو بدوره يشكل علاقة مع الاسم، مانعاً بذلك تكراره في الجملة الأخرى.

*Viven en una casa **que** compraron el año pasado.*
*Me he encontrado con ese chico **al que** conocimos ayer en la fiesta.*

إن كلمة **que** في هاتين الجملتين هي اسم (ضمير) موصول، يربط الجملتين ويمنع تكرار كلمة **casa** و **chico**.
وهناك بجانب اسم الموصول جملة تدعى جملة الصلة، وهي تقوم بمهمة الصفة، أي إعطاء معلومات عن الاسم. وهذه الجمل نوعان:

Clases de los relativos

أنواع أسماء الموصولة

١ **النوع الأول:**

ويدعى هذا النوع في الاسبانية "جمل التمييز" "Oraciones especificativas" وهي تبرز عنصر الموضوع أو تعزله عن غيره من العناصر المشابهة له، كأنها تختاره من بين مجموعة.

Los intérpretes ***que*** *hablan más de cuatro idiomas encuentran trabajo muy fácilmente.*

إن التراجمة الذين يتقنون أكثر من أربع لغات يجدون عملاً بسهولة.

Mañana te devuelvo el libro ***que*** *me prestaste la semana pasada.*

غداً أعيد لك الكتاب الذي أعرتني إياه الأسبوع الماضي.

٢ **النوع الثاني:**

وهي "جمل بيانية" "Oraciones explicativas" وهي تكتفي بإعطاء معلومة إضافية على تلك التي أضفاها المتكلم على الاسم.

Mañana voy a ver a mi padre, ***que*** *está enfermo.*

غداً سأزور والدي المريض.

Los profesores de inglés, ***que*** *disponen de mucho más materiales, no tienen los problemas* ***que*** *tenemos los de español.*

إن مدرسي الانكليزية الذين يملكون مواداً أكثر ليست لديهم مشاكل مدرسي الاسبانية.

El proyecto a ***que*** *renuncio.*	المشروع الذي أتخلى عنه.
Los proyectos de ***que*** *desistimos.*	المشاريع التي نتنازل عنها.
La casa en ***que*** *vivo.*	البيت الذي أسكنه.

إذا كان الاسم المحذوف في جملة الصلة مسبقاً بحرف جر، فإنّ اسم الموصول **que** يأخذ حرف الجر هذا مع أداة تعريف الاسم.

ويستخدم بجانب **que** الإسمان **quien** و **quienes** الذان يأتيان مع حرف جر ولكن بدون أداة التعريف. أما اسما الموصول **cual** و **cuales** يشبهان **que** وقد يأتيان مع حرف الجر وأداة التعريف.

إن اسم الموصول الأكثر استعمالاً هو **que**. وهو لا يتغير، ويأتي مع الأشخاص والأشياء على السواء في المفرد والجمع. وقد يأتي مسبوقاً بحرف جر وأداة التعريف أيضاً. مثال:

El señor (la señora) ***que*** *ha llegado.*
Los señores (las señoras) ***que*** *han llegado.*
El libo (la revista) ***que*** *nos gusta.*
Los libros (las revistas) ***que*** *hemos leído.*

¿Te acuerdas de Felipe, ese chico ***del que*** *estuve hablando ayer?*
هل تتذكر فيليب، ذلك الفتى الذي كلمتك عنه البارحة؟
Si, es que esos amigos ***con los que*** *fuimos a pasar el fin de semana ...*
نعم، أولئك الأصدقاء مع الذين قضينا نهاية الأسبوع...
Y otro de los especialistas ***con quienes*** *hemos discutido largamente la cuestión es un famoso investigador francés.*
إن واحداً من هؤلاء الخبراء مع الذين ناقشنا الموضوع طويلاً هو باحث إفرنسيّ.
Desgraciadamente, la persona en honor ***de la cual*** *se ha organizado esta reunión acaba de comunicarnos que no podrá venir.*
لقد علمنا منذ قليل، وللأسف، أن ذلك الشخص الذي على شرفه نظم هذا الاجتما، لن يستطيع الحضور.

- إن اسم الموصول **quien** (وفي الجمع **quienes**) لا يستعمل إلا مع الأشخاص (غالباً بعد حذف حرف الجر).

El artista ***a quien*** *hemos hablado.*	الفنان مع الذي تكلمنا.
Los extranjeros ***de quienes*** *habla.*	الأجانب الذين يتكلم عنهم.

- وتستخدم أسماء الموصول **los (las) que, el (la) que, los (las) cuales, el (la) cual** مع الأشخاص والأشياء وهي تطابق الاسم التابع له في الجنس والعدد، وتأتي عادة بعد حروف جر طويلة.

*Los abogados **para los cuales** he trabajado mucho.*
المحامون من أجل الذين عملت كثيراً.
*La iglesia **alrededor de la cual (de la que)** se extiende un parque.*
الكنيسة حول التي تمتد حديقة.

وبما أن أسماء الموصول هذه تفرق بأشكالها بين الجنس والعدد فهي تمنع بذلك حدوث التباس. قارن:

*La hermana de mi amigo **que** llega hoy.*
أخت صديقي الذي يصل اليوم.
*La hermana de mi amigo **la cual (la que)** llega hoy.*
أخت صديقي تلك التي تصل اليوم.

- إذا كان الاسم المحذوف في جملة الصلة مسبوقاً بحرف الجر **de** الذي يربط بين اسمين للإشارة إلى الملكية، استخدم في هذه الحال الاسم الموصول **cuyos / cuyas** و **cuyo / cuya** والأسماء الموصولة هذه تأتي بدون أداة تعريف وتنوب عن هذه الجملة:

de + sustantivo / nombre
وبهذا الشكل نستغني عن حرف الجر **de**:

*El autor **cuya** obra pasamos a comentar propone…*
يقترح المؤلف الذي علقنا على عمله…

ويطابق اسم الموصول **cuyo** الاسم الذي يليه في الجنس والعدد.

*El comerciante **cuyos** clientes viven en España.*
التاجر الذي زبائنه تعيش إسبانيا.

*El médico **en cuya** casa vivo.*

الطبيب الذي أقيم في بيته.

El lugar nombre procedente al relativo

عامل المكان كاسم مسبق لاسم موصول

إذا كان الاسم الذي يسبق اسم موصول مكاناً أو تحديد موقع فإن جملة الصلة تبدأ بكلمة **donde** أو ب **en (el, la, los, las) que:**

*¿Te apetece ir a ese pueblo **donde** estuvimos el año pasado de vacaciones?*

هل ترغب بالذهاب إلى ذلك البلد حيث قضينا الاجازة في العام المنصرم؟

*Yo el Año Nuevo lo pasé en Roma, **adonde** voy todos los años.*

لقد قضيت عيد رأس السنة في روما إلى حيث أذهب كل سنة.

El tiempo nombre procedente al relativo

عامل الزمان كاسم مسبق لاسم موصول

عامل الزمان كاسم مسبق لاسم الموصول:

إذا كان الاسم المسبق لاسم الموصول عنصراً زمنياً، فإن جملة الموصول تبدأ بـ **en que** أو بـ**:cuando**

*¿No te acuerdas de él? Lo conocimos el día **en que** tuvimos el accidente.*

ألا تتذكرينه ؟ لقد تعرفنا عليه يوم حصلت لنا الحادثة.

*Nos conocimos el 22 de abril, **cuando** se casó mi hermana.*

لقد تعرفنا على بعضنا يوم ٢٢ نيسان عندما تزوجت أختي.

6.05 Interrogativos y exclamativos
أسمـاء الاستفهام والتعجب

تستخدم الأسماء الموصولة أيضاً كأسماء استفهام وتعجب.

أسماء الاستفهام:

تأتي هذه الأسماء بشكل عام في أول الجملة وقد تأتي بعدها حرف جر أو تعبير معادل له، وتكون دائماً منبورة.

وأسماء الاستفهام هي التالية:

quienes	quién	من؟
qué		ما / ماذا؟
cuales	cual	أي / لأية؟
dónde		أين؟
cuándo		متى؟
cuánto		كم ؟
cómo		كيف؟
por qué		لما؟

إن أسماء الاستفهام هذه هي أيضاً أسماء التعجب وتكون منبورة.

- اسم الاستفهام **quién** وجمعه **quienes**، يستخدم للسؤال عن الأشخاص فقط.

*¿**Quién** es aquella señora?*	من هي تلك السيدة؟
*¿A **quién** has visto?*	من رأيت؟
*¿De **quién** es ese bolso?*	لمن ذلك الكيس؟

- اسم الاستفهام **qué** ويسأل به عن الأشياء إذا أتى لوحده:

***Qué** has dicho?*	ماذا قلت؟

أما إذا أتى مع اسم فإنه يأتي بمعنى "أي"، ويسأل عن شخص أو عن شئ من أصل مجموعة. وهو يتبع الاسم التابع له في الجنس والعدد، ويأتي الاسم بعده مباشرة.

¿***Qué*** *señor has visto?*	أي رجل رأيت؟
¿***Qué*** *alfombra has comprado?*	أي سجاد اسشتريت؟

- اسم الاستفهام **cuál** (الجمع **cuáles**) يسأل به عن شخص أو عن شئ من أصل مجموعة. وهو يتبع الاسم التابع له في الجنس والعدد، ويأتي الاسم بعده مباشرة.

¿***Cuál*** *de los turistas se ha quejado?*
أي سائح من هولاء قدم شكوى؟
¿***Cuáles*** *de estas máquina han comprado los clientes?*
أية آلة من تلك اشترت الزبائن؟

- اسم الاستفهام **cuánto / cuánta** (الجمع **cuántos / cuántas**) نسأل به عن الأشخاص الأشياء.

¿***Cuánto*** *vale este libro?*	كم ثمن هذا الكتاب؟
¿***Cuánto*** *valen estos libros?*	كم ثمن هذه الكتب؟
¿***Cuánto****s hermanos tienes?*	كم أخ لديك؟

إن اسم الاستفهام **cuánto** لا يتغير أبداً إذا أتى مع فعل وإذا أتى مع اسم تبعه في الجنس والعدد.

- اسم الاستفهام **dónde** نسأل به عن المكان:

¿***Dónde*** *vives?*	أين تسكن؟
¿*Y tú, de* ***dónde*** *eres?*	وأنت من أين؟

- اسم الاستفهام **cuándo** للسؤال عن الوقت:

*¿**Cuándo** te vas a casar?*	متى ستتزوج؟
*¿**Cuándo** irás al cine?*	متى ستذهب إلى السينما؟

- اسم الاستفهام **cómo** نسأل به عن الحال أو الأسلوب:

*¿**Cómo** has aprendido español tan bien?*
كيف تعلمت الاسبانية بشكل جيد؟

- اسم الاستفهام **por qué** للسؤال عن السبب ولا يأتي قبله حرف جر أبداً، بعكس بقية أسماء الاستفهام:

◁ *¿Con cuántos libros has venido esta vez?*
بكم كتاب أتيت هذه المرة؟

◂ ***¿por qué?***
لماذا؟

◁ *Nada, como siempre te traes una biblioteca.*
أبداً، فدائماً تجلب معك كعادتك، مكتبة.

6.06 Los Indefinidos
ضمـــائـر النـكـرة

إذا كنا لا نريد أو لا نستطيع تحديد الشخص أو الشئ أو المفهوم استخدمنا الضمير النكرة. إن بعض هذه الضمائر تدل على أشخاص فقط وبعضها الآخر تدل على أشياء.

تدل على الأشخاص:	**nadie – alguien**
تدل على الأ شياء:	**nada – algo**

ومنها ما تدل على فرد واحد أو مجموعة أفراد:

ninguno – ningunos / alguno – algunos

وتختلف هذه الضمائر فيما بينها (باللنسبة) بلالنسبة للإستعمال:

Los pronombres indefinidos como adjetivo
الضمائر النكرة المستعملة كصفة

- **cada** (كل) وهو لا يتغير:

Cada *alumno.*	كل تلميذ.
Cada *mujer.*	كل امرأة.
Cada *vez.*	كل مرة.

- **cierto / cierta** (أحد / شخص ما / شئ ما):

Cierto *árabe.*	شخص عربي.
Cierta *sospecha.*	شبهة ما.

- **tal / tales** (كهذا / مثل هذا):

Tal *vida.*	حياة كهذه.
Tales *palabras.*	مثل هذه الكلمات.

- **todo / toda** (كل) وتأتي أداة التعريف بعده:

Toda *su parentela.*	كل أقاربه.
Todo *hombre.*	كل رجل.
Todos *los días.*	كل يوم.
Todas *las noches.*	كل ليلة.

Los pronombres indefinidos como sustantivo

ضمائر النكرة كإسم

- **algo** (بعض / شئ):

¿Sabe Vd. ***algo*** *de nuevo?*	هل عندك شئ جديد؟

- **alguien** (أحد ما / شخص ما):

¿Ha llamado ***alguien****?*	هل اتصل أحدهم ؟

■ **cada uno / cada una** (كل واحد / كل واحدة):

Cada uno *de los alumnos.*	كل واحد من الطلاب (كل طالب).
Cada una *de las maestras.*	كل واحدة من المعلمات (كل معلمة).

■ **nada** (لا شئ) وهو يأتي بعد الفعل، لذا نضع **no** قبل الفعل. أما إذا سبق هذا الضمير الفعل فلا نذكر **no**:

No ha dicho ***nada.***	لم يقل شيئاً.
Nada ha ***dicho.***	لم يقل شيئاً.

■ **nadie** (لا أحد) ويطرأ عليه ما طرأ على **nada** بخصوص استعماله مع **no**:

No he visto a ***nadie.***	لم أر أحداً.
Nadie *ha visto eso.*	لم ير ذلك أحد.

■ **todo** (كل شئ) وهو لا يتغير:

Lo sabemos ***todo.***	نعرف كل شئ.

■ **todos / todas** (كل / جميع):

Salimos ***todos.***	نخرج جميعاً.
Todas *están presentes.*	جميعهن حاضرات.

Los pronombres indefinidos como adjetivo o sustantivo
الضمائر التي تستعمل كصفة أو كإسم

- **alguno / alguna** (أحد) والجمع **algunos / algunas** (بعض) ويصبح هذا الضمير قبل الاسم المذكر المفرد **algún:**

Algún *conocido.*	أحد المعارف.
Algunas *revistas.*	بعض المجلات.
Algunos *desaparecieron.*	بعضهم اختفى.

- **cualquiera** (أي / أي مكان)، ويصبح قبل السم المفرد **cualquier:**

Cualquier *libro.*	أي كتاب.
Cualquiera *revista.*	أية مجلة.
Venga ***cualquiera.***	ليأت أي كان.

- **mismo / misma** (نفس / عينه / بالذات):

El ***mismo*** *presidente.*	نفس الرئيس.
El presidente ***mismo.***	الرئيس بذاته.
Dice siempre lo ***mismo.***	دائماً يقول نفس الشئ.

- **ninguno / ninguna** (لا أحد)، يستعمل فقط في صيغة المفرد ويصبح قبل السم المذكر المفرد **ningún:**

Ningún *alumno.*	ولا تلميذ.
Ninguna *respuesta.*	ولا جواب.

- **otro / otra** (غير / آخر):

Otro *ejemplo.*	مثال آخر.
Otras *declaraciones.*	تصريحات أخرى.
Otros *afirman lo contrario.*	يؤكد آخرون العكس.

Capítulo 7

Las Preposiciones

حروف الجر

يدل الاسم اللاتيني لهذه الحروف بأنها كلمة توضع قبل غيرها. وتأتي هذه الحروف قبل أسماء أو ضمائر، وهي تشير إلى العلاقة الموجودة أو إلى تلك التي قد تتواجد بين الأشخاص والأشياء في حالات أو أحداث معينة. لا تتغير هذه الحروف أبداً وقد تندمج أحياناً مع أداة التعريف.

ومن العلاقات التي تعبّر عنها هذه الحروف علاقات ترتبط بالمكان والزمان أو تصف الحال, علاقات مجردة بشكل عام:

Clases de las preposiciones
أنواع حروف الجر

وهذه الحروف نوعان:

- أ **الحروف البسيطة.**
- ب **الحروف المركبة.**

Las preposiciones simples
أولاً حروف الجر البسيطة واستعمالاتها

- **A**
  - تأتي مع فعل حركة للدلالة على اتجاه:

*Voy **al** mercado.* أذهب إلى السوق.

  - للدلالة على اتجاه في المفهوم المجازي:

*Traduzco esta carta del inglés **al** alemán.*
أترجم هذه الرسالة من الانكليزية إلى الألمانية.

- قبل مفعول به غير مباشر:

*Di la dirección **a** mi amigo.* — أعطيت صديقي العنوان.

- قبل مفعول به مباشر: وذلك إذا كان شخصاً، أو حيواناً أو شيئاً مشخصاً.

*Voy a ver **a** mi madre.* — سأذهب لرؤية والدتي.

- مع صيغة المصدر بمعنى الأمر:

*¡**A** callar!* — سكوت!

- للدلالة على المكان إذا قورن مع نقطة أخرى:

*Se sentó **a** la derecha de su amigo.*
جلس على يمين صديقه.

- للإشارة إلى البعد (المسافة):

***A** pocos metros de su casa.* — على بعد أمتار من منزله.
*Está **a** 4 kms.* — إنه على بعد ٤ كم.

- للدلالة على الوقت والزمان والتاريخ:

*Duerme **a** la diez de la noche.* — إنه ينام في العاشرة مساءً.
***A**l día siguiente se marchó.* — وانصرف في اليوم التالي.
***A** cinco de mayo.* — في الخامس من أيار.
*Se casó **a** los treinta años.* — تزوج وهو في الثلاثين.
*¿**A** cuántos estamos?* — ما تاريخ اليوم؟

◂ وللدلالة على الدورية:

*Tómalo dos veces **al** día.*	تناوله مرتين في اليوم.

◂ للدلالة على الأسلوب والوساطة:

*Lo hizo **a** su aire.*	عمله حسب مزاجه.
*Voy **a** pié.*	أسير على الأقدام.
*Preparo el plato **a** la española.*	جهز الطعام على الطريقة الاسبانية.

◂ للدلالة على سعر الوحدة:

*Los helados están **a** 100 libras.*	ثمن البوظة ١٠٠ ليرة.
***A** 10 libras el kilo.*	الكيلو غرام بـ١٠ ليرات.

◂ للدلالة على التشابه والتطابق:

*Sabe **a** Cacao.*	طعمه على كاكاو.
*Bailó **a** compás de la música.*	رقص على إيقاع الموسيقا.

◂ مع أفعال الحركة للدلالة على الهدف والغاية:

*Voy **a** comer.*	أنا ذاهب لآكل.

■ **Ante** (بمعنى أمام / نظراً إلى / قبل)

◂ للدلالة عاى المكان:

*Se presentó **ante** el juez.*	حضر أمام القاضي.

◄ ويأتي غالباً مع مفهوم مجازي بمعنى "نظراً إلى":

*No puedo comprometerme **ante** esta situación.*
لا أستطيع أن ألتزم أمام هذا الوضع.

◄ للدلالة على أفضلية:

***Ante** todo prefiero ocuparme de lo mío.*
قبل كل شئ أفضل الاهتمام بشؤوني.

■ **Bajo**

◄ للدلالة على المكان، بمعنى "تحت":

*Me puse a la sombra **bajo** el árbol.* جلست في الظل تحت الشجرة.

◄ مع مفهوم مجازي:

*Lo hizo **bajo** ciertas condiciones.* فعل ذلك تحت شروط عدة.

■ **Con**

◄ للدلالة على الرفقة والمعية:

*Fui al cine **con** un amigo.* ذهبت إلى السينما مع صديق.

◄ للدلالة على الوسيلة أو الآلة:

*Come **con** una cuchara.* يأكل بالملعقة.
*Hace la tarta **con** dulce de leche.* إنه يصنع الحلوى مع مربى الحليب.

◂ للدلالة على النقيض، والمواجهة والنتيجة:

***Con** todos sus defectos prefiero a Juan.*	على الرغم من عيوبه أفضل خوان.

■ **Contra**

◂ للدلالة على التناقض والاعتراض:

*Chocó **contra** un árbol.*	اصطدم بشجرة.

■ **De**

◂ للدلالة على الملكية أو المتاع:

*El libro **de** mi hermano.*	كتاب أخي.

◂ للدلالة على الأصل والمصدر:

*Vengo **de** la universidad.*	إني قادم من الجامعة.
*Soy **de** Madrid.*	أنا من مدريد.

◂ للدلالة على النوعية والمادة:

*El reloj **de** oro.*	ساعة من ذهب.
*Es un vestido **de** seda.*	إنه ثوب من حرير.

◂ للدلالة على السبب:

*Se puso rojo **de** vergüenza.*	لقد احمر خجلاً.

◂ للدلالة على الحال والأسلوب:

*Aprende la lección **de** memoria.*	يحفظ الدرس عن ظهر قلب.

*Está **de** prisa.*	هو في عجلة.

◂ للدلالة على الخاصية:

*Es un hombre **de** talento.*	إنه رجل ذو مقدرة.
*Trabaja **de** chofer.*	يعمل سائقاً.

◂ للدلالة على جزء من كل:

*Una copa **de** vino.*	كأس من النبيذ.
*Es el mejor **de** mis amigos.*	إنه أفضل أصدقائي.

◂ للدلالة على فترة زمنية:

*Es **de** día, son las 8 de la mañana.*	الوقت نهار، الساعة الآن الثامنة صباحاً.
***De** vez en cuando voy al médico.*	بين حين وآخر أذهب إلى الطبيب.

◂ لإعطاء أقرب صفة:

*La guerra **de** los treinta años.*	حرب الثلاثين عاماً.
*La máquina **de** escribir.*	الآلة الكاتبة.

◂ للدلالة على العلاقة والارتباط:

*Tengo que cambiar **de** tren.*	علي أن أنتقل إلى قطار آخر.
*Mañana nos mudamos **de** casa.*	غداً سننتقل إلى بيت آخر.

◂ لتقوية إحدى الصفات:

*El pobre **de** Juan.*	خوان المسكين.
*El tonto **de** tu hermano.*	أخوك الأجدب.

■ Desde

◂ مفهوم الزمان:

*Estudia **desde** las 8 hasta las 9.* — إنه يدرس من الثامنة حتى التاسعة.

*No lo he visto **desde** el año pasado.* — لم أره منذ العام الماضي.

◂ مفهوم المكان:

*Iré **desde** Paris a Londres.* — سأسافر من باريس إلى لندن.

*Se exportan naranjas a Alemania **desde** España.*

يصدر البرتقال من اسبانيا إلى ألمانيا.

■ Durante

◂ للدلالة على الزمن:

***Durante** todo el invierno estuve enfermo.*

كنت مريضاً كل فصل الشتاء.

■ En

◂ للدلالة على مفهوم المكان:

*Vivo **en** la ciudad.* — أعيش في المدينة.

*Mi hermano estudia **en** el Cairo.* — يدرس أخي في القاهرة.

◂ للدلالة على الوجود في مكان:

*Entró **en** el bar.* — دخل إلى البار.

◄ للدلالة على هدف أو تحديد المكان:

*El niño se cayó **en** el agua.*	سقط الطفل في الماء.
*Besar **en** la boca.*	قبّل في الفم.

◄ للدلالة على الزمن:

*Nació **en** 1969.*	ولد عام ١٩٦٩.
*Ocurrió **en** verano.*	حدث ذلك في الصيف.
*Regresaré **en** breve.*	سأعود بعد قليل.

◄ للدلالة على الثمن أو القيمة:

*Vendió **en** mil euros.*	باع بألف يورو.
*Lo valoró **en** un millón.*	قدره بمليون.

◄ للإشارة إلى الوساطة:

*Llegaremos **en** tren.*	سنصل بالقطار.

◄ للدلالة على الأسلوب أو الحال:

*Lee **en** voz alta.*	يقرأ بصوت عال.
*Lo hizo **en** honor de su amigo.*	عمل ذلك على شرف صديقه.

◄ للدلالة على المضمون أو العلاقة:

*Es un país rico **en** materias.*	إنه بلاد غني بالثروات الأرضية.
*Creen **en** Dios.*	يؤمنون بالله.

◂ يأتي مع بعض المصطلحات الظرفية:

No se lo creo ***en*** *absoluto.*	لا أصدقه بتاتاً.

◂ يأتي مع بعض الأفعال:

confiar ***en*** *– pensar* ***en*** *– tardar* ***en*** *– etc. …*

■ **Entre**

◂ للدلالة على المكان:

El tren no para ***entre*** *Damasco y Hama.*

القطار لا يتوقف بين دمشق وحماة.

◂ للدلالة على الزمن:

Estaré ahí ***entre*** *la una y las dos.*	سأكون هناك بين الواحدة والثانية.

◂ للدلالة على موقع غير محدد (مفهوم مجازي):

Estaba ***entre*** *mucha gente.*	كنت بين العديد من الناس.

◂ مع فكرة تدل على التعاون:

Entre *todos lo haremos.*	سنعمل ذلك مجتمعين.

◂ للدلالة على عدم الوضوح والتوافق أو التبديل:

Entre *dulce y agrio.*	بين الحلو والحامض.
Entre *difícil y costoso.*	بين الصعب و المكلف.

◂ يرافق بعض الأفعال التي تعني "الإختيار":

*escoger **entre** – eligir **entre** – decidir **entre** – etc. …*

■ **Excepto**

◂ بمعنى "ما عدا / يستثنى من":

*Voy a clase todos los días **excepto** los Domingos.*
عندي درس كل يوم عدا الأحد.

■ **Hacia**

◂ مفهوم المكان (الاتجاه القريب):

*Voy **hacia** la ciudad.*	أنا ذاهب نحو المدينة.
*Se dirige **hacia** el norte.*	إنه يتجه نحو الشمال.

◂ مفهوم الزمان (فترة زمنية غير محددة):

*Se casó **hacia** los años cincuenta.*	تزوج في الخمسينات.

■ **Hasta**

◂ مفهوم المكان (نقطة محدودة الحركة):

*Este tren va **hasta** Barcelona.*	يسير هذا القطار حتى برشلونة.
*¡**Hasta** aquí, basta!*	يكفي إلى هنا.

◂ مفهوم الزمان (مدة زمنية محددة):

*Durmió **hasta** la tarde.*	نام حتى بعد الظهر.
***Hasta** la vista.*	إلى اللقاء.
*No volverá **hasta** la noche.*	لن يعود حتى هبوط الليل.

◂ يشير إلى شئ يمكن قياسه أو عده حتى آخره:

*Se lo pagaré **hasta** el último euro.* سأدفع له حتى آخر يورو.

◂ مع مفهوم مجازي:

***Hasta** los niños lo comprenden.* يفهمه حتى الأطفال.

***Hasta** pueden ahorrar.* بإمكانهم حتى التوفير.

■ **Mediante**

◂ بمعنى "بواسطة / عن طريق / بفضل":

*Se curó **mediante** medicina que le recetaron.*

لقد تعافى بفضل أدوية وصفت له.

■ **Para**

◂ للدلالة على حركة (اتجاه نحو هدف):

*Se fue **para** Francia.* ذهب إلى فرنسا.

*Se embarcó **para** la Argentina.* ركب السفينة إلى الأرجنتين.

◂ للدلالة على زمن (ميعاد محدد):

***Hasta** Navidad todo estará listo.* حتى عيد الميلاد سيكون كل شئ جاهز.

◂ للدلالة على الغاية والهدف:

*Este regalo es **para** mi madre.* هذه الهدية لأميّ.

*Trabajamos **para** vivir.* نعمل للعيش.

◂ للإشارة إلى مقارنة أو علاقة:

*Es muy listo **para** la edad que tiene.*	هو ذكي جداً بالنسبة لعمره.
*Poco le alaban **para** lo que merece.*	يمدحونه أقل مما يستحق.

◂ للتعبير عن فكرة، عن رأي:

***Para** mí, el deporte es una necesidad.*	الرياضة بالنسبة لي تعتبر حاجة.

■ **Por**

◂ للإشارة إلى مكان محدد:

*Anda **por** la calle.*	يسير في الشارع.
*Pasé **por** España.*	مررت بإسبانيا.

◂ للدلالة على حركة مع دخول:

*Entra **por** la puerta.*	يدخل من الباب.

◂ انتقال جغرافي بواسطة نقل:

*Manda un paquete **por** avión.*	أرسل طرداً بالبريد الجوي.

◂ للدلالة على توقيت غير محدد:

*Toma clases **por** la tarde.*	يأخذ دروساً بعد الظهر.
*Andaban **por** los cuarenta.*	كان عمرهم بالأربعين.

◂ للدلالة على تحديد تقريبي للزمن:

*Te veré **por** el verano.*	سأراك في الصيف.

- للدلالة على الدورية:

Lo veo dos veces ***por*** *semana.*	إني أراه مرتين في الأسبوع.

- للدلالة على هدف أو غاية الحدث:

Todo ***por*** *la patria.*	كل شئ من أجل الوطن.
No podemos salir ***por*** *la lluvia.*	لا نستطيع الخروج بسبب المطر.

- يشير إلى السعر أو المبادلة:

Vendimos la casa ***por*** *cien mil dólares.*	بعنا البيت بمائة ألف دولاراً.
Me dio su bolígrafo ***por*** *mi regla.*	بادلني قلمه الناشف بمسطرتي.

- للدلالة على الوساطة أو الآلة:

Lo llamé ***por*** *teléfono.*	اتصلت به هاتفياً.

- للدلالة على الحال أو الأسلوب:

Lo hizo ***por*** *la fuerza.*	فعل ذلك بالقوة.

- للدلالة على السرعة، الزمن:

Va a 30 km ***por*** *hora.*	يسير ٣٠ كم في الساعة.

- للدلالة على فاعل في صيغة نائب الفاعل:

La casa fue representada ***por*** *el gerente.*

مثلت الشركة من قبل المدير.

- **Salvo**
  - بمعنى "ما عدا / باستثناء":

*Irán todos **salvo** tú.* سيذهب الجميع ما عداك.

- **Según**
  - للدلالة على الحال أو الرأي:

***Según** yo, las cosas no pueden seguir así.*
حسب رأيي لا يمكن للأمور أن تسير هكذا.

  - للدلالة على خاصية:

***Según** su manera de ser, no podrá gustar.*
نظراً لتصرفاته لن يعجب أحداً.

- **Sin**
  - يعبر عن الامتناع والحرمان:

*Me fui **sin** despedirme.* ذهبت دون أن أودعهم.

- **Sobre**
  - مفهوم المكان:

*El gato está **sobre** el techado.* القط فوق السطح.
*El disco está **sobre** la tele.* الأسطوانة فوق التلفاز.

  - للدلالة على زمن تقريبي:

*Llegó **sobre** las cinco.* وصل قرابة الخامسة.

◂ على مفهوم مجازي (موضوع أو مسألة):

*La conferencia fue **sobre** la droga.*	كانت المحاضرة حول المخدرات.

Las preposisciones compuestas

ثانياً حروف الجر المركبة

- **antes de**

◂ للدلالة على الزمن:

***Antes de** las tres.*	قبل الساعة الثالثة.
***Antes de** mediodía.*	قبل الظهر.

- **delante de** (قبل / مقابل)

◂ للدلالة على المكان بمعنى "مقابل":

***Delante** de nuestra casa hay un jardín.*	مقابل منزلنا توجد حديقة.
***Delante** del espejo.*	أمام المرآة.

- **debajo de** (تحت)

◂ للدلالة على المكان فقط:

*El lápiz está **debajo de**l libro.*	قلم الرصاص تحت الكتاب.

- **dentro de** (في / خلال)

◂ للدلالة على المكان فقط:

***Dentro del** cuarto.*	في الغرفة.

- للدلالة على الزمن:

***Dentro de** un año.*	بعد / خلال عام.
***Dentro de** poco.*	بعد قليل.

Capítulo 8

Las Conjunciones

حروف العطف وأدوات الربط

تربط هذه الحروف بين عناصر الجملة الواحدة أو بين جمل. وينتج عن هذا الارتباط علاقة نحوية أو طبيعية بين تلك العناصر أو تلك الجمل.

وتنقسم حروف العطف هذه وأدوات الربط، وذلك حسب تأثيرها على الجملة إلى:

8.01 Conjunciones de coordinación
حروف عطف وأدوات ربط منسقة

وهي حروف تصل بين كلمات أو بين جمل لها نفس الوظيفة. وأهم هذه الحروف والأدوات هي:

y – e	تربط بين العناصر	*Se sienta ahí **y** habla con todos.*
ni	تربط بين عناصر نافية	*Está enfermo: no come **ni** bebe.*
o / u **o … o** **tal … tal** **ora … ora** **que … que** **sea … sea** **uno … uno** **cual … cual** **ya … ya**	تشير إلى الاختيار بين احتمالين أو أكثر.	***O** vienes conmigo **o** te quedas aquí.* *En total eran unas 7 **u** 8 personas.*

pero ... más **aunque** **sino, sin embargo** **antes, antes bien** **más bien, si bien** **a pesar de, con todo** etc.	عندما يعارض شئ شيئاً آخر.	*Es caro,* ***pero*** *muy hermoso.* ***Aunque*** *llueva, tengo que salir.* *No es a Pedro* ***sino*** *a Juan a quien yo quiero.* ***A pesar de que*** *he seguido varios cursos, todavía tengo dificultades.*
así pues, así que **con que, es decir** **esto es, luego** **o sea, por esto** **por lo tanto** **por consiguiente,** **pues, etc.**	شير إلى النتيجة والسبب.	*Mañana está todo el día en Madrid.* ***Es decir*** *que no va a estar en la reunión.* *Pienso* ***luego*** *existo.*

8.02 Conjunciones de subordinación
حروف وأدوات ربط تبعية

إن هذه الأدوات تربط بين عناصر جملة وجملة رئيسية. وهذه العناصر تابعة للجمل الرئيسية، وهي تمثل ككل عنصراً من عناصر الجملة. إن عدد هذه الأدوات قليلة وهي:

si – pues – que

ولكن عددها يزداد بشكل ملحوظ إذا أضفنا إلى الأداة **que** بعض حروف الجر أو عناصر أخرى.

أولاً: **أدوات ربط وعبارات زمنية:**

- للدلالة على الأسبقية:

primero que – hasta que – antes (de) que – etc.

*Y me dijeron que esperara **hasta que** llegara el médico.*
وقالوا لي أن أنتظر حتى يأتي الطبيب.

- للدلالة على زمن متأخر:

después que – desde que – así que – apenas – nada más que
luego que – en cuanto – una vez que – tan pronto como – etc.

Apenas llegue se reunirán. حال وصوله سيجتمعون.

- للدلالة على التوافق في الزمن:

cuando – a medida que – al tiempo que mientras que
en tanto que – etc.

Cuando *vivía en Paris, siempre iba en metro.*

عندما كنت أعيش في باريس كنت دائماً أسافر بالمترو.

ثانياً: **أدوات الربط وتعابير سببية:**

a fuerza de – como – porque – en vista de que – ya que

debido a que – dado que – puesto que – por miedo a que

Te quería avisar de que no voy a poder ir ***porque*** *estoy enfermo.*

أردت أن أعلمك بأنني لن أستطيع الحضور لأني مريض.

Como *hacía mucho frio, decidimos quedarnos en casa.*

وبما أن الطقس كان بارداً جداً قررنا البقاء في البيت.

ثالثاً: **أدوات ربط وتعابير متتالية:**

de modo que – de manera que – tan (to) que – de tal modo que

Nos quedamos sin gasolina. Al poco tiempo empezó a nevar.

De modo que *tuvimos que resignarnos a pasar la noche allí.*

لقد بقينا بدون بنزين وبعد قليل بدأت تثلج، بشكل أنه استسلمنا وقررنا قضاء الليل هناك.

رابعاً: **أدوات ربط وتعابير شرطية:**

a menos que – a condición de que – si – con tal de que – a no ser que

salvo que – no sea que – en caso de que – siempre que – como

Si *decides venir esta semana, llama primero, que tengo mucho que hacer.*

إذا قررت الحضور هذا الأسبوع اتصل أولاً إذ لدي عمل كثير.

Podemos ir al concierto de Carreras. ***Siempre que*** *queden entradas, claro.*

نستطيع الذهاب إلى حفلة كاريراس الموسيقية في حال وجود تذاكر، طبعاً.

*Juan me ha prestado su coche, pero **con tal de que** se lo devolviera antes de la una.*

إن خوان أعارني سيارته بشرط أن أعيدها له قبل الواخدة.

خامساً: **أدوات ربط وتعابير تدل على الهدف والغاية:**

con objeto de que – a fin de que – para que – por miedo a que – etc.

*Y en la maleta te he puesto una bolsa **para qu**e metas la ropa sucia.*

ووضعت لك في الحقيبة كيساً حتى تضع فيه الألبسة المتوسخة.

سادساً: **أدوات ربط وتعابير للدلالة على سبب معاكس:**

así – a pesar de que – aunque – por más que – bien que

por mucho que – si bien – y eso que – aun cuando

***Aunque** se lo he pedido varias veces, todavía no me ha llamado.*

مع أني طالبته مراراً فإنه لم يتصل بي حتى الآن.

سابعاً: **أدوات الربط للدلالة على المقارنة والتفاضل:**

igual que – tan – tanto ... como – tanto ... cuanto

más ... que – menos ... que – etc.

*Pedro es **tan** inteligente **como** Felix.* بيدرو ذكي مثل فيليكس.

*Jorge es **menos** aplicado **que** Juan.* خورخي أقل اجتهاداً من خوان.

ثامناً: **أدوات ربط للدلالة على الحال:**

como – conforme – cual – cuanto – de manera que

de modo que – según – etc.

Conforme *envejecía, se esforzaba más.*
كلما ازداد في السن بذل جهداً أكبر.

Capítulo 9

Los Numerales

الصفات العددية

9.1 Los Numerales
الصفات العددية

ويمكن أن تكون هذه إما صفات أو ضمائر.

١ **صفة:**

*Tengo **cuatro** hermanas.*	عندي أربع أخوات.

٢ **ضمير:**

*Las **cuatro** viven en San Paulo.*	الأربع يعشن في سان باولو.

والصفات العددية نوعان: ويشتق منهما جميع المصطلحات العددية، وهي:

أولاً: **الأعداد الأصلية**
Los Cardinales

uno, dos, tres, cuatro ...

ثانياً: **الأعداد الترتيبية**
Los Ordinales

primero, segundo, tercero, cuarto ...

9.2 Los Cardinales
الأعداد الأصلية

0	cero	صفر
1	uno	واحد
2	dos	اثنان
3	tres	ثلاثة
4	cuatro	أربعة
5	cinco	خمسة
6	seis	ستة
7	siete	سبعة
8	ocho	ثمانية
9	nueve	تسعة
10	diez	عشرة
11	once	أحد عشر
12	doce	اثنا عشر
13	trece	ثلاثة عشر
14	catorce	أربعة عشر
15	quince	خمسة عشر
16	dieciséis	ستة عشر
17	diecisiete	سبعة عشر
18	dieciocho	ثمانية عشر
19	diecinueve	تسعة عشر
20	veinte	عشرون
21	veintiuno	واحد وعشرون
22	veintidós	اثنان وعشرون
23	veintitrés	ثلاثة وعشرون
29	veintinueve	تسع وعشرون
30	treinta	ثلاثون

31	treinta y uno	واحد وثلاثون
32	treinta y dos	اثنان وثلاثون
40	cuarenta	لربعون
50	cincuenta	خمسون
60	sesenta	ستون
70	setenta	سبعون
80	ochenta	ثمانون
90	noventa	تشعون
100	ciento, cien	مائة
101	ciento uno	مائة وواحد
200	doscientos	مائتان
300	trescientos	ثلاثمائة
400	cuatrocientos	أربعمائة
500	quinientos	خمسمائة
600	seiscientos	ستمائة
700	setecientos	سبعمائة
800	ochocientos	ثمانيمائة
900	novecientos	تسعمائة
1 000	mil	ألف
2 000	dos mil	ألفان
100 00	cien mil	مائة ألف
500 000	quinientos mil	خمسمائة ألف
1 000 000	un millón (de)	مليون
2 000 000	dos millones (de)	مليونان

ملاحظات عامة:

- تتركب الأعداد حسب نظام متناقص:

1 124 356 un millón ciento veinticuatro mil trescientos cincuenta y seis.

◄ يأتي حرف العطف **y** فقط مع الأعداد المركبة بين العشرات والآحاد:

Cuarenta y cinco estudiantes.

ولكن

Quinientos tres soldados.

◄ اعتباراً من **treinta y uno** وحتى **noventa y nueve** تكتب الأعداد كلمتين منفصلتين بواسطة حرف العطف y وبعكس هذا تكتب الأعداد كلمة واحدة اعتباراً من **veintiuno** إلى **veintinueve**:

*Tú tienes **veintidós** años.* *Y yo **treinta y tres.***

◄ إن الصفات والضمائر العددية الأصلية لا تتغير:

*Tenía **cinco** hijos y **cinco** hijas.*

يستثنى من القاعدة السابقة:

◄ **uno (a)** والعشرات التي تأتي معه:

*Sólo tiene **una** corbata.*

*¿Quieres caramelos? Sí, quiero **uno.***

*Tiene treinta y **una** camisa.*

◄ حين نشتخدم الصفات العددية كأسماء:

*Han salido cinco **sietes** seguidos.*

*Ganó varios **miles** de euros.*

◄ المئات اعتباراً من مائتين حتى تسعمائة:

*Mil **doscientos** euros.*

◂ ويختصر العدد **uno**:

قبل إسم مذكر:

*Dame **un** kilo de azúcar.*

◃ عندما يأتي مع العشرات قبل إسم مذكر:

***Veintiún** caballos.*

*Cuarenta y **un** países han firmado el convenio.*

◃ عندما يأتي قبل العدد **mil**:

*Quinientos un **mil** dólares. (501000)*

◂ ويختصر العدد **ciento**:

◃ قبل عدد آخر:

***cien** mil pesos*

***cien** millones de libras*

◃ قبل إسم مذكر أو مؤنث:

*Formaron grupos de **cien** estudiantes.*

*Tiene más de **cien** cabras.*

◃ ويختصر مع التعبير: (100%) **cien por cien** ولا يتبدل مع المصطلحات الأخرى للنسبة المئوية.

diez por ciento (10%)

tres por ciento (3%)

◂ إن العدد **un millón** يأتي دائماً مع الحرف **de** بعكس **ciento** و **mil.**

__Tres millones de__ habitantes. ثلاث ملايين من السكان.

بينما نقول:

__cien__ habitantes. مائة ساكن.
__mil__ habitantes. ألف ساكن.

◂ حينما نريد إعطاء التاريخ نستعمل مع اليوم الأول للشهر فقط العدد الترتيبي:

El __primero__ de mayo. الأول من أيار.

ولكن اعتباراً من اليوم الثاني نستخدم الأعداد الأصلية:

El __doce__ de diciembre. الثاني عشر من كانون الأول.

يجب الانتباه إلى أننا نضع سواءً قبل أسماء الأشهر وقبل الأعوام الحرف**de.**

El trece __de__ octubre __de__ mil novecientos ochenta y ocho.
الثالث عشر من تشرين الأول لعام ألف تسعمائة وألف وثمان وثمانين.

9.3 Los Ordinales
الأعداد الترتيبية

1.	primero, -a	الأول
2.	segundo, -a	الثاني
3.	tercero, -a	الثالث
4.	cuarto, -a	الرابع
5.	quinto, -a	الخامس
6.	sexto,-a	السادس
7.	séptimo, -a	السابع
8.	octavo, -a	الثامن
9.	noveno, -a	التاسع
10.	decimo, -a	العاشر
100.	centésimo, -a	المائة
1000.	milésimo, -a	الألف

ملاحظات هامة:

- تستعمل الأعداد الترتيبية عادة حتى العاشر. ومع أرقام أكبر تستخدم الأعداد الأصلية المناسبة:

El capítulo veintitrés. الفصل الثالث والعشرون.

- تطابق الصفات الترتيبية الاسم في الجنس والعدد:

*La **segunda** representación fue la mejor.* العرض الثاني كان الأفضل.

- إن الأعداد الترتيبية **postrero, tercero, primero** تختصر إلى **postrer, tercer, primer** وذلك قبل اسم مذكر مفرد.

*El **primer** acto.*	الفصل الأول (مسرحية)
*El **tercer** capítulo.*	الفصل الثالث.
*El **postrer** alumno.*	التلميذ الأخير.

- حتى نفرق بين الأوصياء على العرش الذين يحملون نفس الاسم نستخدم الأعداد الترتيبية من ١ إلى ١٠ (بدون أداة التعريف) واعتباراً من ١١ نستخدم الأعداد الأصلية.

*Carlos **Quinto**.*	شارل الخامس.
*Luis **Catorce**.*	لويس الرابع عشر.

Capítulo 10

La Palabra y la Oración

الكلمة والجملة

تتألف الأبجدية الاسبانية من ٢٨ حرفاً. خمسة من هذه الحروف هي حروف صوتية (vocales): a – e – i – o – u وبقية الحروف هي حروف ساكنة (consonantes).

ملاحظات:

١ إن جنس حروف الأبجدية الاسبانية مؤنث. فنقول: **la** a, **la** b، الخ...

٢ لا يستعمل الحرف **w** إلا مع كلمات من أصل أجنبي، وهو يضاف إلى الأبجدية.

٣ الحروف الخاصة بالاسبانية دون غيرها هي: **ch - ll - ñ**
وتجدها في القاموس مباشرة بعد: **c - l - n**

٤ ويأتي مع الحرف **q** الحرف **u** الذي لا يلفظ.

٥ لا تأتي الحروف الساكنة مزدوجة، عدا الحروف: **c – n – r**

a**cc**ión – i**nn**umerables – co**rr**eos

La palabra y su división

فصل الكلمات

- حينما نريد فصل كلمة في نهاية سطر لا يجوز أن نفصل الحروف:

rr – ll – ch

mu – cho / si – lla / tie – rra

- ينضم الحرف الساكن الوارد بين حرفين صوتيين إلى الحرف الصوتي الذي يليه:

ca – mi – sa

- إذا ورد في الكلمة حرفان ساكنان بين حرفين صوتيين انضم الحرف الساكن الأول إلى الحرف الصوتي الذي يسبقه والساكن الثاني إلى الصوتي الذي يليه. أما في الكلمات التي فيها حرفان ساكنان أحدهما **l** والآخر **r** فإنهما لا ينفصلان.

in – mo – ral / pre – fe – ri – ble

- إن الحروف الصوتية والساكنة التي تؤلف مقطعاً لا تنفصل عن بعضها.

po – dréis

- إن تلك المقاطع المؤلفة من حرفين صوتيين أو ثلاثة لا تنفصل عن بعضها أبداً.

rei – na / U – ru – guay

- إذا وردت في كلمة ما ثلاثة حروف ساكنة انضم الحرفان الأولان إلى الحرف الصوتي الذي يسبقهما والحرف الثالث إلى الحرف الصوتي الذي يليه:

trans – cu – rrir

El Diptongo

الإدغام (الصوتية المزدوجة)

- تصنيف الحروف الصوتية:

إن الحروف **a – e – o** هي حروف قوية.
والحرفان **i – u** هي حروف ضعيفة.

- الإدغام هو اجتماع حرفين صوتيين لتشكيل مقطع واحد.

حر ف صوتي قوي وآخر ضعيف: **ai**re – p**ei**ne – **au**la
حرف صوتي ضعيف وآحر قوي: hac**ie**ndo – nov**io**
حرفان صوتيان ضعيفان: c**iu**dad – c**ui**dado

Triptongo
الصوتية الثلاثية

وهو اجتماع حرف صوتي قوي منبور مع حرفين ضعيفين لتشكيل مقطع واحد.

b**uey** – Parag**uay**

La Acentuación y sus reglas
النـبـرة وقواعــدها

تعريف: نبرة الصوت ونبرة الكتابة.

- يقع تشديد الصوت في كل الكلمات المؤلفة من أكثر من مقطع على مقطع من مقاطعها. وهذه هي نبرة الصوت أو النبرة ذات اللحن.

agua – peris**co**pio – ta**la**dro

- إن النبرة الصوتية تأتي غالباً مرفقة بالشدة المكتوبة (´) مثال:

*El tren de C**á**diz sali**ó** ya.*

Clases de las palabras según el acento
أنواع الكلمات حسب المقطع المشدد

١ **agudas** ويكون التشديد فيها على آخر مقطع:
rel**o**j – sal**i**r – conv**oy** – encontrar**á** – sost**é**n

٢ **llanas** أو **agudas** ويكون التشديد فيها على المقطع قبل الأخير:

tranq**ui**lo – ondulaci**ó**n – dese**o** – car**á**cter – **á**rbol

٣ **esdrújulas** ويكون التشديد فيها على المقطع الثاني قبل الأخير.

c**á**lido – r**á**faga – tr**í**pode – art**í**culo – d**í**melo

٤ **sobresdrújulas** ويكون التشديد فيها على المقطع الثالث قبل الأخير.

det**é**ngaselas – reg**á**lemelo – repr**ó**chemele

القواعد العامة للنيرة:

أولاً: الكلمات التي يكون التشديد فيها على المقطع الأخير، (palabras agudas):

- تكون منبورة الكلمات التي تنتهي بحرف صوتي أو بـ **n** أو **s**:

omb**ú** – muri**ó** – rub**í** – sof**á** – ed**é**n – volver**á**n – canap**é**

cort**é**s – atr**á**s – seg**ú**n – conf**í**n – tambi**é**n – an**í**s

- لا تكون منبورة الكلمات التي تنتهي بحروف ساكنة غير ال **n** و **s**:

cascabel – tapiz – altar – testuz – pared – fulgor

ثانياً: الكلمات التي يكون التشديد فيها على المقطع قبل الأخير: (palabras graves).

- تكون مشددة الكلمات التي تنتهي بحروف ساكنة عدا **n** و **s**:

arc**á**ngel – c**á**rcel – cl**í**max – An**í**bal – P**é**rez – err**á**til

- لا تكون مشددة تلك الكلمات التي تنتهي بحرف صوتي وبالحرفين **n** و **s**:

patio – gallina – avenida – caries – orden – margen – marino – martes

ثالثاً: الكلمات التي يكون التشديد فيها على المقطع الثاني و الثالث قبل الأخير، (palabras esdrújulas y sobresdrújulas)

c**á**mara – luci**é**rnaga – hu**é**spedes – pir**á**mide – f**ú**nebre – **á**rdeno
cr**í**tico – ofr**é**zcalo – repr**é**ndasemela – apreci**á**smelo – etc. ...

رابعاً: التشديد على الصوتية المزدوجة والثلاثية:
إذا كان الإدغام مؤلفاً من حرف صوتي قوي وآخر ضعيف وقع التشديد على الحرف القوي.

olvid**éi**s – v**iá**tico – func**ió**n – estud**iái**s – luc**ié**rnaga

قواعد خاصة:
الكلمات ذات المقطع الواحد التي لها نفس الشكل في الكتابة ووظيفة مختلفة.
إن القاعدة العامة تقول أن الكلمات وحيدة المقطع لا يجوز أن تأتي منبورة. ولكن هناك شواذ، فمنها ما تكون منبورة ومنها غير منبورة وذلك حسب الظروف.
وندرج فيما يلي قائمة بتلك الكلمات ذات الكتابة الواحدة والمتباينة في المعنى. وأكثرها استعمالاً هي:

(أداة تعريف)	**el**	***El*** *libro.*
(ضمير شخصي / هو)	**él**	*No es* ***él.***
(ضمير ملكية)	**mi**	*Te daré* ***mi*** *dirección.*
(ضمير شخصي منصوب)	**mí**	*Acércate a* ***mí.***
(ضمير ملكية)	**tu**	*Recibí* ***tu*** *carta.*
(ضمير شخصي / أنت	**tú**	***Tú*** *no comprendes.*
(ضمير منصوب ومجرور)	**te**	***Te*** *espero.*
(إسم / الشاي)	**té**	*Este* ***té*** *no tiene azúcar.*
(أداة ربط)	**mas**	*Es inteligente,* ***mas*** *no estudia.*
(ظرف تفضيل)	**más**	*Necesito* ***más*** *dinero.*

*Iré **si** puedo.*	**si**	(أداة ربط)
*Volvió en **sí.***	**sí**	(ضمير / ظرف / إسم)
***Se** levanta temprano.*	**se**	(ضمير منعكس)
***Sé** gentil con las damas.*	**sé**	[صيغة فعل ser و saber]

Capítulo 11

Prefijos y sufijos

السوابق واللواحق

إن السوابق هي الإجراء الذي بواسطته يتم تشكيل كلمة جديدة، وذلك بوضع سابقة وهذا يعني بوضع عنصر يظهر أمام المصطلح الأصلي. فمثلاً، إذا أضفنا السابقة **-im** على posible تصبح imposible.

إن للسوابق مفاهيم خاصة ويمكن تصنيفها تحت مجموعتين كبيرتين، وهما:

١ السوابق بمفهوم الزمان والمكان.

٢ السوابق ذات الفكرة، مثل: النفي، والمعارضة، والتفوق، وعقدة النقص، إلخ...

11.1 Concepto de los prefijos
مفهوم السوابق

إن لكل سابقة مفهوماً خاصاً وهو يعدل من مفهوم الجذر المرتبط به. وإليك بعض المفاهيم الاعتيادية:

- تعطي بعض السوابق مفهوم النفي. مثال:

des + confiar	لا يثق بـ، لا يؤمن بـ
in + creible	لا يصدق أبداً

- هناك سوابق تعطي مفهوم المكان. مثال:

inter + dental	يتواجد بين الأسنان
trans + oceánico	يخترق المحيط

- وسوابق أخرى تعطي مفهوم الزمان. مثال:

ante + ayer	قبل البارحة
pre + escolar	الدراسة قبل المدرسة الابتدائية

- بعض السوابق تعبر عن الدرجة أو الشدة. مثال:

hiper + sensible	حساس جداً
requeté + limpio	نظيف جداً

- وبعض السوابق لها أكثر من معنى: **-re**، تدل على التكرار أو تقوي جذر الفعل. مثال:

re + abrir	أعاد فتح
re + secar	جفف كثيراً

ملاحظة: يطرأ على بعض السوابق تبديل في الإملاء عندما ترتبط بجذر الفعل أو بكلمة. مثال:

en تتحول إلى **em**	قبل **b** و **p**	embrujo	➜	**en** + brujo
in تتحول إلى **im**	قبل **b** و **p**	impaciente	➜	**in** + paciente
in تتحول إلى **i**	قبل **l** او **r**	ilegal	➜	**in** + legal
a تتحول إلى **an**	قبل حرف صوتي	analfabeto	➜	**a** + alfabeto

11.2 Concepto de los sufijos
مفهوم اللواحق

تعطي اللواحق الكلمة التي ترد بعدها مفهوماً جديداً.

- ترتبط العديد من اللواحق بجذر الفعل لتشكل كلمات جديدة معطياً مفهوماً يختلف عن مفهوم الجذر. هذا وإن المفاهيم التي تساهم بها هذه اللواحق هي كثيرة التنوع. مثال:

zapat + **ería**	إن اللاحقة **-ería**	تعبر عن مكان.
asturi + **ana**	إن اللاحقة **-ana**	تعبر عن المنشأ.
camin + **ata**	إن اللاحقة **-ata**	تعبر عن عمل.
fin + **ura**	إن اللاحقة **-ura**	تعبر عن نوعية.

- وتعطي بعض اللواحق لجذر الفعل مفهوم العاطفة أو التعبير. وهذه اللواحق هي أدوات التصغير والتكبير و الازدراء. مثال:

abuel + **ita**	إن اللاحقة **-ita**	تعبر عن عاطفة.
buen + **azo**	إن اللاحقة **-azo**	نعبر عن إعجاب.
flac + **ucho**	إن اللاحقة **-ucho**	تعبر عن ازدراء.

- يعتبر بعض علماء النحو أن نهايات الأفعال غير المصرفة (كالمصدر واسم الفاعل واسم المفعول) هي لواحق تعطي جذر الفعل الذي ترتبط به مفهوماً قواعدياً. مثال:

come + **r**	إن اللاحقة **-r**	تعطي مفهوم المصدر.
salta + **ndo**	إن اللاحقة **-ndo**	تعطي مفهوم اسم الفاعل / الحال.
subi + **do**	إن اللاحقة **-do**	تعطي مفهوم اسم المفعول.

إن بعض اللواحق لها أكثر من مفهوم. مثال:

ero- تعطي مفهوم المكتب أو المكان:

hormigu**ero** / reloj**ero**	ساعاتي / عش النمل

azo- تعطي مفهوم الحجم أو الضربة:

cod**azo** / oj**azo**	إلقاء نظرة / لكزة

إن للسوابق مفاهيم خاصة ويمكن تصنيفها تحت مجموعتين كبيرتين، وهما:

١ السوابق بمفهوم الزمان والمكان.
٢ السوابق ذات الفكرة، مثل: النفي، والمعارضة، والتفوق، وعقدة النقص، إلخ...

11.3 Prefijos temporales y locales

سوابق الزمان والمكان

- **intra-**

داخل أو في الداخل (عكسها: **-extra**)

intracelular	داخل الخلايا
intramuros	داخل المدينة
intramuscular	في العضلة
intravenoso	في الوريد

- **en-**

داخل، في الداخل، بمفهوم أدخل أو وضع (عكسها إما **-des** وأحياناً **-ex**).

ملاحظة: إن **-en** قبل الحرفين: **b** و **p** يتحول إلى **-em**. مثال:

encarcelar	حبس، سجن
envolver	لفّ
embarcar	ركب السفينة، شرع
empaquetar	حزم، وضع في طرد

- **in-**

في، داخل (عكسها: **-ex** بمعنى خارج). تظهر هذه السابقة في العديد من الجذر.

ملاحظة: إن **-in** قبل الحرفين **b** و **p** يتحول إلى **-im**. مثال:

inhalar	استنشق
inhumar	دفن / وأد
interno	داخلي
importar	استورد
imprimir	طبع

- **extra-**

خارج عن، في الخارج، هعكسها **(intra-)**. مثال:

extraterritorial	قائم خارج الدولة
extralimitarse	تجاوز / تخطى
extraoficial	غير رسمي
extraordinario	ا ستثنائي
extramuros	خارج أسوار المدينة

- **ex-**

بمعنى خارج، في الخارج وبمفهوم أخرج ووضع خارجاً. عكسها: **in-**. مثال:

exhalar	زفر
excluir	استبعد
extraer	استخرج
externo	خارجي
exportación	تصدير

- **ante-**

أمام، عكسها **(tras-)**

anteponer	وضع أمام
antepenúltimo	قبل الأخير
antecámara	غرفة الانتظار
anterior	سابق
antesala	غرفة الجلوس

- **tras-** و **trans-**

خلف، وراء من (هناك استثناء لها وهي: **a través de** بمنى بواسطة)

trasladar	انتقل

traspasar	نقل
traspatio	الفناء الخلفي
transcribir	نسخ
transportar	نقل / شحن

- **inter-**

حالة وسطية، وضع وسطي. مثال:

interactuar	تفاعل
interponer	توسط، تخلل
internacional	دولي
Intermediario	وسيط

- **entre-**

وضع وسطي، تبادل بين عنصرين أو أكثر. مثال:

entremezclar	بعثر، نثر
entretejer	نسج
entresacar	قطف
entreacto	استراحة
entretenido	مسل

- **sub-**

أدناه، أقل من، تحت. عكسها: **super-, sobre-**.

subrayar	وضع خطاً تحت
subyacer	الطبقة السفلية
subacuático	تحت الماء
submarino	غواصّة
subterráneo	تحت الأرض، قطار الأنفاق

- **infra-**

أدناه، من القاعدة. عكسها: **supra-**. مثال:

infrarojo	الأشعة تحت الحمراء
infradotado	ينقصه التمويل

إن السوابق: **sub-, infra-, hipo** تعبّر في مفهومها العام عكس ما تعنيه السوابق: **(sobre-, auper, supra-, ultra-)**، أي العلاقة الكائنة بين التفوق والنقص. وعندما يشير مفهومها إلى المكان يصبح مفهومها: فوق وتحت. وهذه هي حالة: **sub-, infra-** (من القاعدة، الأسفل) وكذلك **sobre-, super-, ultra-** (من فوق، أبعد من)

- **sobre-**

فوق، أعلاه. عكسها: **sub-** أدناه، أقل من، تحت. مثال:

sobrecargar	أثقل
sobrestimar	بالغ في التقدير
sobrepasar	تجاوز
sobresalir	تفوق
sobredosis	جرعة زائدة
sobreprecio	علاوة
sobrevalorado	مبالغ فيه

- **super-**

فوق، أعلاه. عكسها: **sub-**. مثال:

superponer	غطّى، وضع فوق
superdotado	موهوب
supercaliente	فائق السخونة
superoscuro	فائق الظلمة
supertranquilo	فائق الهدوء

- **ultra-**

أبعد من، ما وراء. مثال:

ultramar	ما وراء البحر
ultrasonido	الموجات فوق الصوتية

- **pré-**

الفترة السابقة، قبل أن. عكسها: **-post**. مثال:

predecir	تكهنّ
predisponer	جهزّ، وفرّ، قدم
prefabricar	صنع مسبقاً
precaución	تحذير، توخى الحذر
prejucio	تحيّز، إجحاف

- **post-, pos-**

في وقت لاحق، فيما بعد. عكسها: **-pre**. مثال:

posponer	أرجأ، أجّل
postparto	بعد الولادة
posterior	لاحق، خلفي
postventa	مبيعات

- **retro-**

نحو الوراء، تراجع. عكسها: **-pro**. مثال:

retroceder	تراجع
retrotraer	تراجع عن
retroactivo	رجعي، ذات أثر رجعي
retrovisor	الرؤية الخلفية

- **circun-**

حول. مثال:

circunnavegar	أبحر حول
circunsolar	حول الشمس
circunvecino	قريب من شئ ومحيط به

- **pro-**

نحو الأمام (بالنسبة للزمان والمكان)

proponer	اقترح
propulsar	دفع مقدماً
proseguir	تعقب، واصل

11.4 Prefijos de la idea
السوابق ذات الفكرة

لقد رأينا فيما سبق بعض السوابق الدالة على المكان والزمان، والتي تتضمن في بعض المجالات مفاهيم إضافية، أي أنها تعبر ليس فقط عن مفهوم المكان والزمان وإنما عن أفكار محددة أو مفاهيم (هذه هي الحالة مع السوابق **-sobre** و **-sub**). مثلاً في:

sobrecama	غطاء السرير	**sub**marino	غواصة، قعر البحر
sobreestimar	بالغ في التقدير	**sub**arrendar	المستأجر أجر بدوره

ما هي هذه السوابق التي وما هي المفاهيم التي تعبر عنها؟
البعض منها تعبر عن النفي أو النقص، وذلك بأشكال مختلفة ومنها: **(dis-, des-, in-, a-)** وغيرها تدل على التناقض **(contra-, anti-)**، أو على تطور إيجابي **(pro-)**، أو على التشابه في النوعية والحالة **(en-, a-)**، أو المشاركة **(con-)**، أو التكرار **(re-)**.

Inferioridad, defecto **دونية، نقص**	**Superioridad, exceso** **تفوق، فائض**
hipo-	hiper-
sub-	sobre-
"	super-
infra-	supra-
"	ultra-

- **sub-**

دون، تحت. عكسها: **-super**. مثال:

subdesarrollo	التخلف الإنمائي
subgerente	نائب المدير

- **infra-**

دون، عكسها: **-supra-, super**. مثال:

infradotado	ضعيف الاستيعاب
Infrahumano	دون البشر

- **hipo-**

دون. مثال:

hipotenso	انخفاض ضغط الدم

- **sobre-**

إعلاه، فوق. عكسها: **-sub**. مثال:

sobredimensionar	أكبر من المعتاد / ضخم
sobreactuado	متصنع / مبالغ فيه

- **super-**

أعلاه، متفوق على. عكسها: **-sub**. مثال:

superdotado	موهوب
supermercado	سوبر ماركت ، متجر كبير

- **supra-**

أبعد من، أعلاه. عكسها: **-infra**. مثال:

supranacional	فوق الوطنية

- **ultra-**

أبعد من، أكثر من. مثال:

ultraconservador	محافظ متشدد

- **hiper-**

أبعد من، أكثر من. عكسها: **-hipo**. مثال:

hipermercado	سوق ضخمة
hipersensibilidad	فرط الحساسية

Capítulo 12

Estructura interna de las palabras

الهيكل الداخلي للكلمات

12.1 Prefijos – Tabla I
السوابق - اللائحة الأول

a-	تدل السابقة على النفي أو المنع.	*asimétrico, amoral, anormalidad*
acui-	عنصر تركيبي، سابقة تعني "ماء".	*acuicola, acuicultura, acuífero*
aero-	١ عنصر تركيبي، سابقة تعني "هواء". ٢ عنصر تركيبي، سابقة تعني "هوائي".	*aerofobia, aerómetro* *aeronaval, aeronavegación*
afro-	عنصر تركيبي، سابقة تعني "إفريقي".	*afroasiático*
agri-	عنصر تركيبي، سابقة تعني "زراعي".	*agricultura, agrimensura*
agro-	عنصر تركيبي، سابقة تعني "حقل".	*agrología, agroquímica*
an-	سابقة لها نفس مفهوم ← a	*analfabeto, anaeróbio, anisopétalo*
ana-	١ سابقة تعني "ضد". ٢ سابقة تعني "من جديد".	*anacrónico* *anabaptista*
anarco-	عنصر تركيبي، سابقة تعني "الفوضى".	*anarcosindicalismo*
andro-	١ عنصر تركيبي، سابقة تعني "صبي". ٢ عنصر تركيبي، سابقة تعني "مذكر".	*androfobia, androcracia* *androceo, andrógeno*
anemo-	عنصر تركيبي، سابقة تعني "رياح".	*anemografía, anemômetro*
anfi-	١ عنصر تركيبي، سابقة تعني "حول، حوالي". ٢ عنصر تركيبي، سابقة تعني "ضعف، مزدوج"	*anfiteatro* *anfibio*

angloamericano, anglófilo	عنصر تركيبي، سابقة تعني: انكليزي	**anglo-**
anteayer, antedicho, anteguerra *anteponer, antesala, antealtar*	عنصر تركيبي، سابقة تعني: قبل	**ante-**
anticlerical, antinatural *antigas, antiniebla, antirrobo* *anticoncepción, anticorrosivo* *antidisturbios, antidepresivo*	١ سابقة تعني "معارضة". ٢ سابقة تعني "حماية ضد". ٣ سابقة تعني "حماية ضد". ٤ سابقة تعني "كفاح ضد".	**anti-**
antropóide, antropófago	عنصر تركيبي، سابقة تعني "رجل أو إنسان".	**antropo-**
arboricultura, arboriforme	عنصر تركيبي، سابقة تعني "شجرة".	**arbori-**
archiduque, archiducal *archiconocido, archisabido*	١ عنصر تركيبي، سابقة تعني "تفوق أو بروز". ٢ عنصر تركيبي، سابقة تعني "جداً".	**archi-**
arcipreste	→ **archi-**	**arci-**
arqueologia, arqueozoología	عنصر تركيبي، سابقة تعني :تقوس	**arqueo-**
arzobispo	عنصر تركيبي، سابقة تعني "مرتبة بارزة".	**arz-**
astrologia, astronáutica *astronauta, astronave*	١ عنصر تركيبي، سابقة تعني "نجمة". ٢ عنصر تركيبي، سابقة تعني الفضاء الخارجي .	**astro-**
attofísica, attosegunda	عنصر تركيبي، سابقة تعني "تريليون".	**atto-**
audífono	→ **audio-**	**audi-**
audiomatría, audiovisual	عنصر تركيبي، سابقة تعني "سمعي".	**audio-**

auto-	١ عنصر تركيبي، سابقة تعني " ذاتيّ". ٢ عنصر تركيبي، سابقة تعني "سيارة".	*autobiografia, autocontrol* *autobus, autoescuela, autopista*
baro-	عنصر تركيبي، سابقة تعني "وحدة ضغط".	*barotraumatismo*
bi-	عنصر تركيبي، سابقة تعني "ثنائي".	*bicolor, bimotor, bisexual, bienal*
biblio-	عنصر تركيبي، سابقة تعني "كتاب".	*bibliofilia, bibliografía, bibliomanía*
bio-	١ عنصر تركيبي، سابقة تعني "حياة". ٢ عنصر تركيبي، سابقة تعني"العلاقة في الحياة". ٣ عنصر تركيبي، سابقة تعني "تدخل أو استخدام علماء طبيعيين".	*biografía, biogénesis, biología* *biosfera, bioelectricdad* *bioagricultura, biomedicina*
bis-	➜ **bi-**	*bisabuelo*
biz-	➜ **bi-**	*biznieto*
card-	➜ **cardio-**	*carditis*
cardio-	عنصر تركيبي، سابقة تعني "قلب".	*cardiólogo, cardiogtafía*
cefal-	➜ **cefalo**	*cefalalgia, cefalea*
cefalo-	عنصر تركيبي، سابقة تعني "رأس".	*cefalópodo, cefalorraquídeo*
centi-	عنصر تركيبي، سابقة تعني "جزء من مائة".	*centígramo, centímetro, centíarea*
cian-	عنصر تركيبي، سابقة تعني "أزرق".	*cianótico*
ciber-	١ عنصر تركيبي، سابقة تعني"التحكم الآلي". ٢ عنصر تركيبي، سابقة تعني "الإنترنت".	*ciberespacio* *ciberusuario*

cito-	عنصر تركيبي، سابقة تعني "خلية".	*citologia, citotóxico*
clepto-	عنصر تركيبي، سابقة تعني "سرقة".	*clepotomanía,cleptocracia*
co-	سابقة تعني "تعاون أو شركة".	*codirector, coexistir, correinado*
com-	➜ **con-**	*compatriota, compadre*
con-	سابقة تعني "تعاون أو شركة".	*condueño, concuñado, condiscipulo*
contra-	١ سابقة تعني "معارضة". ٢ سابقة تعني "تقوية".	*contracultura, contraataque* *contraventana, contrafuerte*
copro-	عنصر تركيبي، سابقة تعني "براز".	*coproanálisis, coprofagia*
cromo-	عنصر تركيبي، سابقة تعني "لون".	*cromoterapia, cromolitografía*
cuadri-	عنصر تركيبي، سابقة تعني "أربعة".	*cuadrienio, cuadrisílabo*
cuadru-	عنصر تركيبي، سابقة تعني "أربعة".	*cuadrurúmano, cuadrúpedo*
cuasi-	عنصر تركيبي، سابقة تعني "بالكاد".	*cuasidelito, cuasibien,cuasiperfec-*
cuatri-	عنصر تركيبي، سابقة تعني "أربعة".	*cuatrimotor, cuatrisílabo*
dactili-	➜ **dáctilo-**	*dactiliforme*
dáctilo-	عنصر تركيبي، سابقة تعني "إصبع".	*dactilografía, dactilograma*
de-	١ سابقة تعني "منع". ٢ سابقة تعني "عكس مفهوم جذر الفعل".	*decapitar, demente* *decolorar, decelerar, decrecer*
deca-	عنصر تركيبي، سابقة تعني "عشرة".	*decárea, decagramo, decalitro*
deci-	عنصر تركيبي، سابقة تعني "عشريّ، العاشر".	*decibelio, deciárea, decigramo*

des-	١ سابقة تعني "نفي". ٢ سابقة تعني "منع". ٣ سابقة تعني "فائض". ٤ سابقة تعني "خارج عن". ٥ سابقة تعني "عكس مفهوم جذر الفعل".	*desacatar, desconfiar, desonesto* *desagrado, desacuerdo, desamor* *deslenguado* *destiempo, deshora* *deshacer, descalzar, desvestir,*
di-	عنصر تركيبي، سابقة تعني "اثنان".	*dipétalo, disçepalo, diglosia,*
dis-	١ سابقة تعني "نفي أو إزعاج". ٢ سابقة تعني "صعوبة أو شذوذ".	*disconforme* *dislexia*
dodeca-	عنصر تركيبي، سابقة تعني "اثنا عشر".	*dodecasílabo, dodecágono*
eco-	عنصر تركيبي، سابقة تعني صدى:	*economia* *ecologia, ecológico* *ecoturismo, ecoindustria*
electro-	عنصر تركيبي، سابقة تعني "كهربائي".	*electroimán, electrodinámica,*
endo-	عنصر تركيبي، سابقة تعني "في أو داخل".	*endovenoso, endoscopia, endosfera*
entre-	١ سابقة تعني "حالة متوسطة". ٢ سابقة تعني "نوعية أو حالة متوسطة".	*entrecejo, entreguerras, entreacto* *entrecano, entrefino*
epi-	سابقة تعني "سطحي".	*epidermis, epicentro*
equi-	عنصر تركيبي، سابقة تعني "مساوٍ".	*equidistar, equivaler*
etno-	عنصر تركيبي، سابقة تعني "عرق أو شعب".	*etnologia, etnolingüistica*

euro-	١ عنصر تركيبي، سابقة تعني"أوروبيّ". ٢ عنصر تركيبي، سابقة تعني "إتحاد أوروبي". ٣ عنصر تركيبي، سابقة تعني "عملة اليورو".	*euroasiático, eurotúnel* *euromoneda, eurodiputado* *eurocéntimo, eurocalculadora*
ex-	١ سابقة تعني "خارج". ٢ سابقة تعني "منع". ٣ سابقة تأتي قبل الاسم وتدل على أنه لم يعد.	*exhumar, extraer* *exânime, exculpar* *ex ministro, ex alumna*
exa-	عنصر تركيبي، سابقة تعني "مليار".	*exabyte*
exo-	عنصر تركيبي، سابقة تعني "خارج أو في الخارج"	*exoesqueleto*
extra-	١ سابقة تعني "خارج". ٢ سابقة تعني "إلى أبعد الحدود".	*extrajudicial, extraterrestre*
fago-	عنصر تركيبي، سابقة تعني "تأكل، تتغذى على".	*fagocito*
femto-	عنصر تركيبي، سابقة تعني "جزء من تريليون".	*femtosegundo*
filo-	عنصر تركيبي، سابقة تعني "صديق أو محب".	*filosoviético, filogermánico*
fito-	عنصر تركيبي، سابقة تعني "شجرة أة نبات".	*fitografía, fitología, fitosociología*
fono-	عنصر تركيبي، سابقة تعني "صوت أو نغمة".	*fonologia, fonógrafo, fonotecnia*

foto-	١ عنصر تركيبي، سابقة تعني "ضوء". ٢ عنصر تركيبي، سابقة تعني علاقة بالصورة.	*fotofobia, fotosensible, fotômetro* *fotogênico, fotocomposición*
geo-	١ عنصر تركيبي، سابقة تعني "تراب". ٢ عنصر تركيبي، سابقة تعني "الأرض".	*geofagia, geomancia* *geografia, geoquímica, geopolítica*
giga-	عنصر تركيبي، سابقة تعني "مليار".	*gigavatio*
grafo-	عنصر تركيبي، سابقة تعني "كتابة".	*grafología*
halo-	عنصر تركيبي، سابقة تعني "ملح".	*halógeno, halófilo, halotecnia*
hecto-	عنصر تركيبي، سابقة تعني "مائة".	*hectogramo, hectômetro*
helio-	عنصر تركيبي، سابقة تعني "شمس".	*heliofísica, heliomotor, helioscopio*
hema-	عنصر تركيبي، سابقة تعني "دم".	*hemangioma*
hemat-	عنصر تركيبي، سابقة تعني "دم".	*hematuria, hemático,hematemesis*
hemato-	عنصر تركيبي، سابقة تعني "دم".	*hematologia, hematológico*
hemi-	عنصر تركيبي، سابقة تعني "نصف".	*hemiciclo, hemiplejia, hemosferio*
hemo-	عنصر تركيبي، سابقة تعني "دم".	*hamopatía, hemorragia*
hepato-	عنصر تركيبي، سابقة تعني "كبد".	*hepatologia*
hepta-	عنصر تركيبي، سابقة تعني "سبعة".	*heptágono, heptasílabo*
hetero-	١. عنصر تركيبي، سابقة تعني" آخر أو مختلف". ٢ عنصر تركيبي، سابقة تعني "مختلف".	*heterodoxo, heterosexual* *heterogéneo, heterocariosis*

hexa-	عنصر تركيبي، سابقة تعني "ستة".	*hexagonal, hexápodo, hexasílabo*
hidro-	عنصر تركيبي، سابقة تعني "ماء".	*hidroavión, hidrocarburo*
higro-	عنصر تركيبي، سابقة تعني "رطوبة".	*higrometria, higroscopio*
hiper-	١ عنصر تركيبي، سابقة تعني "مبالغة". ٢ عنصر تركيبي، سابقة تعني "كبير جداً". ٣ عنصر تركيبي، سابقة تعني "جداً".	*hiperrealismo, hipertensión* *hipermercado* *hipercontento, hiperrápido*
hipo-	١ عنصر تركيبي، سابقة تعني "تحت، أسفل". ٢ عنصر تركيبي، سابقة تعني "قليل". ٣ عنصر تركيبي، سابقة تعني"حصان".	*hipocentro hipodermis, hipogeo* *hipotensión, hipofunción* *hipódromo, hipogrifo, hipología*
homeo-	عنصر تركيبي، سابقة تعني "مثل ، مماثل".	*homeopatía, homeotermia*
homo-	عنصر تركيبي، سابقة تعني "مساوٍ".	*homogéneo,homófono, homólogo*
in-	شكل السابقة **-in** إذا بدأت الكلمة بـ **l** أو **r** **-in**	*ilegal ilógico, irreconocible*
im-	شكل السابقة **-in** إذا بدأت الكلمة بـ **p / b** **-in**	*imborrable, impensable*
in-	١ سابقة تعني "النفي". ٢ سابقة تعني "حرمان، منع".	*increíble, inalterable, incapable* *injusticia, inexpresivo, infidelidad*
infra-	١ عنصر تركيبي، سابقة تعني "تحت". ٢ عنصر تركيبي، سابقة تعني "مستوى أدنى".	*infraestructura, infrascrito* *infrahumano, infravalorar*

inmuno-	عنصر تركيبي يشير إلى العلاقة مع آليات المناعة.	*inmunodeficiente, inmonodepresor*
inter-	١ سابقة تعني "بين، في الوسط". ٢ سابقة تعني "بين عدة...".	*intertropical, interdental* *intercontinental, internacional*
intra-	سابقة تعني "في داخل، في الداخل".	*intramuros, intracelular*
kilo-	عنصر تركيبي يعني "ألف".	*kilocaloría, kilolitro, kilovatio*
lipo-	عنصر تركيبي، سابقة تعني "دهن".	*liposoluble, lipoproteína*
lito-	عنصر تركيبي، سابقة تعني "حجر".	*litófago, litofotografía, litosfera*
macro-	عنصر تركيبي، سابقة تعني "كبير".	*macrocefalia, macroestructura*
magne-to-	عنصر تركيبي، سابقة تعني "مغناطيسية".	*magnetófono, magnetoterapía*
maxi-	١ عنصر تركيبي، سابقة تعني "كبير جداً". ٢ عنصر تركيبي، سابقة تعني "طويل جداً".	*maxiproblema* *maxifalda*
mega-	١ عنصر تركيبي، سابقة تعني "كبير". ٢ عنصر تركيبي، سابقة تعني "مليون". ٣ عنصر تركيبي، سابقة تعني "جداً".	*megalito* *megavatio, megaciclo, megatón* *megafamoso*
meso-	عنصر تركيبي، سابقة تعني "وسطي / مركزي"	*mesocéfalo, mesotórax, mesozoico*
meta-	١ عنصر تركيبي، سابقة تعني "مع أو بعد". ٢ عنصر تركيبي، سابقة تعني "أبعد من ذلك". ٣ عنصر تركيبي، سابقة تعني "تبديل".	*metacarpo metacentro* *metafísica, metalingüística* *metamorfosis, metafonía*

micro-	١ عنصر تركيبي، سابقة تعني "صغير". ٢ عنصر تركيبي، سابقة تعني "جزء من مليار".	*microbús, microficha, microsurco* *microsegundo, micrómetro*
mili-	عنصر تركيبي، سابقة تعني "جزء من ألف".	*miliamperio, milibar, miligramo*
mini-	١ عنصر تركيبي، سابقة تعني "صغير جداً". ٢ عنصر تركيبي، سابقة تعني "قصير جداً".	*minicadena, minisueldo, minigolf* *minifalda, minipantalón*
miria-	١ عنصر تركيبي، سابقة تعني "عشرة آلاف". ٢ عنصر تركيبي، سابقة تعني "عديد".	*miriámetro, miriágramo* *miriápodo*
mono-	عنصر تركيبي، سابقة تعني "وحيد".	*monocolor, monofásico, monopétalo*
morfo-	عنصر تركيبي، سابقة تعني "هيئة، شكل".	*morfologia, morfogénesis*
moto-	عنصر تركيبي، سابقة تعني "يدفعه محرك".	*motocarro, motonave, motosierra*
multi-	عنصر تركيبي، سابقة تعني "عديد".	*multicolor, multimillonario*
nano-	عنصر تركيبي، سابقة تعني "جزء من مليون".	*nanómetro, nanosegundo*
narco-	١ عنصر تركيبي، سابقة تعني "مخدّر". ٢ عنصر تركيبي، سابقة تعني "حلم، نعاس".	*narcotráfico* *narcoterapia*
necro-	عنصر تركيبي، سابقة تعني "ميّت".	*necrófilo, necrofagia, necrosis*

nefr-	**→ nefro-**	*nefritis, nefrítico*
nefro-	عنصر تركيبي، سابقة تعني "كلوة".	*nefrología, nefrólogo, nefrosis*
neo-	عنصر تركيبي، سابقة تعني "جديد / حديث".	*neocolonialismo, neorrealismo*
neumo-	عنصر تركيبي، سابقة تعني "رئة / جهاز تنفسي".	*neumología, neumopatía*
neuro-	عنصر تركيبي، سابقة تعني "جهاز عصبي".	*neuroanatomía neurobiología*
oligo-	عنصر تركيبي، سابقة تعني "قليل".	*oligoelemento oligofranía*
omni-	عنصر تركيبي، سابقة تعني "مجموع، كلياً".	*omnivoro omnipresente*
onco-	عنصر تركيبي، سابقة تعني "ورم".	*oncología, oncogén*
orto-	عنصر تركيبي، سابقة تعني "مستقيم أو حق".	*ortogonal, ortografía*
paleo-	عنصر تركيبي، سابقة تعني "قديم أو بدائي".	*paleocristiano, paleontología*
pan-	عنصر تركيبي، سابقة تعني "مجموع، كلياً".	*panamericano, panislamosta*
para-	سابقة تعني "بجانب، خارج عن".	*paraestatal, paraoficial, paramilitar*
penta-	عنصر تركيبي، سابقة تعني "خمسة".	*pentágono, pentasílabo*
peri-	سابقة تعني "حول، حوالي".	*pericarpio, perímetro*
peta-	عنصر تركيبي، سابقة تعني "تريليون".	*petavatio*

petro-	١ عنصر تركيبي، سابقة تعني "حجر". ٢ عنصر تركيبي، سابقة تعني "بترول".	*petroglifo* *petrodólar, petroquímica*
pico-	عنصر تركيبي، سابقة تعني "جزء من مليار".	*picofaradio*
piro-	عنصر تركيبي، سابقة تعني "نار أو حرارة عالية"	*pirograbado, piroyecnia, pirómano*
pisci-	عنصر تركيبي، سابقة تعني "سمك".	*piscicultura, piscicultor, piscivoro*
pluri-	عنصر تركيبي، سابقة تعني "عديد".	*pluricelular, pluridimensional, plurivalencia, plurilingüe*
podo-	عنصر تركيبي، سابقة تعني "رِجل".	*podólogo, podómetro*
poli-	عنصر تركيبي، سابقة تعني "مجموع، كثرة".	*politeismo, policlínica, poligono*
pos-	سابقة تعني "بعد".	*posgraduado, posparto, posguerra*
post-	➔ **pos-**	*postoperatorio, postbalance*
pre-	١ سابقة تعني "أسبقية في المكان". ٢ سابقة تعني "أسبقية في الزمان".	*prepalatal, predorsal* *preclásico, precontrato, preacuerdo*
preter-	عنصر تركيبي، سابقة تعني "أبعد من".	*preternatural*
pro-	١ سابقة تعني "بدل من، نيابة عن". ٢ سابقة تعني "حركة نحو الأمام".	*procónsul* *promover*
proto-	عنصر تركيبي، سابقة تعني "أول، أسبق".	*protohistoria,*
pseudo-	➔ **seudo-**	*pseudópodo*

psico-	عنصر تركيبي، سابقة تعني"روح أو نشاط المخ".	*psicologia, psicopatia, psicoterapía*
ptero-	عنصر تركيبي، سابقة تعني "جناح".	*pterodáctilo*
quilo-	➜ **kilo-**	*quilogramo, quilolitro, quilómetro*
radio-	١ عنصر تركيبي، سابقة تعني "إشعاع". ٢ عنصر تركيبي، سابقة تعني "إذاعة، بثّ".	*radioterapia, radiodiagnóstico* *radiofrecuencia, radiotaxi*
re-	١ سابقة تعني "تكرار، إعادة". ٢ سابقة تعني "تكثيف".	*reabrir, revender, reorganización* *rebuscar, recoser, repintado*
requete-	➜ **re-**	*requeteguapo, requetebien*
retro-	عنصر تركيبي، سابقة تعني "نحو الخلف".	*retrotaer, retrocarga, retrocuenta*
rino-	عنصر تركيبي، سابقة تعني "أنف".	*rinología, rinoscopia*
semi-	عنصر تركيبي، سابقة تعني "نصف".	*semirecta, semicircular, semisótano*
servo-	عنصر تركيبي، سابقة تعني "تقنية، نظام مساعد.	*servodirección, servomotor*
sesqui-	عنصر تركيبي، سابقة تعني "وحدة ونصف".	*sesquicentenário*
seudo-	عنصر تركيبي، سابقة تعني "مزيّف".	*seudoprofeta, seudovacaciones*
sico-	➜ **psico-**	*sicología, sicólogo, sicoanálisis*

sobre-	١ عنصر تركيبي، سابقة تعني "على، فوق". ٢ عنصر تركيبي، سابقة تعني "مبالغ فيه".	*sobrearco, sobrecama, sobrefalda* *sobrealimentación, sobrestimar*
socio-	١ عنصر تركيبي، سابقة تعني "اجتماعي". ٢ عنصر تركيبي، سابقة تعني "شركة".	*sociocultural, socioeconômico* *sociologia, sociolingüistica*
sub-	١ سابقة تعني "تحت، في الأسفل". ٢ سابقة تعني "أقل أهمية". ٣ سابقة تعني "نقص".	*submarino, subterrâneo, subrayar* *subjefe, subdirector, subcultura* *subdesarrollo, subalimentar*
super-	١ عنصر تركيبي، سابقة تعني "فوق، على". ٢ عنصر تركيبي، سابقة تعني "بمبالغة". ٣ عنصر تركيبي، سابقة تعني "أعلى درجة".	*superponer, superestrato* *superabundância, superpoblación* *superdotadp, superconductividad*
supra-	عنصر تركيبي، سابقة تعني "فوق، أعلى".	*supraclavicular, supranacional*
tanato-	عنصر تركيبي، سابقة تعني "موت".	*tanatología, tanatopraxia*
tardo-	عنصر تركيبي، سابقة تعني "متأخر، مهائي".	*tardofranquismo*
tele-	١ عنصر تركيبي، سابقة تعني "بعيد". ٢ عنصر تركيبي، سابقة تعني "من التلفيزيون".	*telecomunicación, telescópio* *telefilme, teleteatro, telenovela*
teo-	عنصر تركيبي، سابقة تعني "إله".	*teología, teológico, teogonía*

tera-	عنصر تركيبي، سابقة تعني "منليار".	*teragramo*
termo-	١ عنصر تركيبي، سابقة تعني "حرارة". ٢ عنصر تركيبي، سابقة تعني "درجة الحرارة".	*termodinâmico, termoelectricidad* *termologia, termómetro*
tetra-	عنصر تركيبي، سابقة تعني "أربعة".	*tetrasílabo, tetravalente, tetrápodo*
trans-	عنصر تركيبي، سابقة تعني "خلال".	*transcontinental, transsiberiano*
trás-	١ **trans-** ← ٢ سابقة تعني "وراء من".	*trasalpino, trasmediterráneo* *trastienda, trascoro, trascocina*
tri-	عنصر تركيبي، سابقة تعني "ثلاثة".	*tricentenário, tricolor, trilateral,*
turbo-	عنصر تركيبي، سابقة تعني "المحرك توربين".	*turbocompresor, turbogenerador*
ultra-	١ عنصر تركيبي، سابقة تعنيأبعد من، هناك. ٢ عنصر تركيبي، سابقة تعني "جداً".	*ultramar, ultrasonido, ultravioleta* *ultrarápido, ultrafamoso*
uni-	عنصر تركيبي، سابقة تعني "واحد".	*unicórnio, unifamiliar, unilateral*
vi-	→ **vice-**	*virrey*
vice-	عنصر تركيبي، سابقة تعني "بدل من، أقل من".	*vicerrector, vicepresidente*
viz-	→ **vice-**	*vizconde*
xeno-	سابقة تعني "أجنبيّ".	*xenófilo, xenofobia*
zoo-	عنصر تركيبي، سابقة تعني "حيوان".	*zoolatria, zoologia, zoomorfo*

12.1 Sufijos – Tabla II
اللواحق - اللائحة الثانية

أمثلة	المفهوم	التصنيف اللغوي	اللاحقة
opiáceo *grisáceo*	انتماء شبهة	صفة	**-áceo, -ácea**
riacho, picacho	ازدرائي	صفة أو اسم	**-acho, -acha**
pajarraco *austríaco* *policiaco*	ازدرائي أصل، منشأ علاقة	صفة أو اسم	**-aco, -aca**
muchachada *pedrada* *mariscada* *naranjada* *payasada*	مجموعة ضربة، جرح وفرة محتويات إجراء، عمل	اسم	**-ada**
reinado *condado* *papadp* *alcantarillado*	زمن مكان توظيف، كرامة مجموعة	اسم	**-ado**
judaico, incaico, pirenaico	انتماء، أصل، علاقة	صفة	**-aico, -aica**
aterrizaje *hospedaje* *ramaje*	عمل وتأثير مكان مجموعة	اسم	**-aje**

-ajo, -aja	صفة أو اسم	أداة تصغير للإزدراء	*pequeñajo*
-al	صفة اسم	علاقة، انتماء مكان	*arbitral, primaveral* *maizal, arenal*
-ales	صفة أو اسم	روح الدعابة	*rubiales*
-ambre	اسم	مجموعة	*pelambre*
-amen	اسم	مجموعة	*velamen*
-án, -ana	صفة أو اسم	أصل، منشأ	*catalán, alemán*
-áneo, ánea	صفة أو اسم	علاقة أو انتماء	*momentâneo,* *instantánea*
-ano, -ana	صفة أو اسم	أصل، علاقة منشأ	*luterano* *americano, italiano*
-ano	اسم	هيدروكربونات مشبعة	*metano, propano*
-anza	اسم	عمل وتأثير	*enseñanza, tardanza*
-ar	صفة أو اسم	شرط، انتماء	*familiar, angular*
-ario, -aria	صفة أو اسم	انتماء، علاقة مكان مهنة	*rutinario,* *funeraria* *empresario,* *bibliotecario*
-astro, -astra	اسم	ازدراء	*poetrasto*
-ata	اسم	عمل وتأثير اختصار بالعامية	*caminata, cabalgada* *bocata, cubata*
-ático, ática	صفة أو اسم	علاقة، انتماء	*acuático, lunático*

-ato	اسم	كرامة، مركز مؤسسة عمل وتأثير تربية (ماشية، سمك)	*decanato, virreinato* *sindicato, orfanato* *asesinato* *cervato, balllenato*
-avo, -ava	صفة أو اسم	جزئيّ	*doceavo, onceavo*
-azgo	اسم	كرامة، مركز حالة عمل وتأثير	*almirantazgo* *noviazgo* *mecenazgo*
-bilidad	اسم	نوعية	*amabilidad*
-ble		امكانية، موقف	*irritable, disponible*
-ción	اسم	عمل وتأثير	*acusación, demolición*
-da	اسم	عمل وتأثير مضمون (كميّة)	*llegada, cogida, salida, cucharada*
-dad	اسم	نوعية	*levelad, maldad, modernidad*
-dero, dera	صفة اسم	امكانية مكان	*casadero, hacedero,* *matadero, apeadero*
-do	اسم	عمل وتأثير	*revelado, tendido*
-dor, -dora	صفة أو اسم	وكيل آلة مكان مهنة، وظيفة	*pecador, bebedor* *indicador* *cenador, recibidor* *pescador, proveedor*
-dura	اسم	نشاط وتأثير آلة	*raspadura, rozadura* *cerradura*

-ear	فعل	مصدر تردد، توتر نشاط	*amarillear, verdear* *humear, vocear* *golpear, agujear*
-ecer	فعل	تبديل الحالة	*entristecer, palidecer*
-eda	اسم	مكان	*alameda, rosaleda*
-edal	اسم	مكان	*robledal, lauredal*
-edizo	صفة أو اسم	ميل، رغب امكانية	*caedizo, movedizo* *bebedizo, corredozo*
-edo	اسم	مكان	*robledo, viñedo*
-ego, -ega	صفة أو اسم	أصل، منشأ	*manchego, gallego*
-ejo	صفة أو اسم	ازدرائي	*animalejo, caballejo*
-ena	اسم	جامع	*docena, quicena*
-enco, -enca	صفة أو اسم	أصل، منشأ	*ibicenco, jijonenco*
-engo	صفة	علاقة، انتماء	*realengo, abadengo*
-eno, -ena	صفة أو اسم	أصل، منشأ عدد ترتيبي	*chileno, esloveno* *noveno, onceno*
-ense	صفة أو اسم	أصل، منشأ	*abulense, londinense*
-ento, -enta	صفة أو اسم	نوعية	*amarillento*
-eño, -eña	صفة أو اسم	تشابه أصل، منشأ علاقة	*trigueño* *extremeño* *navideño*
-eo, -ea	صفة أو اسم	نوعية علاقة أو انتماء	*petróleo, mamóreo* *arbóreo, láctea*

-ería	اسم	مجموعة نوعية مكان نشاط	*palabrería, morería* *holganazería, sosería* *frutería, conserjería* *niñería, tontería*
-ero, -era	صفة أو اسم	مهنة علاقة	*librero, panadero* *ganadero, sopero*
-ero	اسم	مكان شجرة	*basurero* *limonero*
-érrimo, érrima	صفة	أعلى درجات التفضيل	*paupérrimo, libérrimo*
-és, -esa	صفة أو اسم	أصل، منشأ	*francés, genovés*
-estre	صفة	انتماء، علاقة	*campestre, terrestre*
-ete	صفة أو اسم	تصغير	*pobrete, abuelete*
-ezno, -ezna	اسم	تربية (حيوانات)	*osezno, lobezno*
-i	صفة أو اسم	أصل، منشأ علاقة	*ceutí, marbellí* *alfonsí, nazarí*
-ica	صفة أو اسم	ازدرائي	*llorica, acusica*
-icio, -icia	صفة	علاقة	*catredalicio, alimenticio*
-ico, -ica	صفة أو اسم	تصغير علاقة	*librico, buenecico* *alcohólico*
-iego, -iega	صفة أو اسم	انتماء، منشأ، علاقة، أصل	*mujeriego, veraniego* *griego, pasiego*
-ificar	فعل	عمل، نشاط	*pacificar, dulcificar*

-il	صفة اسم	علاقة، انتماء تصغير	*mujeril, varonil* *tamboril*
-illo, -illa	صفة أو اسم	تصغير	*mesilla, buenecillo*
-in, -ina	صفة أو اسم	تصغير أصل، منشأ	*pequeñin, neblina* *mallorquín*
-ineo, -inea	صفة أو اسم	تشابه، علاقة	*apolíneo, sanguíneo*
-ino, -ina	صفة أو اسم	أصل، منشأ علاقة، انتماء	*santanderino* *marino, diamantino*
-iño, -iña	صفة أو اسم	تصغير	*bobiño, casiña*
-io, -ia	صفة أو اسم	علاقة، انتماء مجموعة	*cabrío, sombrio* *mujerío, griterío*
-ísimo, -ísi-ma	صفة	أعلى درجات التفضيل	*buenísimo,* *jovencísimo*
-ismo	اسم	نظام، عقيدة، حركة تصرف سياحة تعبير لغوي	*modernismo,* *individualismo,* *ciclismo* *anglicismo,*
-ista	صفة أو اسم اسم	مؤيد نوعية مهنة	*anarquista, machista* *optimista, vitalista* *taxista, pianista*
-ita	صفة أو اسم	أصل، منشأ علاقة، انتماء	*moscovita* *jesuita*
-ito, -ita	صفة أو اسم	تصغير	*azulito, tacita*
-ivo, -iva	صفة أو اسم	امكانية	*llamativo, defensivo*

comercializar	عمل، نشاط	فعل	**-izar**
rojizo, enfermizo *resbaladizo*	تشابه، علاقة ميل، نزوع	صفة أو اسم	**-izo, -iza**
cornamenta	مجموعة	اسم	**-menta**
vilmente	أسلوب أو طريقة	ظرف	**-mente**
cargamento	عمل وتأثير	اسم	**-mento**
alejamiento	عمل وتأثير	اسم	**-miento**
amante, existente	وكيل	صفة أو اسم	**-nte**
español, mongol	أصل، منشأ	اسم	**-ol**
simplón, cabezón *preguntón, besucón* *cuarentó, setentón* *pelón, rabón*	قابل للإزدياد تكرار، إعادة العمر، السن نقص، قلة	صفة أو اسم	**-ón, -ona**
empujón, apagón	عمل عنيف	اسم	**-ón**
defensor, cantor	وكيل	صفة أو اسم	**-or, -ora**
dulzor, amargor	نوعية	اسم	**-or**
mortuorio, ilusorio	علاقة، انتماء	صفة	**-orio, -oria**
bodorrio, villorio	ازدرائي	اسم	**-orrio**
boscoso, nuboso *verdoso, estropajoso*	وفرة نوعية	صفة أو اسم	**-oso, -osa**
gordote, amigote	قابل للإزدياد	صفة أو اسم	**-ote, -ota**
ministério	مكان	اسم	**-terio**

-torio	صفة أو اسم اسم	علاقة مكان	*definitorio* *laboratori*
-ucho, -ucha	صفة أو اسم	ازدرائي	*malucho, casucha*
-uco, .uca	صفة أو اسم	تصغير، ازدرائي	*feúco, frailuco*
-udo, -uda	صفة أو اسم	وفرة	*barbudo, peludo*
-uelo, -uela	صفة أو اسم	تصغير ازدرائي	*riachuelo, jovenzuelo* *mujerzuela*
-ujo, -uja	صفة أو اسم	تصغير، ازدرائي	*pequeñujo, papelujo*
-umbre	اسم	مجموعة نوعية	*muchedumbre* *pesadumbre*
-undo	صفة أو اسم	نوعية	*moribundo, iracundo*
-uno, -una	صفة	علاقة، انتماء	*hombruno, gatuno*
-ura	اسم	نوعية	*frescura, dulzura*
-uro	اسم	ملح كيميائي	*sulfuro, cioruro*
-uzco	صفة	نوعية	*blancuzco, negruzco*

Capítulo 13

Perífrasis Verbales

إعادة صياغة الأفعال

هي عبارة عن تركيبات نحوية مؤلفة من فعل يعمل كفعل مساعد وآخر، وهو الفعل الرئيسي، يأتي إما كمصدر أو كاسم فاعل أو كاسم مفعول، ويتضمن مفهوم: (Tenemos que trabajar) علينا أن نعمل.

وقد يأتي بين الفعلين حرف جر أو أداة ربط. إن الفعل المساعد يضفي صبغة على مفهوم الفعل الأساسي أو يمنحه مفهومه الخاص، كما هي الحال مع الأفعال المسماة بالأفعال الواصفة للحال مثل:

(soler, deber, poder)

إضافة إلى المعلومات عن موقف المتكلم المذكور تصلح أيضاً للتعبير و بشكل أوضح عن بعض الجوانب اللفظية:

مكمّل (انتهاء أو انقطاع عمل ما)، **مستمّر** (عمل يسير)، **شروعي** (بداية العمل)، **تكراري** (تكرار).

ووفقاً لطريقة تصنيف الفعل المسند تنقسم هذه الأفعال إلى ثلاث مجموعات، وهي:

Perífrasis de Infinitivo

الكناية بالمصدر

الفعل والمصدر	المعنى	الأمثلة
Acabar de + infinitivo: أتمّ، أنهى، أنجز	Fin de un proceso o inmediatez de una acción pasada: نهاية قضية أو الإسراع في عمل ماض	*He acabado de escribir el libro. Acaban de llegar.*
Deber + infinitivo: وجب، كان عليه	Obligación o necesidad التزام أو حاجة	*Debo aceptarlo.*
Deber de + infinitivo: يجب أن، ينبغي أن	Suposición o conjetura افتراض أو تخمين	*Deben ser las 8.*

Echar(se) a + infinitivo: شرع في	Comienzo súbito de una acción بداية فورية لعمل ما	*Echó a correr.*
Estar para + infinitivo: أوشك أن، كاد	Inminencia de una acción قرب حدوث عمل ما	*Está para llover.*
Haber de + infinitivo: كان عليه، وجب	Obligación o tiempo futuro التزام أو زمن في المستقبل	*Hás de saberlo.*
Haber que + infinitivo: يجب أن	Obliglación impersonal التزام غير شخصي	*Hay que pagar impuestos.*
Hartarse / Hinchorse / Inflarse de + infinitivo: شبع / تورّم / انتفخ	Exageración مبالغة	*Se hartó de comer.* *Se hinchó de llorar.* *Se infló de beber.*
Ir a + infinitivo: قصد، سعى إلى	Futuro inmediato o intención مستقبل قريب أو مأرب	*Van a casarse.*
Liarse a + infinitivo: تعارك، اشتبك	Posee caracter incoativo يتضمن مفهوم الشروع في	*Se lió a dar golpes.*
Llegar a + infinitivo: أصبح، أضحى	Culminación de un proceso بلوغ الأوج لقضية	*Llegó a ser ministro.*
Llevar sin + infinitivo: أمضى، قضى	Duración مدّة	*Lleva dos dias sin comer.*
Pasar a + infinitivo: بدأ، بلغ، وصل	Indica acción a punto de comenzar يشير إلى عمل قيد البدء	*Paso a contestar a su pregunta.*

Poder + infinitivo: استطاع، تمكّن، وسع	Posibilidad, capacitación, permiso. امكانية، أهلية، سماح.	*Puede ser agradable.* *Tú puedes hacerlo.* *¿Puedo entrar?*
Ponerse a + infinitivo: باشر، شرع، طفِق	Principio de un proceso. بداية عمل أو قضية.	*Se puso a pintar.*
Quedar en + infinitivo: اتفق على، قرّر	Acuerdo para realizar una acción. اتفاق على تحقيق عمل.	*Quedamos en vernos mañana.*
Romper a + infinitivo: بدأ في، شرع، طفِق	Comienzo brusco. بداية مفاجئة.	*Rompió a llorar.*
Soler + infinitivo: تعوّد، اعتاد	La acción se repite con frecuencia. الحدث يتكرر باستمرار.	*Suelen terminar tarde.*
Tener que + infinitivo: عليه أن، يجب أن	Obligación y necesidad. التزام وحاجة.	*Tenéis que ser más prudente.*
Venir a + infinitivo: وصل إلى، آل إلى	Posee valor aproximativo. له قيمة تقريبيّة.	*Viene a ser lo mismo.*
Volver a + infinitivo: عاد إلى، رجع، أعاد	Repetición de un hecho. تكرار أو إعادة حدث.	*No vuelvas a hacerlo.*

Perífrasis de gerundio

الكناية باسم الفاعل

Acabar / Terminar + gerúndio أنهى، أتمّ، أنجز	Final de una acción. انتهاء عمل أو حدث.	*Acabaron aceptando nuestras condiciones.*
Andar + gerundio: كان يقول، كان يردد	Duración y frecuencia. مدة وتكرار.	*Anda diciendo que va a jubilarse.*
Estar + gerundio: إنه، كان	Indica duración. يشير إلى المدة.	*Está preparando la comida.*
Ir + gerundio: سار قدماً، تقدم	Acentua el carácter gradual de una acción. يشدد على الطبيعة التدريجية لعمل.	*Va progresando.*
Llevar + gerundio: تطلّب، استغرق	Indica el período de tiempo durante el que se desarrolla la acción. Sólo se utiliza en presente y en pretérito imperfecto. يشير إلى الزمن الذي خلاله يتطور الحدث. لا يستعمل إلا مع الحاضر والماضي البسيط .	*Llevan mucho tiempo haciéndolo.*
Quedarse + gerundio بقي ، مكث، لبث، ظلّ	Indica duración. يشير إلى المدة.	*Me quede esperándote hasta las 3.*
Seguir / Continuar+ gerundio تابع، استمر، لاحق	Expresa La continuidad de la acción. يعبر عن استمرارية العمل.	*Sigue trabajando en la misma empresa.*

Venir + gerundio: أصبح، اعتاد على	Indica que la acción se repite de modo contínuado en los últimos tiempos. يشير إلى أن العمل يتكرر في مراحله الأخيرة.	*Viene durmiendo poco.*

Perífrasis de participio

الكناية باسم المفعول

Andar + participío: كان، إنه	Persistencia de un estado. ثبات الحالة.	*Andan preocupados por el tema.*
Dar por + participio: اعتبر، حسب	Equivale a "considerar". تعادل "أخذ بعين الاعتبار".	*Se da por concluída la sesión.*
Llevar + participio: كتب	Tiene caracter acumulativo. له صيغة التراكم.	*Lleva escritas seis obras de teatro.*
Tener + participio: أنذر، ليكن معلوماً	Acción repetida del pasado. عمل تكرر في الماضي.	*Os tengo dicho que cerréis bien la puerta.*

Capítulo 14

Verbos con Régimen Preposicional

أفعال تتطلب حروف نصب وجر

تتطلب هذه الأفعال حروف جر معيّنة عندما تأتي مع مصدر أو اسم أو ضمير. إننا لا نشير بشكل صريح إلى استخدام واسع النطاق لتلك الأفعال مع حرف الجر (a)، إذ أن هذا الحرف إلزامي حينما ندخل المفعول به المباشر للشخص أو غير المباشر، وإذا ورد في بعض الحالات بين قوسين، فهو لتسهيل فهم التركيب النحوي.

الأفعال الأكثر استعمالاً:

الترجمة	الفعل مع حرف الجر
هجر أحداً من أجل شئ	abandonar (a alguien) **por** algo
اعتمد على الحظ	abandonarse **a** la suerta
اكتظ بالناس	aborratar **de** gente
زوّد بمؤونة	abastecer **de** víveres
خحل من تصرّف	abochornarse **de** un acto
استنكر المجرم	abominar **del** criminal
اشترك في الأوبرا	abonarse **a** la ópera
فتح قلبه للآخرين	abrirse **a** los demás
امتنع عن الشرب	abstenerse **de** beber
غضّ النظر عن الضجيج	abstraerse **de** los ruídos
ضجر من عمل شئ	aburrirse **de** hacer algo
أسرف في الكحول	abusar **del** alcohol
تغلب على شئ	acabar con algo / **de** / **por** hacer algo
وافق على الطلب	acceder **a** una petición
اقترب من مكان	acercarse **a** un lugar
تأقلم مع شئ / مكان	aclimatizarse **a** algo / un lugar
دافع عن حق	acogerse **a** un derecho
تكيّف مع الظروف	acomodarse **a** las circunstancias
تعقّد من معابة	acomplejar(se) **por** un defecto
تذكّر شخصاً أو شيئاً	acordarse **de** algo / alguien
تعوّد على القيام بشئ	acostumbrar(se) **a** hacer algo
أرهقه بالأسئلة	acribillar a preguntas

acudir **a** un lugar / alguien	سارع إلى مكان، إلى شخص
acusar **de** un délito	اتهمه بجريمة
adaptar(se) **a** las normas	تكيّف مع التعليمات
adelantarse **a** hacer algo	تقدم للقيام بعمل
adherirse a algo	تبنى شيئاً
admirarse **de** un hecho	تعجّب من شئ
adolecer **de** algo	عانى، شكا من شئ
adueñarse **de** un objeto	استولى على شئ
advertir **de** un peligro	حذّر من خطر
afanarse **en** / **por** algo	بذل جهده من أجل شئ
aferrarse **a** una idea	تمسّك برأي
afianzarse **en** algo	تمسّك بشئ
aficionarse **a** un deporte	أحبّ نوعاً من الرياضة
afiliarse **a** un partido	انتسب إلى حزب
afirmarse **en** una convicción	دعم بقوة عقيدة
agregar (una cosa) **a** otra	أضاف شيئاً إلى آخر
aguantarse **con** algo	رضخ لشئ
ahondar **en** un tema	تعمّق في موضوع
ahuyentar **de** un lugar	هرب من مكان
ailar(se) **de** algo / alguien	انعزل عن شئ / شخص
ajustar (una cosa) **a** otra	جمع ، ركّب قطعتين
alardear **de** intelectual	تبجح بثقافته
alegrarse **con** / **de** / **por** algo	فرح لشئ
alejar(se) **de** un lugar	ابتعد عن مكان
alertar **de** un peligro	حذّر من خطر
alistarse **en** el ejercito	انخرط في صفوف الجيش
aliviarse **de** un padecimiento	تحسن من بعد محنة
alternar (una cosa) **con** otra	تعاقب شئ بعد آخر
aludir **a** un problema	أشار إلى مسألة
amenazar **con** algo	هدّد بالقيام بشئ
anclarse **en** el pasado	تمسّك بالماضي

animar(se) **a** hacer algo	شجّع على القيام بـ
anteponer (una cosa) **a** otra	وضع شيئاً في المقدمة
anticiparse **a** alguien / algo	سبق فلاناً أو شيئاً
añadir (una cosa) **a** otra	أضاف شيئاً إلى آخر
apasionarse **con** / **por** alguien	تحمّس لشخص أو شئ
apearse **de** un vehículo	ترجّل من سيارة
apechugar **con** algo	قبل شيئاً مكرهاً
apegarse **a** alguien / algo	تعلّق بشخص
apenarse **con** / **por** algo	حزن لشئ
apiadarse **de** una persona	أشفق على شخص
aplicarse **a** / **en** algo	دأب على شئ
apoderarse **de** algo	استولى على شئ
apostar **por** un caballo	راهن على حصان
apoyarse **en** alguien / algo	اعتمد على فلان
aprender **a** hacer algo	تعلم على القيام بشئ
aprestarse **a** hacer algo	استعد للقيام بشئ
apresurarse **a** hacer algo	أسرع إلى فعل شئ
apropiarse **de** una cosa	تملّك شيئاً
aprovecharse **de** alguien/algo	استغلّ شخصاً أو شيئاً
aprivisionar **de** alimentos	زوّد بمواد غذائية
aproximarse **a** un lugar	اقترب من مكان
apurarse **por** algo	استعجل بسبب شئ
armarse **de** valor	تذرّع بالشجاعة
arreglarse **con** poco	اكتفى بالقليل
arremeter **contra** alguien	هاجم فلاناً
arrepentirse **de** algo	ندم على شئ
arriesgarse **a** hacer algo	خاطر للقيام بشئ
arrimarse **a** alguien / algo	اقترب من شخص أو شئ
asegurarse **de** algo	تأكد من شئ
asemejarse (una persona / una cosa) **a** otra	تشابه شخصان أو شيئان

asentir **a** una orden	وافق على أمر
asimilarse (una cosa) **a** otra	تشابه الشيئان
asirse **a** alguien / un lugar	تعلق بشخص أو بمكان
asistir **a** un acto	حضر جلسة
asociar (una cosa) **con** otra	ربط شيئاً بآخر
asociarse **con** alguien	شارك فلاناً
asomarse **a** la ventana	أطلّ من النافذة
asombrarse **de** un hecho	اندهش من شئ
aspirar **a** algo	طمح إلى ، تاق إلى
asustarse **de** un ruido	خاف من صوت
ataviar **con** un traje	تزيّن بحلة
atemorizarse **de** algo	فزع من شئ
atender **a** una explicación	أصغى إلى شرح
atenerse **a** un esquema	اتكل على مخطط
atentar **contra** alguien	تهجم على فلان
atestar **de** gente	امتلأ بالناس
atiborrarse **de** golosina	احتشى بالحلويات
alinar **a** hacer algo	وفق في القيام بعمل
atragantarse **con** una espina	اختنق بشوكة
atreverse **con** algo	تجاسر على القيام بشئ
atrincherarse **en** una idea	تحصّن بفكرة
aumentar **de** tamaño	ازداد حجمه
ausentarse **de** un lugar	غاب، تغيب عن مكان
autorizar **a** hacer algo	أذن له القيام بشئ
avenirse **a** razones	انصاع للحق، أذعن للصواب
aventajar **a** alguien en algo	تغلّب على فلان بشئ
aventurarse **en** hacer algo	غامر القيام بشئ
avergonzarse **de** algo / alguien	خجل من شئ أو من شخص
avisar **de** un hecho	أعلم عن حدث
ayudar **a** hacer algo	ساعده على القيام بشئ

basar(se) **en** una teoría	استند على نظرية
bastar **con** algo	اكتفى بشئ
beneficiarse **de** algo	استفاد من شئ
brindar **por** algo / alguien	شرب نخب فلان
brindarse **a** hacer algo	عرض نفسه للقيام بشئ
burlarse **de** una persona	سخر من فلان
cachondearse **de** alguien	سخر من فلان
calificar **de** absurdo	اعتبره مناف للعقل
cambiar (una cosa) **por** otra	بدل شيئاً بآخر
cansarse **de** hacer algo	أجهد نفسه بعمل
capacitar **para** hacer algo	أهله للقيام بشئ
caracterizarse **por** una cualidad	تميّز بصفة ما
carecer **de** recursos	أعوزه المال
cartearse **con** alguien	تناظر مع شخص
casarse **con** alguien	تزوج من فلان
cebarse **en** alguien	استغل فلاناً
ceder **a** un deseo	استسلم لرغبة
centrarse **en** una tarea	ركز اهتمامه بمهمة
ceñirse **a** un plan	تمسّك بخطة
cerciorarse **de** algo	تأكد، تيقن من شئ
cesar **de** hacer algo, **en** un cargo	توقف عن عمل شئ
codearse **con** personas	عاشر شخصاً
coexistir **con** alguien / algo	تعايش مع شخص، مع شئ
coincidir **con** alguien / algo	توافقت الآراء
colaborar **con** alguien **en** algo	تعاون مع شخص على شئ
colegir **de** unas palabras	استنتج من كلمات
colindar **con** un lugar	كان متاخماً لمكان ما
colmar **de** regalos	غمره بالهدايا
combatir **por** un ideal	كافح من أجل مثل أعلى
comenzar **a** hacer algo	بدأ، شرع في القيام بشئ

compadecerse **de** alguien **por** algo	شارك فلاناً في ألمه
compaginar (una cosa) **con** otra	وفق بين شيئين
comparar (a una cosa / a una persona **con** otra)	قارن بين شيئين أو بين شخصين
compartir (algo) **con** alguien	تقاسم شيئاً مع شخص
compenetrarse **con** alguien	تفاهم مع شخص
compensar (una cosa) **con** otra	وازن بين شيئين
complacerse **en** hacer algo	وجد متعة في، راقه أن
componerse **de** partes	تألف من، تكوّن من أجزاء
comprometerse **con** alguien **a** hacer algo	تعهد، وعد فلاناً بالقيام بـ
concentrarse **en** una tarea	ركز أفكاره في موضوع
concienciar **de** un asunto	أدرك موضوعاً، درى موضوعاً
condenar **a** un castigo **por** un delito	شجب شيئاً بسبب جنحة
condicionar (una cosa) **a** otra	اشترط على شئ بشئ
conectar (una cosa) **a** otra, **con** alguien	وصل بين شيئين، كان على صلى بأحد ما
confiar **en** alguien / algo	اعتمد على، اطمئن إلى شخص، إلى شئ
conformarse **con** alguien / algo	اتفق مع شخص، اكتفى بشئ
confraternizar **con** otras personas	تآخى مع أشخاص آخرين
confundir (una cosa) **con** otra	خلط بين شيئين، لم يميو بين شيئين
congeniar **con** una persona	كان له ميل إلى شخص
congratularse **de** un acontecimiento	هنأ نفسه لحادثة ما
conjugar (una cosa) **con** otra	اقترن شيئاً بآخر
conminar a hacer algo	هدد بالقيام بعمل ما
conmoverse **con** una mala noticia	أثّر في نفسه خبر سيئ
conmutar (una cosa) **por** otra	استبدل شيئاً بآخر
cuidarse **de** alguien / algo	اهتم بشخص أو بشئ
culpar **de** una mala acción	اتهمه بالتصرف السيئ
cumplir **con** un deber, **con** alguien	أدى واجبه، صدق في وعده مع فلان
curar **de** una enfermedad	شفي من مرضٍ

dar (algo) **por** terminado,	اعتبر الشئ منتهياً
con alguien / algo	
darse **a** la bebida, **por** aludido	اندفع إلى الشرب، شعر بأنه مستهدف
deambular **por** un lugar	تسكّع، تجول في مكان
debatirse **entre** la vida y la muerte	صارع الموت
deber **de** hacer algo	وجب عليه أن يفعل شيئاً
deberse a una causa	كان سببه
decantarse **por** alguien / algo	اختار شخصاً
decepcionar **por** algo	خيّب أمل (فلان)
decidir **entre** varios	اختار من بين مجموعة
decidirse **a** hacer algo,	قرر القيام بعمل
por alguien / algo	
dedicarse **a** una tarea	تفرغ لمهمة
deducir (una cosa) **de** otra	استنتج شيئاً من شئ
defenderse **de** un enemigo	دافع عن نفسه ضد عدوٍ
degenerar **en** otra cosa peor	تحول إلى شئ أسوأ
dejar **de** hacer algo	توقف عن فعل شئ
delegar (algo) **en** alguien	فوض شخصاً للقيام بشئ
deleitarse **con** la música, **en** lectura	استلذّ بالاستماع إلى الموسيقى ، إلى المطالعة
demorarse **en** hacer algo	تأخر عن فعل شئ، تعوقّ عن فعل شئ
denunciar **a** alguien **por** un delito	اشتكى على فلان بسبب جنحة
depender **de** la familia /	هو مرتبط بالعائلة، حسب الظروف
de las circunstancias	
derivar **de** un origen	استمدّ أصله من
derrochar **en** caprichos	أسرف في نزواته
desafiar **a** hacer algo	تحدى في فعل شئ
desahogarse **con** una persona	استراح لشخص، انسجم مع شخص
desahuciar (a alguien) **de** un lugar	أمره بإخلاء المكان
desalojar (a alguien) **de** un lugar	طرد فلاناً من مكان
desaparecer **de** un lugar	اختفى من مكان
desbancar (a alguien) **de** una posición	افصى فلاناً من منصبه

descansar **del** trabajo	استراح من عمله
descargar (algo) **en** alguien	حمّل فلاناً عبئاً ما
descender **a** un lugar, **de** un origen	انحدر من مكان، انحدر من أصل
descomponer **en** partes	فكك إلى أجزاء
desconfiar **de** alguien	لا يثق بفلان
descontar (una cosa) **de** otra	خصم شيئاً من شئ
descubrirse **ante** alguien / algo	كشف عن أفكاره (لأصدقائه) ، باح بشئ
desdecirse **de** una afirmación	أخلف بوعده
desembarazarse **de** alguien / algo	تخلّص من شخص، من شئ
desembocar **en** un lugar	نفذ إلى مكان، صبّ في مكان
desengancharse **de** las drogas	ابتعد عن المخدرات
desengañarse **de** alguien / algo	تحرر من فلان، من شئ
desentenderse **de** alguien / algo	لم يبال بفلان، بشئ
desertar **del** ejercito	فرّ من الجندية
desesperarse **de** hacer algo	يئس من فعل شئ
desglosar **en** partes	فصل إلى أجزاء
deshacerse **de** / **por** alguien / algo	تخلّص من شئ، بذل قصارى جهده
designar (a alguien) **para** hacer algo	اختار فلاناً لمهمة
desinteresarse **de** un asunto	لم يعبأ بموضوع، لم يبال به
desistir **de** un proyecto, **de** hacer algo	تنازل عن المشروع، عدل عن القيام بشئ
desligar (una cosa) **de** otra	فصل شيئاً عن آخر
desmarcarse **de** un asunto	تنأى عن موضوع
desmerecer **del** resto	كان غير جدير بتقدير البقية
despedirse **de** alguien / algo	ودّع شخصاً ما، قال وداعاً لشئ
despojar(se) **de** las vestiduras	خلع ثيابه، تعرّى
desposarse **con** otra persona	تزوج، تأهّل
desprenderse **de** las posesiones	تخلص من الممتلكات
despreocuparse **de** un asunto	تحرر من مسألة ما، أهمل موضوعاً
destacar **por** una cualidad, **en** una disciplina	تألق بميزة، تميّز بانضباطه
desterrar **de** un lugar	أبعد عن مكان

destinar **a** obras benéficas	خصص لأعمال خيرية
destituir **de** un cargo	صرف من الخدمة
desvelarse **por** alguien	أرق من أجل أحدهم
desviarse **del** camino	غير اتجاهه، حول وجهة سيره
desvivirse **por** alguien / algo, **por** hacer algo	تحرق شوقاً إلى شخص، لفعل شئ
determinarse **a** hacer algo	صمم على القيام بعمل ما، أصر على ذلك
detraer (una cosa) **de** otra	أنقص شيئاً من شئ آخر، قلل منه
diferenciarse **de** alguien / algo, **por** algo	تميّز عن شخص، تفاوت عنه بشئ
diferir (una cosa) **de** otra	فرق بين شيئين
dignarse **a** hacer algo	تكرم بفعل شئ
dimitir **de** un cargo	استقال من منصبه
discernir (una cosa) **de** otra	ميّز بين شيئين
discrepar **de** una opinión	اختلف رأيه عن رأيبه
disculparse **por** haber hecho algo	اعتذر لفعله شئ
disentir **de** alguien **en** un asunto	اختلف مع فلان في الرأي
disfrazarse **de** pirata	تنكر بلباس قرصان البحر
disfrutar **de** buena salud, **con** alguien / algo	تمتع بصحة جيدة، تمتع مع فلان، تمتع بشئ
disgregarse **en** partes	تفكك إلى أجزاء
disgustarse **por** algo	تضايق من شئ، أغاظه شئ
disociar (una cosa) **de** otra	فصل شيئاً عن آخر
disolver (una cosa) **en** otra	أذاب شيئاً في شئ
disparar **contra** alguien	أطلق النار على أحدهم
dispensar **por** una falta, **de** hacer algo	اعتذر عن خطأ، عن فعلته
disponer **de** dinero	تيسر له المال
disponerse **a** hacer algo	استعد للقيام بعمل ما
distanciarse **de** alguien / un lugar	لم يعد يرى أحدهم، ابتعد عن مكان
distar **de** un lugar	بعد عن مكان
distinguirse **por** una cualidad	امتاز بسلوكه

distraerse **con** un juguete, **de** una tarea	تلهّى بلعبة، اصرف عن مهمة
distribuir **entre** personas	وزع بين الأشخاص
disuadir **de** hacer algo	أقنع بالعدول عن فعل شئ
divergir (una cosa) **de** otra	اختلف شئ عن آخر
divertirse **en** hacer algo, **con** alguien / algo	تسلّى بفعل شئ، استمتع مع أحدهم
dividir **entre** personas	قسّم بين الأشخاص
divorciarse **del** cónyugue	تم الطلاق، طلق أحدهم اللآخر
doblegarse **ante** alguien / algo	انحنى أمام فلان
dolerse **de** un padecimiento, **de** hacer algo	أسف لمصيبة حدثت، ندم على فعلته
domiciliarse **en** un lugar	اتخذ محل لإقامة، سكن في
dotar **de** confort, **con** medios	وفّر وسائل الراحة، وفر المادة
dudar **de** alguien / algo, **entre** dos opciones	ارتاب بفلان، بشئ، بين احتمالين
echar **de** un lugar	طرد من مكان
echar(se) **a** hacer algo	اندفع إلى فعل شئ
ejercer **de** abogado	مارس مهنة المحامي
ejercitarse **en** algo, **en** hacer algo	تمرّن على شئ
elegir **entre** varias opciones	اختار بين عدة احتمالات
eliminar (una cosa) **de** otra	أزال شيئاً من آخر
emanciparse **de** la familia	تحرر من العائلة
embaucar **con** promesas	خدع بالوعود
emborrachar(se) **de** champán	سكر بالشامبانيا
emerger **de** un lugar	خرج من مكان، ظهر في مكان
emocionarse **ante** / **de** / **por** / **con** algo	انفعل أمان، من، بسبب، بشئ
emparentar **con** alguien	صاهر فلاناً
empatar **a** cero	تعادل صفر لصفر
empecinarse **en** hacer algo	أصرّ على فعل شئ

empeñarse **en** hacer algo	بذل قصارى جهده لفعل شئ
empezar **a** hacer algo, **por** un tema	شرع بعمل ما، بدأ بموضوع
empujar **a** hacer algo	دفعه ليفعل شيئاً
enamorarse **de** alguien	وقع في الغرام
encajar (una cosa) **en** otra	أدخل شيئاً في آخر
encapricharse **de** alguien / algo	تولّع بفلان، بشئ
encargarse **de** algo, **de** hacer algo	تكفّل بفعل شئ
encariñarse **con** alguien / algo	أحب فلاناً
encarnarse **en** alguien	تجسّد في شخص
encasillar **en** un personaje	فرز الأشخاص مع معايير غير عملية
encontrarse **con** alguien	تقابل مع شخص
enfadarse **con** alguien	غضب من شخص، اغتاظ منه
enfrascarse **en** una tarea	انهمك في مهمة
enfrentarse **a** alguien, **a** una situación, **con** alguien	واجه شخصاً، خالة، تصادم مع شخص
enfurecerse **con** alguien **por** algo	اغتاظ من شخص لسبب ما
enlazar (una cosa) **con** otra	ربط شيئاً بآخر
enojarse **con** alguien **por** algo	غضب من شخص لسبب ما
enorgullecerse **de** alguien / algo	افتخر بشخص، بشئ
enriquecerse **con** un negocio	اغتنى بتجارة
enrolarse **en** la Marina	سجل نفسه في البحرية
ensañarse **con** una persona	تكالب على شخص
enseñar **a** hacer algo	علم كيف يعمل الشئ
ensimismarse **en** un pensamiento	استغرق في التفكير
entender **de** toros	إدراك العجول
entenderse **con** otras personas	تفاهم مع أشخاص آخرين
enterarse **de** una noticia	علم بالخبر
entregarse a una labor	انصرف إلى العمل
entrelazar (una cosa) **con** otra	شابك بين شيئين
entremeterse **en** asuntos ajenos	تدخل في شؤون الغير
entremezclar (una cosa) **con** otra	خالط بين شيئين

entretenerse **en** hacer algo, **con** algo	تسلّى بشئ
entrevistarse **con** alguien	أجرى مقابلة مع شخص
entristecerse **de** / **por** / **con** algo	حزن لسبب ما
entrometerse **en** una discusión	تدخل في مناقشة
entusiasmarse **con** alguien / algo	تحمّس لشخص، لشئ
enviar **a** hacer algo	أرسله ليفعل شيئاً
enviciar **en** una mala costumbre	أدمن على عادة سيئة
enzarzarse **en** una pelea	ورط نفسه في مشاجرة
equiparar (una cosa) **con** otra	شبّه شيئاً بآخر
equivaler **a** una cantidad	عادل كمية
equivocarse **al** hacer algo, en algo	أخطأ بعمل شئ، في شئ
errar **en** una decisión, **por** las calles	أخطأ في اتخاذ قرار، هام على وجهه في الشارع
escandalizarse **de** / **por** algo	أثار الاستنكار بسبب ما
escaparse **de** un lugar	هرب من مكان، فر
escarmentar **de** un error	تعلّم من الأخطاء
escindirse **en** partes	شق إلى أجزاء
escoger **entre** varias opciones	انتقى من بين احتمالات عديدة
esconderse **de** alguien **en** un lugar	توارى عن الأنظار في مكان ما
escudarse **en** la autoridad	احتمى بالسلطة
esforzarse **en** / **para** algo, **por** hacer algo	تحمّس لفعل شئ
esfumarse **de** un lugar	اختفى في مكان
esmerarse **en** el trabajo	اجتهد في العمل
especializarse **en** algo	تخصّص في فرع
especular **con** terrenos	راهن على الأراضي
establecerse **de** médico **en** un lugar	استقر في مكان كطبيب
estar **al** llegar, **para** llover, **por** hacer algo	كاد أن يصل، أن تمطر، أن يفعل شيئاً
estrellar(se) **contra** un lugar	اصطدم بمكان
estremecerse **de** miedo	ارتعش من الخوف
estribar **en** algo	اعتمد على شئ

estructurar **en** partes	وضع بنية لأقسام
evacuar **de** un lugar	أخلى مكاناً
evadirse **de** la prisión	هرب من السجن
excederse **de** algo	تجاوز الشئ
excluir **de** un grupo	استثني من مجموعة
exculpar **de** una falta	برأه من خطأ
excusarse **de** / **por** haber hecho algo	اعتذر لفعلته
exhortar **a** hacer algo	حرّضه على القيام بشئ
eximir **de** una obligación	أعفي من واجب
exponerse **a** algo	عرّض نفسه لشئ
expulsar **de** un lugar	أبعد من مكان
extraer (una cosa) **de** otra	استخرج شيئاً من شئ آخر
extralimitarse **en** sus funciones	تجاوز حدود اختصاصه
extrañarse **de** un hecho	استغرب من الحدث
faltar (algo) **por** hacer, **al** trabajo	هناك شئ للقيام به، تغيب عن العمل
fallar **en** la respuesta	أخطأ في الإجابة
fallecer **de** un ataque	توفي بسكتة قلبية
familiarizarse **con** alguien / algo	آلف فلاناً، جعله مألوفاً
fardar **de** una virtud	تباهى بفضيلة
fascinar **con** una virtud	سحر بفضيلة
fatigarse **de** / **por** hacer algo	أرهق نفسه لفعل شئ
felicitarse **de** / **por** algo	هنأ نفسه بسبب شئ
fiarse **de** alguien / algo	وثق بفلان
fichar **por** un equipo	تعاقد مع فريق رياضي
fijarse **en** alguien / algo	أمعن النظر في شخص، في شئ
fluctuar **entre** dos alternativas	تردد بين احتمالين
forrarse **de** dinero **con** un trabajo	أغنى بعمل ما
forzar **a** hacer algo	أرغم على فعل شئ
fracasar **en** un empleo	فشل في وظيفته
fraccionar **en** partes	قسّم إلى أجزاء
fugarse **de** la carcel	فرّ من السجن

fundamentar **en** un tema	تعمق في موضوع
fundarse **en** algo	استند على شئ
fusionar (una cosa) **con** otra	دمج شيئاً بشئ آخر
galardonar **con** un premio	منح جائزة
ganar **al** ajedrez	ربح في لعب الشنطرانج
gastar **en** ropa	أنفق نقوده على اللباس
gozar **con** algo, **de** buena salud	استمتع بشئ، تمتّع بصحة جيدة
graduarse **en** ciencias	منح درجة في كلية العلوم
gravar **con** impuestos	أخضع لضريبة
guardarse **de** alguien / algo	احترس من فلان، من شئ
guarecerse **de** la lluvia **en** lugar	احتمى من المطر في مكان
guerrear **contra** otro país	حارب بلداً آخر
guiarse **por** el instinto	انقاد لغريزته
gustar **de** bromas	يحب المزح
haber **de** hacer algo	كان عليه أن يفعل شيئاً
habituar(se) **al** calor	اعتاد على الطقس الحار
hacer **de** princesa, **por** hacer algo	مثل دور الأميرة، القيام بشئ ما
hacerse **con** una cosa, **a** alguien, / algo	اقتنى شيئاً، تعوّد على فلان، على شئ
hartarse **de** comer	أكثر من الطعام
hastiarse **de** todo	اشمئزّ من كل شئ
helarse **de** frio	تجمد من البرد
hermanar (una cosa) **con** otra	لاءم شيئاً مع شئ آخر
hincharse **de** algo	تورم من شئ
homologar (una cosa) **con** otra	صدّق على شئ بشئ آخر
honrarse **de** alguien / algo	أكرم شخصاً، أكرم شيئاً
huir **de** un lugar	هرب من مكان
humillarse **ante** alguien	أذلّ نفسه أمام شخص
hurgar **en** la herida	نكأ الجرح

identificarse **con** alguien / algo	التماهي مع شخص
igualar (una cosa) **con** otra	عادل بين شيئين
Ilusionarse **con** algo	خدع نفسه بشئ
impacientarse **con** / **por** algo	نفذ صبره بسبب
impresionarse **ante** / **con** / **por** algo	أحدث وقعاً أمام، مع، بسبب ما
impulsar **a** hacer algo	حثّه على القيام بشئ
incapacitar **para** algo, **para** hacer algo	أفقد الأهلية للقيام بـ
incautarse **de** un alijo	صادر بضاعة مهربة
incidir **en** algo	أخطأ في شئ
incitar **en** la rebelión	حرّض على الانتفاضة
inclinarse **ante** alguien, **a** hacer algo, **por** algo	حنى رأسه أمام شخص، انحنى لفعل شئ
incomodarse **con** alguien **por** algo	تكدّر من شخص لسبب ما
incorporarse **a** un equipo	انضمّ إلى فريق
inculcar (algo) **en** alguien	رسّخ شيئاً في ذهن فلان
inculpar **de** un crimen	اتهم شخصاً بارتكاب جريمة
incurrir **en** falta	ارتكب ذنباً
independizarse **de** los padres	تحرر من والديه
indignarse **con** alguien **por** algo	اغتاظ من شخص بسبب ما
inducir **a** hacer algo	أغرى فلاناً على القيام بشئ
inferir (una cosa) **de** otra	استبدل شيئاً بآخر
inflarse **a** / **de** dulces	انتفخ من الحلويات
inhibirse **de** un problema	امتنع عن حل الموضوع
inmiscuirse **en** un asunto	تدخّل في موضوع
inmunizar **contra** una enfermedad	أكسب مناعة ضد مرض
inmutarse **ante** / **con** / **de** algo	اربك أمام، مع، من شئ
inscribirse **en** una lista	سجل اسمه في لائحة
insertar (una cosa) **en** otra	أدخل شيئاً في آخر
insistir **en** / **sobre** algo / **en** hacer algo	شدّد على شئ، ألحّ في القيام بعمل

inspirarse **en** un modelo	استوحى نموذجاً
instar **a** hacer algo	أصّر على فعل شئ
instigar **a** hacer algo	حثّ على فعل شئ
integrarse **en** un grupo	التحق بمجموعة
intercalar (una cosa) **en** otra	أضاف شيئاً إلى آخر
intercambiar (una cosa) **por** otra	بادل شيئاً بآخر
interceder **por** alguien **ante** otra persona	توسط لشخص أمام غيره
interesarse **por** alguien / algo	اهتم بشخص أو بشئ
interferir **en** un asunto	تداخل في موضوع ما
interpolar (una cosa) **entre** otras	أدرج شيئاً بين أشياء أخرى
intervenir **en** un reparto	اشترك في تقسيم مبلغ
intimar **con** alguien	ارتبط بصداقة مع شخص
intimidar **con** amenazas	أخاف بالتهديد
intoxicarse **con** setas	تسممّ بالفطر
invertir **en** acciones	وظّف رأسمالاً
invitar **a** cenar	دعا إلى العشاء
involucrar **en** un asunto	أدخل فلاناً في مشكلة
irritarse **por** algo	غضب من شئ
irrumpir **en** un lugar	دخل فجأة إلى مكان
jactarse **de** los triunfos	تباهى بانتصاراته
jugar **al** tenis	لعب كرة المضرب
jurar **por** Dios	حلف بالمحرجات، غلّظ اليمين
juzgar **por** el aspecto	حكم حسب الظواهر
lamentarse **de** / **por** algo	شكا من شئ، تفجع على
languidecer **de** pena	وني من همّ
lanzarse **a** un lugar	انطلق إلى مكان ما
liarse **a** hacer algo	ارتبط للقيام بعمل
librarse **de** algo desagradable	تخلّص من شئ كريه
licenciarse **en** Derecho	نال درجة الليسانس في القانون

limitarse **a** hacer algo	اقتصر على فعل شئ
lindar **con** otro edificio	تاخم بناءً آخر
luchar **por** un ideal, **para** hacer algo, **contra** alguien	كافح من أجل شئ مثالي، لعمل شئ، ضد شخص
llegar **a** hacer algo	توصّل إلى القيام بشئ
llevar **a** hacer algo	توصّل إلى القيام بشئ
llorar **de** rabia, **por** algo	بكى من الغضب، من أجل شئ
malgastar **en** cosas inútiles	بذر نقوده في أشياء عديمة الفائدة
malmeter a alguien **contra** otra persona	غوى فلاناً ضد آخر
manar **de** una fuente	تدفق من ينبوع
manejarse **con** / **en** algo	تعامل مع شئ
manifestarse **contra** alguien / algo	أبدى رأيه ضد شخص، ضد شئ
mantenerse **en** una idea	أصرّ على رأيه
maravillarse **ante** / **con** / **por** algo	تعجب من
marearse **de** hacer algo, **con** algo	أصيب بدوار من فعل شئ
matarse **por** hacer algo	أنهك نفسه من أجل فعل شئ
mediar **ante** alguien, **entre** las partes	توسط مع شخص، توسّط بين الأشخاص
mejorar **en** matemáticas	تحسّن في الرياضيات
mentalizar **a** alguien **para** hacer algo	أثّر على فلان ليقوم بعمل
merodear **por** los alrededores	تجول في الضواحي
meterse **a** hacer algo	شرع في القيام بعمل
mezclarse **con** la gente	اختلط مع الناس
militar **en** un partido	ناضل في حزب
mirar **por** el bienestar	حافظ على الراحة
mofarse **de** alguien / algo	استهزأ بشخص
molestarse **en** hacer algo, **por** un motivo	تضايق في عمل شئ، لسبب ما
montar **en** cólera, **a** caballo	استشاط غضباً، ركب حصاناً
morirse **de** frio, **por** hacer algo	كاد يموت من البرد

motivar **para** hacer algo	علّل سبب القيام بعمل
mover **a** compasión, a hacer algo	أثار الشفقة
mudarse **de** casa	غير المنزل
multiplicar **por** cuatro	ضرب العدد بأربعة
murmurar **de** alguien / algo	نمّ على فلان
necesitar **para** hacer algo	احتاج إلى عمل شئ
negarse **a** algo, **a** hacer algo	رفض شيئاً، عمل شئ
negociar **con** madera	تاجر بالخشب
nivelar (una cosa) **con** otra	ساوى بين شيئين
obcecarse **con** / **en** algo	تشوّش
obligar **a** hacer algo	أجبره على فعل شئ
obsesionarse **con** / **por** una idea	استوحذت عليه فكرة
obstar (una cosa) **para** otra	منع شيئاً بسبب آخر
obstinarse **en** hacer algo	أصر على القيام بعمل
ocultarse **de** los demás	اختبأ عن الآخرين
ocuparse **de** una tarea, **de** hacer algo	اهتم بواجب ما
ofenderse **con** / **de** / **por** algo	استاء من شئ
ofrecerse **a** hacer algo, **de** acompañante	عرض نفسه للقيام بعمل، كمرافق
oler **a** limón	فاحت رائحة الليمون
olvidarse **de** alguien / algo, **de** hacer algo	نسي فلاناً، أن يفعل شيئاً
operar(se) **de** la rodilla	أجرى عملية جراحية لركبته
oponerse **a** algo, **a** hacer algo	عارض شيئاً
opositar **a** funcionario	قدم مسابقة للحصول على وظيفة
optar a un premio, **por** alguien / algo	اختار جائزة، اختار شخصاً
organizar(se) **para** hacer algo	انتظم للقيام بعمل
orientar(se) **a** algo, **a** hacer algo	توجّه نحو شئ، لفعل شئ
oscilar **entre** dos extremos	تأرجح بين النهايتين

padecer **de** una dolencia	عاني من وعكة
palidecer **ante** / **con** / **por** algo	اصفرّ بسبب شئ
parangonar (una cosa / a una persona) **con** otra	قارن بين شيئين أو بين شخصين
parar **de** hacer algo	توقف عن العمل
pararse **a** hacer algo	قام لفعل شئ
parecerse **a** alguien / algo **en** algo	شابه أحداً ما، شئ يماثل شيئاً
participar **en** una reunión	اشترك في اجتماع
partirse **de** risa	ذهب به الضحك كل مذهب
pasar **a** hacer algo, **de** algo, **por** algo	بدأ يعمل شيئاً، تجاوز شيئاً، عرج على
pasarse **de** listo	أراد أن يتماكر
pasear (se) **por** un lugar	تنزه في مكان
pasmarse **de** frio, **con** la noticia	جلّد من البرد
pavonearse **de** algo	تبختر
pecar **de** ingenuo	ارتكب خطيئة كساذج
pegarse **con** alguien **por** algo, **a** alguien / algo	تشاجر مع شخص بسبب شئ، التصق بفلان
pelear **por** un ideal **contra** alguien	تشاجر مع أحدهم من أجل شئ مثالي
pelearse **con** alguien **por** algo	تشاجر مع أحدهم بسبب شئ
pender **de** un hilo	كان عالقاً بخيط
penetrar **en** un lugar	دخل إلى مكان
pensar **en** alguien / algo	فكر بشخص، بشئ
percatarse **de** lo ocurrido	تحقق مما جرى
perderse **por** hacer algo	أهلك نفسه من أجل القيام بعمل
permutar (una cosa) **por** otra	بدّل شيئاً بآخر
perseverar **en** el estudio	ثابر على الدراسة
persistir **en** una idea	أصرّ على الفكرة
personarse **en** un lugar	حضر إلى مكان
persuadir **a** alguien **de** algo, **para** hacer algo	أقنع شخصاً بشئ، للقيام بعمل ما
pertenecer **a** alguien / algo	كان ملكاً لـ، لشئ

pintar **de** azul, **al** óleo	رسم بالأزرق، بالزيت
pitorrearse **de** alguien	سخر من شخص
plagar **de** mosquitos	ملأ بالبعوض
plantarse **en** una opinión	رفض الفكرة
plegarse **a** / **ante** algo	استسلم لـ، خضع أمام شئ
poblar **de** personas / cosas	صار آهلاً بالسكان، زوّد بالأشياء
poder **con** alguien / algo	تمكّن منه، من الشئ
ponerse **a** hacer algo, **con** algo	أخذ يعمل شيئاً
porfiar **en** , **por** algo	أصرّ على شئ
preceder **a** alguien / algo, **en** algo	تقدم على فلان، على شئ،
preciarse **de** una cualidad	تباهى بصفاته، احترم نفسه
precipitarse **en** la respuesta	تسرّع في الجواب
precisar **de** alguien	كان بحاجة إلى شخص ما
predisponer **a** alguien / algo, **para** hacer algo	قدم معروفاً لشخص
predominar **sobre** los demás	سيطر على الجميع
preferir (una cosa) **a** otra	فضّل شيئاً على آخر
preguntar **a** alguien **por** otra persona, una cosa	سأل فلاناً عن شخص، عن شئ
prendarse **de** alguien / algo	شغف بشخص، بشئ
prender **de** la solapa	أمسك به من الرقبة
preocupar (a alguien) **por** algo	أقلق فلاناً بشئ
preocuparse **de** / **por** alguien / algo	اهتم بشخص أو بشئ
prepararse **para** hacer algo	استعد للقيام بعمل
prescindir **de** alguien / algo	غض النظر عن فلان، عن شئ
presentarse **para** un cargo	رشح نفسه لمهمة ما
preservar **del** frio, **contra** un peligro	صان نفسه من البرد، من خطر
presionar **para** hacer algo	استعمل الشدة للقيام بعمل
prestarse **a** algo, **a** hacer algo	قبل بشئ، بعمل شئ
presumir **de** guapo	تفاخر بجماله
pretender (algo) **de** alguien	التمس شيئاً من أحدهم

prevalecer **sobre** algo	تغلّب على شئ
prevenir **de** algo, **contra** alguien / algo	احتاط لـ، احتاط ضد شخص، ضد شئ
primar **sobre** algo	تفوّق على شئ
privar(se) **de** algo, **de** hacer algo	امتنع عن شئ، عن القيام بشئ
probar **a** hacer algo	حاول فعل شئ
proceder **a** hacer algo, **de** un lugar, **contra** alguien	باشر القيام بعمل، أتى من مكان، اتخذ اجراءات ضده
prodigarse **en** elogios	أسرف في المدح
profundizar **en** un tema	تعمّق في موضوع
progresar **en** el trabajo	تطور في العمل
pronunciarse **sobre** un tema, **por** alguien / algo	أصدر حكماً على موضوع، على أحد، على شئ
propasarse **en** algo	تخطى الموضوع
proponer **para** un cargo	اقترح فلاناً لمنصب
prorrogar **por** un periodo **de** tiempo	أجّل إلى وقت لآخر
prorrumpir **en** lágrimas	استخرط في البكاء
proseguir **con** una tarea	استمر في المهمة
protegerse **con** / **contra** / **de** algo	دافع عن نفسه بـ، ضد، من شئ
protestar **de** algo, **contra** alguien / algo	تمسّك بـ، احتج على
proveer **de** lo necesario	زود بما هو ضروري
provenir **de** un origen	نشأ من أصل
provocar **a** alguien / algo, **por** hacer algo	استثار فلاناً، تسبب في فعل شئ
pugnar **para** lograr algo, **por** hacer algo	كافح من أجل الحصول على شئ
pujar **por** un cuadro	زايد على اللوحة
pulular **por** un lugar	عجّ في مكان

quedar **en** algo	اتفق على شئ
quedarse **con** una cosa	احتفظ بشئ
quejarse de alguien / algo, **por** algo	اشتكى من فلان
querellarse **contra** alguien	قدم شكوى ضد فلان
quitarse **del** tabaco	تخلّص من التدخين
rabiar **de** algo, **por** hacer algo	اغتاظ من شئ، لفعل شئ
radicar **en** algo	تأصّل في، ترسّخ في
ratificarse **en** dicho	صدق في القول
rayar **en** lo absurdo	خطط في اللامعقول
reaccionar **a** / **ante** / **contra** algo	استجاب لـ، قاوم، اتخذ موقفاً مناوئاً ضد
reafirmarse **en** lo dicho	أكّد ما قاله سابقاً
rebajarse **ante** alguien, **a** hacer algo	حطّ من قيمته أمام شص، ذلّ نفسه لفعل شئ
rebelarse **contra** alguien / algo	تمرّد على شخص، على شئ
rebosar **de** alegría	طفح بشراً
recabar (algo) **de** alguien / algo	طلب شيئاً من شخص بالحاح
recapacitar **en** / sobre algo	فكّر في، استعاد ذكريات شئ
recelar **de** alguien / algo	اشته في فلان، خامره شك في شئ
recluir **en** un lugar	حبس في مكان، عزله
recobrarse **de** una enfermedad	استعاد صحته بعد المرض، شفي من مرض
recoger **de** un lugar	اصطحبه من مكان
recomendar (a alguien) **para** algo	أوصى بفلان بشئ
recompensar (a alguien) **por** / **con** algo	كافأ فلاناً بشئ
reconciliarse **con** una persona	تصالح مع شخص
reconocer **a** alguien / algo **entre** varios, **por** algo	تعرّف على شخص، شئ، من جملة أشخاص
recrearse **en** una tarea, **con** algo agradable	تلهى بمهمة، بشئ ممتع
recubrir **de** / **con** algo	غطّى بـ، مغطى بشئ
recuperarse **de** una operación	شفي من عملية جراحية

recurrir **a** alguien / algo	لجأ إلى فلان، استعان بفلان
reducirse **a** una cantidad	اقتصر على كميّة
redundar **en** algo	أدى إلى، أفضى إلى
reemplazar **por** alguien / algo, **con** algo	حل محل فلان، استبدل بفلان
reencarnarse **en** un animal	تقمصّ في حيوان
referirse **a** alguien / algo	عزا إلى فلان، ألمح إليه
refugiarse **en** un lugar	لجأ إلى مكان، التجأ إلى
regañar **por** algo	تخاصم بسبب ما
regirse **por** la ley	استرشد بالقانون
regocijarse **con** / **de** / **por** algo	انشرح صدره، فرح لـ، سُرّ بـ
reincidir **en** un error	عاد إلى ارتكاب خطأ
reincorporarse **al** trabajo	عاد ثانية إلى العمل
reírse **de** alguien / algo	سخر من شخص
reiterarse **en** lo dicho	كرر ما قاله
relacionarse **con** alguien	اتصل بفلان، ارتبط به
relegar **a** un segundo	نزل إلى الدرجة الثانية ، نبذ
relevar **de** las funciones	أعفاه من مهمته
rellenar **de** / **con** algo	ملأ بـ، حشا بـ
remitirse **a** los hechos	أحال إلى الحقائق
remontarse **a** otra época	يعود إلى عصر مضى
rendirse **a** alguien / algo, **ante** alguien, algo	استسلم لفلان، خضع أمام
renegar **de** unas ideas	تنكر لأفكار
renunciar **a** un proyecto	صرف النظر عن مشروع
reñir **a** / **con** alguien	وبّخ، تخاصم مع شخص
reparar **en** el error	انتبه إلى هفوته
repartir **entre** varios	وزّع بين أشخاص
repercutir **en** alguien / algo	أثّر في فلان، انعكس على شئ
reponerse **del** susto	تعافى من الرعب
resarcir(se) **de** los daños	استعاض من خسارته

استاء من نكبة	resentirse **de** una dolencia
اختفظ لنفسه بـ	reservar(se) **para** algo
احتمى من المطر	resguardarse **de** la lluvia
صبر على فعل شئ	resignarse **a** hacer algo, **con** algo
صبر على القيام بشئ	resistirse **a** hacer algo
قرر القيام بشئ	resolverse **a** / **por** hacer algo
أيّد قراراً	respaldar **en** una decisión
كفل فلاناً، رد على شئ أمام شخص	responder **de** alguien / algo **ante** alguien
حمّل مسؤولية لشخص	responsabilizar (a alguien) **de** algo
تعافى من الحادث	restablecerse **del** accidente
اقتطع كمية من أخرى	restar (una cantidad) **de** otra
قلّص إلى النصف	restringuir **a** la mitad
أجمل قوله بكلمات	resumir **en** pocas palabras
انبعث ثانية من اللاشئ	resurgir **de** la nada
استفزّ أحدهم للقيام بشئ	retar **a** hacer algo
حجز في مكان	retener **en** un lugar
انسحب من المداولة	retirar(se) **de** la circulación
استدرك كلامه، رجع عن كلامه	retractarse **de** lo dicho
تخلف في الدراسة	retrasarse **en** los estudios
اجتمع مع أحدهم، للقيام بشئ	reunirse **con** alguien, **para** hacer algo
انفجر من الضحك	reventar **de** risa, **por** hacer algo
عاد بالفائدة	revertir **en** provecho
اعتصم بالصبر	revestirse **de** paciencia
صلى من أجل شخص، للحصول على شئ	rezar **por** alguien, **para** lograr algo
نافس فلاناً على شئ	rivalizar **con** alguien **en** algo, **por** algo
رش بالماء	rociar **de** / **con** agua
تسكع في مكان	rodar **por** un lugar
أحاط بـ	rodear **de** / **con** algo
شرع في عمل، قطع العلاقة مع فلان	romper **a** hacer algo, **con** alguien

saber **a** melocotón	نكهته نكهة الدراق
saciar **de** / **con** algo	شبع من
sacrificar(se) **por** alguien / algo, **para** algo	ضحى بنفسه من أجل شخص، من أجل شئ
salvaguardar **de** alguien / algo	حافظ على فلان، على شئ
salvar **de** la muerte	أنقذ من الموت
sancionar **por** una infracción	عاقب بمخالفة
secundar (a alguien) **en** un proyecto	ساعد فلاناً في مشروع
seguir **con** una tarea	تابع مهمة
seleccionar **entre** varios	انتقى شيئاً من بين عدة أشياء
sensbilizar (a alguien) **de** algo	حرك مشاعر أحدهم بشئ
sentenciar a una condena, **por** un délito	أصدر حكماً بسبب جناية
sentir (algo) **por** alguien / algo	أسف لفلان، لشئ ما
señalarse **en** / **por** algo	تميّز بشئ
separarse **de** alguien / algo	انفصل عن شخص
servirse **de** (una cosa) **para** hacer algo	استخدم شيئاً لفعل شئ
significarse **en** / **por** algo	امتاز بشئ
simpatizar **con** alguien / algo	تعاطف مع شخص، مع شئ
simultanear (una actividad) **con** otra	جعل شيئين يحدثان
sincerarse **con** alguien	صارح فلاناً
sincronizar (una cosa) **con** otra	زامن شيئين
sintonizar **con** alguien / algo	تناغم مع فلان، مع شئ
sobrepasar **a** alguien **en** algo	تخطّى فلاناً في شئ
sobreponerse **a** / **de** algo	تغلّب على شئ
sobresalir **entre** varios **por** algo	برز عن بعضهم بشئ
sobresaltarse **con** / **de** / **por** algo	فقد رباطة جأشه بسبب ما
sobrevivir **a** alguien / algo	عاش بعد شخص آخر، بقي حياً
solapar (una cosa) **con** otra	كتم شيئاً بشئ
solidarizarse **con** alguien / algo	تضامن مع فلان

soltarse **a** hacer algo, **en** algo	اعتاد عملاً
someter(se) **a** votación	عرض على التصويت
sonar **a** hueco	له صوت أجوف
sonrojarse **con** / **de** / **por** algo	خجل من، خجل بسبب ما
soñar **con** alguien / algo	حلم بشخص
sorprender (a alguien) **con** / **de** / **por** algo	فاجأ شخصاً، ادهش بشئ
sospechar **de** alguien	شك بشخص ما
sublevar **contra** alguien	حرّض على فلان
subordinar **a** alguien / algo	جعله منوطاً به، أناط شيئاً بـ
subsistir **con** los ingresos	عاش من إيراده
suceder (a alguien) **en** un cargo	حل محله في وظيفة
sucumbir **a** / **ante** / **bajo** algo	استسلم لـ، انهزم، وقع تحت
sufrir **de** un padecimiento	عانى من محنة
sumarse **a** la manifestación	اشترك في المظاهرة
supeditar(se) **a** algo	جعل الشئ متوقفاً على
superar (a alguien) **en** algo	تفوّق على شخص ما
superponer (una cosa) **a** otra	تطابق شئ مع آخر
suplir (una cosa) **por** otra, **en** algo	استبدل شيئاً بآخر
surgir **de** un lugar	برز في مكان
surtir **de** víveres	أمده بموادغذائية
suscribirse **a** una revista	اشترك في مجلة
suspirar **por** alguien	تاق إلى
sustituir (una cosa / a una persona) **por** otra	استبدل شيئاً أو شخصاً بآخر
tachar **de** frívolo	اتهم بالاستهتار
tardar **en** hacer algo	تأخر في القيام بعمل
temblar **de** / **por** algo	ارتجف من شئ
temer **por** alguien / algo	خاف على فلان
tender **a** hacer algo	طمح إلى فعل شئ
tener(se) **por** inteligente	اعتبر نفسه ذكياً

tentar **a** alguien / algo, **de** hacer algo	أغراه بالقيام بشئ
teñir **de** negro, **con** tinte	صبغ بالأسود، بصبغة
teorizar **sobre** un asunto	وضع نظرية حول موضوع
terminar **con** alguien / algo, **de** / **por** hacer algo	قطع علاقته مع فلان، انتهى من عمل
tildar **de** orgulloso	اتهم بالتعجرف
tiritar **de** frio, **por** miedo	ارتعش من البرد
titubear **en** la decisión	تردد في القرار
tomar **por** otra persona, **en** serio	ظنه شخصاً آخر، كان جدياً
toparse **con** / **contra** alguien / algo	صادف شخصاً، اصطدم بشخص
trabajar **de** camarero	عمل كناذل
trabajarse **a** alguien	بذل جهده من أجل شخص
traducir **de** un idioma **a** otro	ترجم من لغة إلى أخرى
traficar **con** armas	تاجر بالأسلحة
tranquilizar **con** algo	طمأن بشئ
transferir **de** un lugar **a** otro	حوّل من مكان إلى آخر
transformar (una cosa) **en** otra	حول شيئاً إلى آخر
transigir **en** / **con** algo	تساهل في موضوع
transitar **por** un lugar	مرّ من مكان
transportar **de** un lugar **a** otro	نقّل بضاعة من مكان إلى آخر
trascender **a** / **de** alguien / algo	امتدّ، تجاوز فلاناً
trasladar **de** un lugar **a** otro	نقل من مكان إلى آخر
traspasar **de** un lugar **a** otro	عبر من مكان إلى آخر
transplantar **de** un lugar **a** otro	نقل الغراس من مكان إلى آخر
tratar **de** hacer algo	حاول القيام بعمل
tratarse **con** alguien	عاشر فلاناً
triunfar **en** algo	نجح في أمر ما
trocar **en** / **por** algo	لم يميّز بين، تغيّر
tropezar **con** / **en** algo	صادف شخصاً
tropezarse **con** alguien	صادف شخصاً، اصطدم به
turnarse **con** alguien **para** hacer algo	تناوب مع شخص لفعل شئ

ubicar **en** un lugar	حصر في مكان
ufanarse **con** / **de** algo	تباهى بـ
unir (**a** alguien / algo) **con** alguien / algo	ضمّ شخصاً أو شيئاً إلى آخر
unirse **a** alguien **para** hacer algo	انضمّ إلى شخص للقيام بعمل
untar **con** / **de** algo	دهن، طلاء، لطخ
urgir **a** hacer algo	استعجله للقيام بعمل
usar **de** algo, **para** hacer algo	استخدم شيئاً للقيام بشئ
utilizar **de** algo, **para** hacer algo	استعمل شيئاً لفعل شئ
vaciar **de** algo	أفرغ من
vacilar **en** la respuesta, **entre** dos cosas	تردد في الجواب ، بين شيئين
vacunar **contra** la gripe	لقح ضد الإنفلوينزا
vagar **por** un lugar, **de** un lugar **a** otro	تسكّع في مكان
valer **de** / **para** algo	يصلح لشئ
valerse **de** alguien / algo, **para** hacer algo	اعتمد على شخص
valorar **en** una cantidad	قدّر بقيمة
vanagloriarse **de** una cualidad	شمخ بأنفه لميزة ما
variar **de** opinión, **en** algo	غيّر رأيه
velar **por** alguien / algo	سهر على فلان، اهتم به
vencer (a alguien) **en** algo	تغلّب على فلان بشئ
vender (a alguien) **en** algo	باعه شيئاً مقابل شئ
vender (algo) **por** un precio	باعه شيئاً بسعر معيّن
vengarse **de** alguien / algo **por** algo	ثأر من، انتقم من، انتقم لشئ
venir **a** hacer algo, **de** algo	أتى للقيام بعمل، لعمل شئ من شئ
ver **de** hacer algo	جاول، جرّب أن يفعل شيئاً
versar **sobre** un tema	دار النقاش حول موضوع
verse **con** alguien	تقابل مع فلان
vestir(se) **de** seda	ارتدى الحرير

vincular **a** alguien/ algo **con** alguien / algo	ارتبط بأحدهم، وصل شيئاً بشخص
vivir **de** alguien / algo	عاش على حساب غيره، عاش من شئ
volcarse **a** / **en** / **sobre** alguien / algo	جعله يغير رأيه، انقلب على أحدهم
volver **a** haceralgo, **a** un tema	عاد لفعل شئ، راجع موضوعاً ما
votar **por** alguien / algo **para** algo	أعطى صوته لـ، فضّل شيئاً عن آخر
yacer **en** un lugar	رقد في مكان، كان موجوداً في مكان
yuxtaponer (una cosa) **a** otra	وضع شيئاً إلى جانب آخر
zafarse **de** alguien / algo	تخلّص من، تملّص من
zambullirse **en** un lugar	اختبأ في مكان
zarpar **de** / desde / hacia / **para** un lugar	رفع المرساة، أقلع، غادر إلى مكان ما

Capítulo 15

Signos de puntuación

علامات الترقيم

Signos de puntuación

علامات الترقيم

إن الوقفات القصيرة والطويلة، والوضوح في الكتابة تتطلب علامات الترقيم، إذ أن هذه العلامات تحدد انقطاع الكلام وتوضح المفهوم.

عدد هذه العلامات خمسة إضافة إلى الإشارات المساعدة.

la coma	,	الفصلة
el punto y coma	;	الفصلة المنقوطة
los dos puntos	:	النقطتان
los puntos suspensivos	...	نقاط القطع
el punto final	.	النقطة

Notas auxiliartes

الإشارات المساعدة

وهي علامات متممة في الكتابة لعلامات الترقيم/ حتى نتجنب أي شك أو غموض.

el paréntesis	( )	القوسان
la diéresis	ü	علامة فصل الإدغام
las comillas	" "	علامة التنصيص
el guión	-	الشرطة
la raya	—	الشرطة الطويلة
el asterisco	*	علامة النجمة
los corchetes	[ ]	القوسان الكبيران

Signos de intonación

علامات الترنيم

إن مختلف الحالات النفسية تتلخص في الكتابة بنغمتين: الاستفهام والتعجب. وتعبّر هاتان العلامتان عن ذلك بواسطة إشارتين مزدوجتين تأتيان في أول وفي نهاية الجملة.

إسشارة الاستفهام	?	¿	la interrogación
إشارة التعجب	!	¡	la admiración

Capítulo 16

Conjugación de los verbos regulares

تصريف الأفهال النظامية

16.1 Primer grupo: Mirar

المجموعة الأولى

Modo indicativo

Presente	Pretérito imperfecto	Pretérito indefinido*	Futuro imperfecto
miro	miraba	miré	miraré
miras	mirabas	miraste	mirarás
mira	miraba	miró	mirará
miramos	mirábamos	mirábamos	miraremos
miráis	mirabais	mirasteis	miraréis
miran	miraban	miraron	mirarán

* o Perfecto simple

Pretérito perfecto		Pretérito pluscuamperfecto		Pretérito anterior	
he	mirado	había	mirado	hube	mirado
has	mirado	habías	mirado	hubiste	mirado
ha	mirado	había	mirado	hubo	mirado
hemos	mirado	habíamos	mirado	hubimos	mirado
habéis	mirado	habíais	mirado	hubisteis	mirado
han	mirado	habían	mirado	hubieron	mirado

Futuro perfecto	Condicional simple	Condicional compuesto
habré mirado	miraría	habría mirado
habrás mirado	mirarías	habrías mirado
habrá mirado	miraría	habría mirado
habremos mirado	miraríamos	habríamos mirado
habréis mirado	mirarías	habríais mirado
habrán mirado	mirarían	habrían mirado

Modo subjuntivo

Presente	Pretérito imperfecto		Futuro imperfecto*
mire	mirara	mirase	mirare
mires	miraras	mirases	mirares
mire	mirara	mirase	mirare
miremos	miráramos	mirásemos	miráremos
miréis	mirarais	miraseis	mirareis
miren	miraran	mirasen	miraren

Pretérito perfecto	Pretérito pluscuamperfecto		Futuro perfecto*
haya mirado	hubiera	hubiese mirado	hubiere mirado
hayas mirado	hubieras	hubieses mirado	hubieres mirado
haya mirado	hubiera	hubiese mirado	hubiere mirado
hayamos mirado	hubiéramos	hubiésemos mirado	hubieren mirado
hayáis mirado	hubierais	hubieseis mirado	hubiereis mirado
hayan mirado	hubieran	hubiesen mirado	hubieren mirado

* muy poco usados

	Modo imperativo	Modo imperativo
	Presente	**Formas simples**
mira	tú	**Infinitivo Gerundio Participio**
mire	él / ella / usted	mirar | mirando | mirado
miremos	nosotros / as	
mirad	vosotros / vosotras	**Formas compuestas**
miren	ellos / ellas / ustedes	haber mirado | habiendo mirado

16.2 Segundo grupo: Comer
المجموعة الثانية

Modo indicativo

Presente	Pretérito imperfecto	Pretérito indefinido*	Futuro imperfecto
como	comía	comí	comeré
comes	comías	comiste	comerás
come	comía	comió	comerá
comemos	comíamos	comimos	comeremos
comeis	comíais	comisteis	comeréis
comen	comían	comieron	comerán

* o Perfecto simple

Pretérito perfecto		Pretérito pluscuamperfecto		Pretérito anterior	
he	comido	había	comido	hube	comido
has	comido	habías	comido	hubiste	comido
ha	comido	había	comido	hubo	comido
hemos	comido	habíamos	comido	hubimos	comido
habéis	comido	habíais	comido	hubisteis	comido
han	comido	habían	comido	hubieron	comido

Futuro perfecto	Condicional simple	Condicional compuesto
habré comido	comería	habría comido
habrás comido	comerías	habrías comido
habrá comido	comería	habría comido
habremos comido	comeríamos	habríamos comido
habréis comido	comerías	habríais comido
habrán comido	comerían	habrían comido

Modo subjuntivo

Presente	Pretérito imperfecto		Futuro imperfecto*
coma	comiera	comiese	comiere
comas	comieras	comieses	comieres
coma	comiera	comiese	comiere
comamos	comiéramos	comiésemos	comiéremos
comáis	comierais	comieseis	comiereis
coman	comieran	comiesen	comieren

Pretérito perfecto	Pretérito pluscuamperfecto		Futuro perfecto*
haya comido	hubiera	hubiese comido	hubiere comido
hayas comido	hubieras	hubieses comido	hubieres comido
haya comido	hubiera	hubiese comido	hubiere comido
hayamos comido	hubiéramos	hubiésemos comido	hubieren comido
hayáis comido	hubierais	hubieseis comido	hubiereis comido
hayan comido	hubieran	hubiesen comido	hubieren comido

* muy poco usados

	Modo imperativo	Modo imperativo
	Presente	**Formas simples**
come	tú	**Infinitivo Gerundio Participio**
coma	él / ella / usted	comer | comiendo | comido
comamos	nosotros / as	
comed	vosotros / vosotras	**Formas compuestas**
coman	ellos / ellas / ustedes	haber comido | habiendo comido

16.2 Tercer grupo: Subir

المجموعة الثالثة

Modo indicativo

Presente	**Pretérito imperfecto**	**Pretérito indefinido***	**Futuro imperfecto**
subo	subía	subí	subiré
subes	subías	subiste	subirás
sube	subía	subió	subirá
subimos	subíamos	subimos	subiremos
subís	subíais	subisteis	subiréis
suben	subían	subieron	subirán

* o Perfecto simple

Pretérito perfecto		**Pretérito pluscuamperfecto**		**Pretérito anterior**	
he	subido	había	subido	hube	subido
has	subido	habías	subido	hubiste	subido
ha	subido	había	subido	hubo	subido
hemos	subido	habíamos	subido	hubimos	subido
habéis	subido	habíais	subido	hubisteis	subido
han	subido	habían	subido	hubieron	subido

Futuro perfecto		Condicional simple	Condicional compuesto	
habré	subido	subiría	habría	subido
habrás	subido	subirías	habrías	subido
habrá	subido	subiría	habría	subido
habremos	subido	subiríamos	habríamos	subido
habréis	subido	subiríais	habríais	subido
habrán	subido	subirían	habrían	subido

Modo subjuntivo

Presente	Pretérito imperfecto		Futuro imperfecto*
suba	subiera	subiese	subiere
subas	subieras	subieses	subieres
suba	subiera	subiese	subiere
subamos	subiéramos	subiésemos	subiéremos
subáis	subierais	subieseis	subiereis
suban	subieran	subiesen	subieren

Pretérito perfecto		Pretérito pluscuamperfecto			Futuro perfecto*	
haya	subido	hubiera	hubiese	subido	hubiere	subido
hayas	subido	hubieras	hubieses	subido	hubieres	subido
haya	subido	hubiera	hubiese	subido	hubiere	subido
hayamos	subido	hubiéramos	hubiésemos	subido	hubieren	subido
hayáis	subido	hubierais	hubieseis	subido	hubiereis	subido
hayan	subido	hubieran	hubiesen	subido	hubieren	subido

* muy poco usados

	Modo imperativo	Modo imperativo
	Presente	**Formas simples**
sube	tú	**Infinitivo Gerundio Participio**
suba	él / ella / usted	subir | subiendo | subido
subamos	nosotros / as	
subid	vosotros / vosotras	**Formas compuestas**
suban	ellos / ellas / ustedes	haber subido | habiendo subido

Capítulo 17

Conjugación de los verbos irregulares

تصريف الأفهال الشاذة

andar

Presente indicativo	Imperativo	Presente de subjuntivo	Imperfecto de indicativo
ando		ande	andaba
andas	anda	andes	andabas
anda	ande	ande	andaba
andamos	andemos	andemos	andábamos
andáis	andad	andéis	andabais
andan	anden	anden	andaban

Pretérito indefinido	Imperfecto de subjuntivo		Futuro
anduve	anduviera	anduviese	andaré
anduviste	anduvieras	anduvieses	andarás
anduvo	anduviera	anduviese	andará
anduvimos	anduviéramos	anduviésemos	andaremos
anduvisteis	anduvierais	anduvieseis	andaréis
anduvieron	anduvieran	anduviesen	andarán

Condicional	
andaría	**Gerundio:**
andarías	andando
andaría	
andaríamos	**Participio:**
andaríais	andado
andarían	

caber

Presente indicativo	Imperativo	Presente de subjuntivo	Imperfecto de indicativo
quepo		quepa	cabía
cabes	cabe	quepas	cabías
cabe	quepa	quepa	cabía
cabemos	quepamos	quepamos	cabíamos
cabéis	cabed	quepáis	cabíais
caben	quepan	quepan	cabían

Pretérito indefinido	Imperfecto de subjuntivo		Futuro
cupe	cupiera	cupiese	cabré
cupiste	cupieras	cupieses	cabrás
cupo	cupiera	cupiese	cabrá
cupimos	cupiéramos	cupiésemos	cabremos
cupisteis	cupierais	cupieseis	cabréis
cupieron	cupieran	cupiesen	cabrán

Condicional	
cabría	**Gerundio:**
cabrías	cabiendo
cabría	
cabríamos	**Participio:**
cabríais	cabido
cabrían	

caer

Presente indicativo	Imperativo	Presente de subjuntivo	Imperfecto de indicativo
caigo		caiga	caía
caes	cae	caigas	caías
cae	caiga	caiga	caía
caemos	caigamos	caigamos	caíamos
caéis	caed	caigáis	caíais
caen	caigan	caigan	caían

Pretérito indefinido	Imperfecto de subjuntivo		Futuro
caí	cayera	cayese	caeré
caíste	cayeras	cayeses	caerás
cayó	cayera	cayese	caerá
caímos	cayéramos	cayésemos	caeremos
caísteis	cayerais	cayeseis	caeréis
cayeron	cayeran	cayesen	caerán

Condicional	
caería	**Gerundio:**
caerías	cayendo
caería	
caeríamos	**Participio:**
caeríais	caido
caerían	

dar

Presente indicativo	Imperativo	Presente de subjuntivo	Imperfecto de indicativo
doy		dé	daba
das	da	des	dabas
da	dé	dé	daba
damos	demos	demos	dábamos
dais	dad	deis	dabais
dan	den	den	daban

Pretérito indefinido	Imperfecto de subjuntivo		Futuro
di	diera	diese	daré
diste	dieras	dieses	darás
dio	diera	diese	dará
dimos	diéramos	diésemos	daremos
disteis	dierais	dieseis	daréis
dieron	dieran	diesen	darán

Condicional	
daría	**Gerundio:**
darías	dand**o**
daría	
daríamos	**Participio:**
daríais	dado
darían	

decir

Presente indicativo	Imperativo	Presente de subjuntivo	Imperfecto de indicativo
digo		diga	decía
dices	dí	digas	decías
dice	diga	diga	decía
decimos	digamos	digamos	decíamos
decis	decid	digáis	deciais
dicen	digan	digan	decían

Pretérito indefinido	Imperfecto de subjuntivo		Futuro
dije	dijera	dijese	diré
dijiste	dijeras	dijeses	dirás
dijo	dijera	dijese	dirá
dijimos	dijéramos	dijésemos	diremos
dijisteis	dijerais	dijeseis	direis
dijeron	dijeran	dijesen	dirán

Condicional	
diría	**Gerundio:**
dirias	diciendo
diria	
diríamos	**Participio:**
diriais	dicho
dirian	

estar

Presente indicativo	Imperativo	Presente de subjuntivo	Imperfecto de indicativo
estoy		este	estaba
estas	esté	estes	estabas
está	este	esté	estaba
estamos	estemos	estemos	estábamos
estáis	estad	estéis	estabais
están	estén	estén	estaban

Pretérito indefinido	Imperfecto de subjuntivo		Futuro
estuve	estuviera	estuviese	estaré
estuviste	estuvieras	estuvieses	estarás
estuvo	estuviera	estuviese	estará
estuvimos	estuviéramos	estuviésemos	estaremos
estuvisteis	estuvierais	estuvieseis	estaráis
estuvieron	estuvieran	estuviesen	estarán

Condicional	
estaría	**Gerundio:**
estarías	estando
estaría	
estaríamos	**Participio:**
estaríais	estado
estarían	

haber

Presente indicativo	Imperativo	Presente de subjuntivo	Imperfecto de indicativo
he		haya	había
hás	he	hayas	habías
há	haya	haya	había
hemos	hayamos	hayamos	habíamos
hábeis	habed	hayáis	habíais
han	hayan	hayan	habían

Pretérito indefinido	Imperfecto de subjuntivo		Futuro
hube	hubiera	hubiese	habré
hubiste	hubieras	hubieses	habrás
hubo	hubiera	hubiese	habrá
hubimos	hubiéramos	hubiésemos	habremos
hubisteis	hubierais	hubieseis	habréis
hubieron	hubieran	hubiesen	habrán

Condicional	
habría	**Gerundio:**
habrías	habiendo
habría	
habríamos	**Participio:**
habríais	habido
habrían	

hacer

Presente indicativo	Imperativo	Presente de subjuntivo	Imperfecto de indicativo
hago		haga	hacía
haces	haz	hagas	hacías
hace	haga	haga	hacía
hacemos	hagamos	hagamos	hacíamos
hacéis	haced	hagáis	hacíais
hacen	hagan	hagan	hacían

Pretérito indefinido	Imperfecto de subjuntivo		Futuro
hice	hiciera	hiciese	haré
hiciste	hicieras	hicieses	harás
hizo	hiciera	hiciese	hará
hicimos	hiciéramos	hiciésemos	haremos
hicisteis	hicierais	hicieseis	haréis
hicieron	hicieran	hiciesen	harán

Condicional	
haría	**Gerundio:**
harías	haciendo
haría	
haríamos	**Participio:**
haríais	hecho
harían	

ir

Presente indicativo	Imperativo	Presente de subjuntivo	Imperfecto de indicativo
voy		vaya	iba
vas	ve	vayas	ibas
va	vaya	vaya	iba
vamos	vayamos – vamos	vayamos	íbamos
vais	id	vayáis	ibais
van	vayan	vayan	iban

Pretérito indefinido	Imperfecto de subjuntivo		Futuro
fui	fuera	fuese	iré
fuiste	fueras	fueses	irás
fue	fuera	fuese	irá
fuimos	fuéramos	fuésemos	iremos
fuisteis	fuerais	fueseis	iráis
fueron	fueran	fuesen	irán

Condicional	
iría	**Gerundio:**
irías	yendo
iría	
iríamos	**Participio:**
iríais	ido
irían	

oir

Presente indicativo	Imperativo	Presente de subjuntivo	Imperfecto de indicativo
oigo		oiga	oía
oyes	oye	oigas	oías
oye	oiga	oiga	oía
oímos	oigamos	oigamos	oíamos
oís	oíd	oigáis	oíais
oyen	oigan	oigan	oían

Pretérito indefinido	Imperfecto de subjuntivo		Futuro
oí	oyera	oyese	oiré
oiste	oyeras	oyeses	oirás
oyó	oyera	oyese	oirá
oímos	oyéramos	oyésemos	oiremos
oísteis	oyerais	oyeseis	oiréis
oyeron	oreyan	oyesen	oirán

Condicional	
oiría	**Gerundio:**
oirías	oyendo
oiría	
oiríamos	**Participio:**
oiríais	oido
oirían	

poder

Presente indicativo	Imperativo	Presente de subjuntivo	Imperfecto de indicativo
puedo		pueda	podía
puedes	puede	puedas	podías
puede	pueda	pueda	podía
podemos	podamos	podamos	podíamos
podéis	poded	podáis	podíais
pueden	puedan	puedan	podían

Pretérito indefinido	Imperfecto de subjuntivo		Futuro
pude	pudiera	pudiese	podré
pudiste	pudieras	pudieses	podrás
pudo	pudiera	pudiese	podrá
pudimos	pudiéramos	pudiésemos	podremos
pudisteis	pudierais	pudieseis	podréis
pudieron	pudieran	pudiesen	podrán

Condicional	
podría	**Gerundio:**
podrías	pudiendo
podría	
podríamos	**Participio:**
podríais	podido
podrían	

poner

Presente indicativo	Imperativo	Presente de subjuntivo	Imperfecto de indicativo
pongo		ponga	ponía
pones	pon	pongas	ponías
pone	ponga	ponga	ponía
ponemos	pongamos	pongamos	poníamos
ponéis	poned	pongáis	poníais
ponen	pongan	pongan	ponían

Pretérito indefinido	Imperfecto de subjuntivo		Futuro
puse	pusiera	pusiese	pondré
pusiste	pusieras	pusieses	pondrás
puso	pusiera	pusiese	pondrá
pusimos	pusiéramos	pusiésemos	pondremos
pusisteis	pusierais	pusieseis	pondréis
pusieron	pusieran	pusiesen	pondrán

Condicional	
pondría	**Gerundio:**
pondrías	poniendo
pondría	
pondríamos	**Participio:**
pondríais	puesto
pondrían	

querer

Presente indicativo	Imperativo	Presente de subjuntivo	Imperfecto de indicativo
quiero		quiera	quería
quieres	quiere	quieras	querías
quiere	quiera	quiera	quería
queremos	queramos	queramos	queríamos
queréis	quered	queráis	queríais
quieren	quieran	quieran	querían

Pretérito indefinido	Imperfecto de subjuntivo		Futuro
quise	quisiera	quisiese	querré
quisiste	quisieras	quisieses	querrás
quiso	quisiera	quisiese	querrá
quisimos	quisiéramos	quisiésemos	querremos
quisisteis	quisierais	quisieseis	querréis
quisieron	quisieran	quisiesen	querrán

Condicional	
querría	**Gerundio:**
querrías	queriendo
querría	
querríamos	**Participio:**
querríais	queriendo
querrían	

saber

Presente indicativo	Imperativo	Presente de subjuntivo	Imperfecto de indicativo
sé		sepa	sabía
sabes	sabe	sepas	sabías
sabe	sepa	sepa	sabía
sabemos	sepamos	sepamos	sabíamos
sabéis	saped	sepáis	sabíais
saben	sepan	sepan	sabian

Pretérito indefinido	Imperfecto de subjuntivo		Futuro
supe	supiera	supiese	sabré
supiste	supieras	supieses	sabrás
supo	supiera	supiese	sabrá
supimos	supiéramos	supiésemos	sabremos
supisteis	supierais	supieseis	sabréis
supieron	supieran	supiesen	sabrán

Condicional	
sabría	**Gerundio:**
sabrías	sabiendo
sabría	
sabríamos	**Participio:**
sabríais	sabido
sabrían	

salir

Presente indicativo	Imperativo	Presente de subjuntivo	Imperfecto de indicativo
salgo		salga	salía
sales	sal	salgas	salías
sale	salga	salga	salía
salimos	salgamos	salgamos	salíamos
salís	salíd	salgais	salíais
salen	salgan	salgan	salían

Pretérito indefinido	Imperfecto de subjuntivo		Futuro
salí	saliera	saliese	saldré
saliste	salieras	salieses	saldrás
salió	saliera	saliese	saldrá
salimos	saliéramos	saliésemos	saldremos
salisteis	salierais	salieseis	saldréis
salieron	salieran	saliesen	saldrán

Condicional	
saldría	**Gerundio:**
saldrías	saliendo
saldría	
saldríamos	**Participio:**
saldríais	salido
saldrían	

traer

Presente indicativo	Imperativo	Presente de subjuntivo	Imperfecto de indicativo
traigo		traiga	traía
traes	trae	traigas	traías
trae	traiga	traiga	traía
traemos	traigamos	traigamos	traíamos
traéis	traed	traigáis	traíais
traen	traigan	traigan	traían

Pretérito indefinido	Imperfecto de subjuntivo		Futuro
traje	trajera	trajese	traeré
trajiste	trajeras	trajeses	traerás
trajo	trajera	trajese	traerá
trajimos	trajéramos	trajésemos	traeremos
trajisteis	trajerais	trajeseis	traeréis
trajeron	trajeran	trajesen	traerán

Condicional	
traería	**Gerundio:**
traerías	trayendo
traería	
traeríamos	**Participio:**
traeríais	traido
traerían	

valer

Presente indicativo	Imperativo	Presente de subjuntivo	Imperfecto de indicativo
valgo		valga	valía
vales	vale	valgas	valías
vale	valga	valga	valía
valemos	valgamos	valgamos	valíamos
valéis	valed	valgáis	valíais
valen	valgan	valgan	valían

Pretérito indefinido	Imperfecto de subjuntivo		Futuro
valí	valiera	valiese	valdré
valiste	valieras	valieses	valdrás
valió	valiera	valiese	valdrá
valimos	valiéramos	valiésemos	valdremos
valisteis	valierais	valieseis	valdréis
valieron	valieran	valiesen	valdrán

Condicional	
valdría	**Gerundio:**
valdrías	valiendo
valdría	
valdríamos	**Participio:**
valdríais	valido
valdrían	

venir

Presente indicativo	Imperativo	Presente de subjuntivo	Imperfecto de indicativo
vengo		venga	venía
vienes	ven	vengas	venías
viene	venga	venga	venía
venimos	vengamos	venga,os	veníamos
venís	venid	vengáis	veníais
vienen	vengan	vengan	vanían

Pretérito indefinido	Imperfecto de subjuntivo		Futuro
vine	viniera	viniese	vendré
viniste	vinieras	vinieses	vendrás
vino	viniera	viniese	vendrá
vinimos	viniéramos	viniésemos	vendremos
vinisteis	vinierais	vinieseis	vendréis
vinieron	vinieran	viniesen	vendrán

Condicional	
vendría	**Gerundio:**
vendrías	viniendo
vendría	
vendríamos	**Participio:**
vendríais	venido
vendrían	

ver

Presente indicativo	Imperativo	Presente de subjuntivo	Imperfecto de indicativo
veo		vea	veía
ves	ve	veas	veías
ve	vea	vea	veía
vemos	veamos	veamos	veíamos
veis	ved	veáis	veíais
ven	vean	vean	veían

Pretérito indefinido	Imperfecto de subjuntivo		Futuro
vi	viera	viese	veré
viste	vieras	vieses	verá
vio	viera	viese	verá
vimos	viéramos	viésemos	veremos
visteis	vierais	vieseis	veréis
vieron	vieran	viesen	verán

Condicional	
vería	**Gerundio:**
verías	viendo
vería	
veríamos	**Participio:**
veríais	visto
verían	

Capítulo 18

Ejercicios prácticos

تمارين عملية

1. Coloque el artículo determinado donde sea necesario

ضع أداة التعريف حيث يلزم

01. Hablo .... alemán, e .... italiano a .... perfección.
02. ¿Qué te gusta más .... fruta o .... flan?
03. ¡Ay, me he mordido .... lengua.!
04. ¡Bueno, hasta .... sábado a .... once en punto!
05. .... ser humano es ambicioso por naturaleza.
06. .... alegrías y las penas se mezclan en nuestra vida.
07. Se metió .... mano en .... bolsillo.
08. Con ese traje te iría mejor .... corbata azul.
09. A mi hermana no le gusta .... arte, prefiere .... historia.
10. Me encanta .... chocolate con .... churros.

2. Coloque el artículo indeterminado donde sea necesario

ضع أداة التنكير حيث يلزم

01. Me gusta Gloria porque tiene .... algo muy atractivo.
02. Mi hermano es .... pintor pero no gana .... céntimo.
03. Él es .... musulmán, pero su señora es ...... católica.
04. Como .... abogado debo recomendarle que tenga prudencia.
05. Está hecho .... calavera.
06. ¡Señorita!, soy .... soltero y sin compromiso!
07. Fui .... profesor de ese colegio, pero ahora enseño .... otro.
08. Ha comprado .... bolígrafo y .... cuadernos.
09. Mi señora está leyendo .... revista.
10. Los huevos están a 1,50 euro .... docena.

3. Coloque el artículo determinado o indeterminado donde sea necesario

ضع أداة التعريف أو أداة التنكير حيث يلزم

01. .... sábados por la tarde cierra el comercio.
02. A pesar de su juventud era todo .... hombre.
03. En .... martes ni te cases ni te embarques.
04. Tenemos .... coche, pero no lo usamos.
05. Su madre es .... medica.
06. En dos minutos me pongo .... corbata, ... camisa, ... pantalones y .... zapatos.
07. Me fumé .... paquete completo de cigarrillos y luego .... otro que me dieron.
08. El problema de los jóvenes en general es conseguir .... empleo.
09. .... señor Amado es .... hombre muy ocupado.
10. .... romanos fueron un pueblo pragmático y en ocasiones cruel.

4. Determine el género de las siguientes palabras colocándole el artículo determinado apropiado

حدد جنس المفردات التاية وذلك بوضع أداة التعريف المناسبة

01. Idioma	23. Problema	45. Dilema
02. Corazón	24. Salud	46. Reunión
03. Ángel	25. Énfasis	47. Faro
04. Fantasma	26. Higo	48. Temblor
05. Día	27. Acelga	49. Oeste
06. Papa	28. Sangre	50. Calor
07. Recuerdo	29. Césped	51. Continente
08. Uva	30. Ciruela	52. Rana
09. Tribu	31. Queso	53. Sapo
10. Juventud	32. Flor	54. Nave

11. Arroz
12. Jarabe
13. Pez
14. Luz
15. Tema
16. Artículo
17. Generación
18. Dibujo
19. Edad
20. Amor
21. Tos
22. Pulmón
33. Libertad
34. Cielo
35. Lluvia
36. Lema
37. Trigo
38. Jaula
39. Ave
40. Matemáticas
41. Clima
42. Plancha
43. Poeta
44. Crucigrama
55. Mediodía
56. Noche
57. Viaje
58. Cao
59. Haya
60. Berenjena
61. Perejil
62. razón
63. Acordeón
64. Buque
65. Estudiante
66. Soldado

5. Coloque el artículo, determinado o indeterminado, donde sea necesario

ضع أداة التعريف أو أداة التنكير حيث يلزم

01. Llevó .... traje negro durante .... año al morir su madre.
02. .... triste de Pedro es .... vacio de su carácter.
03. Dicen que cada hijo al nacer trae .... pan debajo de .... brazo.
04. ¡Camarero, tráigame .... cuenta!
05. .... divertido del caso es que presume mucho z no sabe nada.
06. ¡Espera .... momento; me falta .... paraguas!
07. .... tortilla a .... española es uno de .... platos más sabrosos y baratos.
08. ¡Cómete .... habas y no hagas más remilgos.
09. No sabía .... simpático que era hasta que lo traté.
10. Cuando escaseaba .... azúcar, usábamos sacarina.
11. .... lema que sigo: vive y deja vivir.

6. Ponga las siguientes palabras en plural

ابن صيغة الجمع للكلمات التاية

01. El lunes
02. El lápiz
03. El carácter
04. La crisis
05. El andaluz
06. El cáliz
07. El rubí
08. El hacha
09. El jabalí
10. El agua
11. El águila
12. El viernes
13. El régimen
14. La voz
15. La cruz
16. La tesis

7. Use el artículo determinado apropiado

ضع أداة التعريف المناسبة

01. Cuando encarecen .... plátanos, compro .... naranjas.
02. Dame .... pan y llámame tonto.
03. A casi todo el mundo le gusta .... dulce.
04. Nada más levantarme, me cepillo .... dientes.
05. Antes de salir me pongo .... corbata y lustro .... zapatos.
06. Tengo .... manos frías y .... corazón caliente.
07. .... muerto al hoyo y .... vivo al bollo.
08. A mi hermanita le duele .... garganta.
09. .... señor director llega siempre tarde.
10. Perdí .... pasaporte al cruzar la frontera.
11. ¿No te hacen daño .... gafas?
12. .... mayor error de Napoleón fue invadir Rusia.

8. Diga el femenino de las siguientes palabras

اذكر عكوس الصفات الواردة بخط مائل

01. Bailarín
02. Sirviente
03. Profesor
04. Abogado
05. Deportista
06. Amante
07. Candidato
08. Poeta
09. Telefonista
10. Juez
11. Secretario
12. Emperador

9. Diga los adjetivos contrarios a los que aparecen en cursiva

اكتب عكس الصفات الواردة بخط مائل

01. Mi hijo es muy *corajudo / valiente.*
02. Nuestro vecino es muy *tacaño.*
03. Estas naranjas son *dulces.*
04. Este problema es muy *complicado.*
05. La película fue bastante *interesante.*
06. La ropa está *seca.*
07. La máquina da un rendimiento *malísimo.*
08. En el piso superior vive un *profesor.*

10. Coloque los adjetivos entre paréntesis en los puntos marcados antes o después de cada sustantivo

ضع الصفات بين قوسين قبل أو بعد النقاط الواردة قبل كل اسم

Las *(actuales)* .... investigaciones .... en la tecnología de los ordenadores siguen también otro rumbo. Por ejemplo, los que utilizan líquidos o gases en lugar de *(eléctricas)* .... corrientes .... Una *(importante)* ....

ventaja .... sobre los *(convéncionales)* .... ordenadores .... estriba en que ofrecen *(mayor)* .... seguridad .... que éstos en *(adversas)* .... circunstancias .... ; por ejemplo, si están sometidos a *(grandes)* .... variaciones .... de temperatura, como ocurre en los *(espaciales)* .... vehículos ....

11. Diga el adjetivo que corresponde a los siguientes sustantivos

اكتب الصفة المناسبة للأسماء التالية

01. año
02. sensatez
03. verano
04. primavera
05. deporte
06. temor
07. sensibilidad
08. comodidad
09. crítica
10. pereza
11. sutileza
12. profeta
13. individuo
14. monarquía
15. práctica
16. anarquía

12. Complete el sentido de estas frases con el indefinido, numeral o demostrativo más adecuado al contexto

أكمل مفهوم هذه الجمل مع الضمائر النكرة العددية منها أو البيانية المناسبة للنص

alguno, ninguno, cualquier(a), uno, ambos, primero, tercero, sendos, tal.

01. Según la Biblia, nuestros .... padres fueron Adán y Eva.
02. Eso que estas haciendo lo puede hacer ....: no tiene nada en particular.
03. Es un hombre que tiene muchas respuestas y .... pregunta.
04. La .... Guerra Mundial empezó en 1914.
05. Ese tejido se encuentra en .... tienda: es muy corriente.

06. Siento decir que no me gusta .... novelista actual: son unos pelmazos.
07. .... contendientes terminaros agotados.
08. Esta porcelana antigua la compré en .... tenducho del Rastro.
09. La .... vez que lo vi me resultó antipático, pero después he cambiado de opinión.
10. .... razones no me convencen ni me convencerán nunca.
11. Te lo he dicho dos veces: a la .... va la vencida.
12. .... hermanos aprobaron los exámenes.

13. Complete el sentido de estas frases con el adverbio o adjetivo que mejor vaya al contexto: *muy, mucho, bien, bueno*

أكمل مفهوم هذه الجمل إما بظرف أو صفة تناسب المضمون

01. Ese gazpacho frío sabe ....
02. Se expresa ....
03. Tengo .... hambre.
04. No me encuentro ....; tengo .... dolor de cabeza.
05. La película fue bastante ....
06. El postre está ....
07. Tu determinación no me convence ....
08. No estoy .... hoy.
09. Esto está .... pero me cuesta .... trabajo creelo.
10. Eran gente de .... dinero.

14. Complete el sentido de las frases siguientes con uno de estos indefinidos: *alguien, algo, nadie, nada, quienquiera, cualquiera, uno, ninguno, mucho*

أكمل مفهوم الجمل التالية مع ضمير نكرة من الضمائر المذكورة أعلاه

01. Ha dicho . . . . . . que no entiendo.
02. No conozco . . . . . . hombre con más personalidad que él.
03. .... de nosotros comprendió la conferencia.
04. Lo hizo sin escrúpulo ....
05. No basta con saber ...., hay que demostrarlo.
06. Tiene un carácter muy abierto: hace amistad con ....
07. Es un ignorante: no sabe .... de ....
08. La fiesta me resultó aburrida porque no conocía a ....
09. .... de estos trajes me satisface.
10. Esa dirección se la puede dar .... policía.
11. La nueva barriada tenía .... mercado y dos supermercados.
12. Este incendio se ha producido por .... cortocircuito.
13. ....que haya hecho esto, demuestra muy mala idea.
14. El tarbajo está bien, pero a .... le gusta divertirse de vez en cuando.
15. ¿Hay .... en el servicio?

15. Elija entre estas partículas las que mejor vayan a las siguientes oraciones *como, que, más, menos, tanto como, tan, tanto (-a, -os, -as)*

انتق من بين هذه العناصر العنصر المناسب لكل جملة

01. Ese artículo es . . . . . . malo .... nadie lo compra.
02. Últimamente llueve .... que no se seca la ropa.
03. Es este país dormimos .... en otras partes del mundo. ¿Verdad?
04. Mi abuelo vivió .... años .... el tuyo.
05. Enrique habla el alemán .... bien .... su padre.
06. Gastaban .... no les llegaba a fin de mes.

07. ¡No te fastidies! Tú no eras .... fuerte .... yo.
08. En España se trabaja .... en cualquier otro país europeo.
09. Hoy había en la corrida .... gente .... ayer.
10. Viven .... lejos del centro .... yo.
11. Gisela y Silvia son .... encantadoras .... todo el mundo las quiere.
12. Son .... ridículos .... producen risa.
13. Ese médico no sabe .... parece.
14. Joaquin era .... empollón .... Paco. Por eso sacaba peores notas.

16. Rellene los puntos con el pronombre o pronombres personales que exija exija el texto

ضع بدل النقاط الضمير أو الضمائر الشخصية التي يتطلبها النص

01. Ayer por la tarde se .... estropeó el teléfono (a nosotros).
02. A Juanita siempre se .... escapa la risa en los momentos más inoportunos.
03. Pasé un mal rato porque se .... durmió un brazo.
04. Como hacía viento, se .... cayó un tieso a la calle (a ellos).
05. Se .... cae la baba cuando te hablan de Mara Belén.
06. Se .... ha perdido el bolígrafo (a mí).
07. Se .... quemó la comida (a ella).
08. Le ofendieron y se .... subió la sangre a la cabeza (a usted).
09. Se .... pinchó una rueda de la moto (al cartero).
10. La pisé un callo y .... escapó un taco.
11. Ella no apagó la vela; .... apagó.
12. Tú no tiraste los papeles; .... cayeron.
13. Yo no quería decir eso; .... escapó.
14. El policía no apretó el gatillo; .... disparó la pistola sola.
15. No hubo primer plato porque a mi madre .... quemaron los fideos.
16. Tuvo que entrar por la terraza porque .... perdió la llave de la puerta.
17. No, doña Luisa, yo no rompí el vaso............ rompió.

17. Use la preposición por o para en las frases siguientes

استخدم حرف الجر por أو para في الجمل التالية

01. Aplazaron el viaje .... el verano.
02. Me voy .... una semana.
03. Se arrastró .... debajo de la mesa.
04. .... mí esa tía tiene más cara que espalda.
05. ¿Te vienes .... el centro?
06. .... lo menos deberías haberle avisado.
07. .... Pedro, tú eres un cero a la izquierda.
08. Ha navegado .... todos los mares del mundo.
09. Nueve .... ocho son setenta y dos.
10. Se compró unas botas .... la nieve.
11. Fue .... Semana Santa cuando le escribimos.
12. Últimamente se le ha dado .... la pintura.
13. Ese coche está hecho una pena .... fuera.
14. Al principio lo tomé .... forastero.
15. .... nosotras todo está perfectamente, no se moleste más.
16. .... ahora no hay nada que hacer; ya veremos más adelante.
17. Ese tipo se enfurece .... cualquier cosa.
18. Aún queda mucho .... discutir.
19. Te tienen .... persona muy capacitada.
20. Estoy .... el arrastre, chico: no puedo con mi alma.

18. Rellene los puntos con una preposición adecuada

ضع مكان النقاط خرف الجر المناسب

01. No le permito que lo haga .... ningún pretexto.
02. No he vuelto a verle .... entonces.
03. ¡Estás equivocado!, no hay nada .... ella y yo.

04. .... ahora no he podido hablar con él.

05. Apoyó la escalera .... la pared.

06. Los vagabundos vivían .... el puente.

07. .... lo que más quieras, no me causes más disgustos.

08. .... todo, me molesta su manera de hablar.

09. ¿Cómo vienes .... estas horas?

10. Se limpió los zapatos .... un trapo.

11. Me voy .... Toledo mañana.

12. No iremos .... pie; iremos .... coche.

13. .... las últimas estadísticas más de la mitad .... la población mundial pasa hambre.

19. Diga los términos de significación contraria a los siguientes

اعط المفهوم العكسي للمصطلحات التالية

01. Alegría
02. Verdad
03. Pobreza
04. Enfermedad
05. Justicia
06. Escasez
07. Belleza
08. Amor
09. Fuerza
10. Timidez
11. Sabiduría
12. Optimismo
13. Error
14. Desesperación
15. Perfección
16. Profundidad
17. Sinceridad
18. Claridad
19. Vanidad
20. Soledad
21. Luz
22. Actividad
23. Bondad
24. Cortesía
25. Simpatía
26. Generosidad
27. Suficiencia
28. Amistad
29. Respecto
30. Equilibrio

20. Elija entre los términos *donde, cuando, cuanto, como, según, el que mejor vaya al contexto.*

انتق من بين هذه المصطلحات ما يناسب المضنون

01. En .... termine usted esa carta, pase a mi despacho.
02. Te lo digo .... me lo comentaron, sin omitir una sola palabra.
03. Iban acomodándose .... entraban.
04. M gusta tener un piso .... haya ruido.
05. Déjate caer por casa .... quieras; serás bien recibido.
06. Este palacio destruido es de .... la guerra.
07. Para .... mi hijo esté en edad de casarse, estaré hecho un viejo.
08. Escriba .... quiera, no hay límite de palabras.
09. .... más le oigo, más me duele la cabeza.
10. En .... a su petición, me temo que ha sido denegada.
11. Estoy de acuerdo con la idea, pero .... y cómo se lleve a cabo.
12. Dijeron que bajarían al pueblo .... cayeran las primeras nieves.
13. .... no sabía inglés le denegaron la beca para Inglaterra.
14. .... el relato de los testigos, el accidente pudo evitarse.
15. .... bebió más de la cuenta, tuvimos que llevarlo a la casa.
16. El barrio .... vivimos está muy apartado del centro.

21. Complete estas frases con una de estas partículas: abajo, bajo, debajo.

أكمل هذه الجمل مع إحدى هذه التعابير

01. Hoy estamos a 4° .... cero.
02. El portero vive ....
03. El pueblo gritaba: ¡ .... con el tirano!
04. No hay nada nuevo .... el sol.
05. Tuvimos que prestar declaración .... juramento.
06. El lápiz está .... de ti.

07. Puedes hacerlo, pero .... tu responsabilidad.
08. El vecino de .... se pasa el día tocando el acordeón.

22. Coloque la preposición *por* o *para* en las siguientes frases.

ضع حرف الجر por أو para في الجمل التالية

01. ¡ .... bromas estoy yo!
02. ¡No te vayas! Están .... llegar.
03. Atravesó el bosque .... el atajo.
04. ¡Felicidades! Y que sea .... muchos años.
05. ¡ .... poco me pilla el autobús!
06. .... dormir no hay nada mejor que el vino.
07. .... fortuna no ha habido victimas.
08. Lo han multado .... aparcar en doble fila.
09. Tengan los trabajos preparados .... el próximo martes.
10. Tocó el tema sólo .... encima.
11. .... la priamvera nos vemos. ¿vale?
12. .... más que lo intentes, no conseguirás levantar esa piedra.
13. .... serle sincero, no me gusta la música.

23. Rellene los puntos con dos pri¡onombres personales que exija el texto

ضع بدل النقاط ضميرين شخصيين يتطلبهما النص

01. Cuando oigo esas cosas .... ponen los pelos de punta.
02. Al ver la langosta (a mí) .... hizo la boca agua.
03. Del susto que recibió .... cortó la voz.
04. Cuando se enteró de que habían suspendido a su hijo .... cayó el alma a los pies.
05. Estaban tan débiles que .... doblaban las piernas.

06. Dice que perdió el control de sus nervios y .... nubló la vista.
07. ¿Por qué (a ti) .... antojan siempre estas chucherías?
08. A tu hija siempre .... han atragantado las matemáticas.
09. Salga Vd. a tomar un poco el aire, a ver si .... despeja la cabeza.

24. Coloque el verbo en cursiven presente y utilice el pronombre personal que exige el texto

ضع الفعل الوارد بشكل مائل في صيغة الحاضر واستعمل الضمير الشخصي المطلوب

01. A nosotros *faltar* .... mil euros.
02. A mi *faltar* .... tiempo para terminar lo que tengo proyectado.
03. Todavía *sobrar* .... a ella treinta euros.
04. Ese tipo de chicas no *ir* .... a él.
05. Los pedantes *caer* .... mal a él.
06. Sé que a usted *desagradar* .... estas cuestiones.
07. A mí no *gustar* .... las gafas de sol.
08. Ya sé que a ti *fastidiar* .... las fiestas de sociedad.
09. A ella *faltar* .... valor para hacerlo.
10. Siempre que come fabada no *sentar* .... bien.
11. *¿Apetecer* .... a usted un güisqui?
12. A nosotros *hacer falta* .... ayuda.
13. Ahora *tocar* .... a nosotros pagar la siguiente ronda.
14 A Carmina *estar* .... bien ese peinado.
15. A ellos *quedar* .... cinco días para iniciar sus vacaciones.

25. Coloque los verbos que van en paréntesis en la persona del pretérito indefinido correspondiente

ضع الأفعال بين قوسين في صيغة الماضي التاريخي المناسب

01. *(Él)* no ***(dormirse)*** .... hasta las seis de la mañana.
02. *(Ella)* ***(caerse)*** .... en la zanja y se ***(romperse)*** .... una pierna.
03. *(Nosotros)* nunca ***(saber)*** .... la verdad.
04. *(Ellos)* ***(traer)*** .... las herramientas en un santiamén.
05. Los romanos ***(construir)*** .... muchos puentes y carreteras.
06. Sí, *(yo)* ***(oir)*** .... lo que decía, pero no ***(querer)*** .... contestarle.
07. *(Él)* ***(morise)*** .... de pena.
08. No me ***(caber)*** .... la menor duda de su idiotez.
09. *(Ellos)* ***(ponerse)*** .... las botas.
10. *(Él)* ***(decir)*** .... que llegaría tarde.
11. Los soldados ***(huir)*** .... en todas las direcciones.
12. *(Yo)* ***(llevar)*** .... a mi hermanito a la escuela.
13. *(Ella)* ***(tener)*** .... que retractarse de sus palabras.
14. *(Yo)* ***(recorrer)*** .... medio mundo.

26. Complete las siguientes frases con una forma verbal en presente o con la perifrases "estar + gerundio", según los ejemplos

أكمل الجمل التالية في صيغة المضارع أو صيغة الحال مع فعل الكون estar، كالأمثلة المعطا

Ej.: **a.** .... unos bollos para el desayuno ◃ ***yo, traer***

Traigo *unos bollos para el desayuno.*

b. Ya puedes echar la pasta el agua .... ◃ ***hervir***

Ya puedes echar la pasta el agua ***está hirviendo****.*

01. El Banco de España .... nuevos billetes de cien euros. ◃ ***emitir***
02. Los niños .... en el jardín de la casa. ◃ ***jugar***

03. .... mi blusa porque está muy arrugada. ◃ ***yo, planchar***
04. .... un partido de fútbol internacional. ◃ ***nosotros, ver***
05. Ya ...., espérame en el portal. ◃ ***yo, salir***
06. ¿Con quién .... tu hermana por teléfono? ◃ ***hablar***
07. He oído un ruido. Alguien .... abrir la puerta. ◃ ***intertar***
08. ¿De qué ....? .... de que no me .... ningún caso. ◃ ***tú, quejarte, yo – quejarme – tú, haces***
09. Los vecinos .... firmas para que no instalen un certedero de basuras en las cercanías del pueblo. ◃ ***recoger***
10. .... ahora mismo porque .... una cita con el dentista y no .... llegar tarde. ◃ ***yo, irme – yo, tener – yo, querer***

27. Complete los puntos suspensivos con la forma verbal adecuada

ضع عوضاً عن النقاط صيغة الفعل المناسبة

Ej.: ¿A qué hora .... el tren? ◃ ***salir***

*¿A qué hora **sale** el tren?*

01. ¿Cuándo .... tu hermano. ◃ ***llegar***
02. ¿............ usted en la próxima parada? ◃ ***bajar***
03. ¿Cuándo .... *(ellos)* para eligir al vicepresidente? ◃ ***reunirse***
04. ¿ .... *(yo)* este año a las oposiciones o lo .... *(dejar)* para el año que viene? ◃ ***presentarme***
05. ¿Cómo .... *(nosotros)* para esta tarde? ◃ ***quedar***
06. ¿ Cuándo .... *(tú)* a tu tierra? ◃ ***volver***
07. ¿Con quién .... *(tú)* esta noche? ◃ ***salir***
08. ¿Quién nos .... esta tarde? ◃ ***visitar***
09. ¿Cuándo .... *(nosotros)* las cartas? ◃ ***escribir***
10. ¿Qué .... *(nosotros)* el fin de semana? ◃ ***hacer***
11. ¿No .... *(tú)* a nadie en la ciudad? ◃ ***conocer***
12. ¿Cuándo .... *(vostros)* al cine? ◃ ***ir***

13. ¿Con quién .... *(ellos)* a cazar liebres? ◃ ***ir***
14. ¿Cuándo .... las vacaciones? ◃ ***acabarse***

28. Pón las siguientes oraciones en el tiempo pasado correspondiente

ضع الجمل التالية في صيغة الماضي المناسبة

Ej.: Todas las mañanas escucho las noticias en la radio mientras desayuno.
Todas las mañanas ***escuchaba*** *las noticias en la radio mientras* ***desayunaba****.*

01. Siempre se queja que no tiene dinero para ir de juerga.
02. Todos los días salgo temprano de casa para evitar el atasco del centro.
03. Por la noches nos reunimos varios amigos en mi casa para jugar a las cartas.
04. Su hermana trabaja por las mañanas en el Ministerio y por las tardes colabora en el voluntariado social.
05. Cada día me llama por teléfono y estamos hablando durante varias horas.
06. Normalmente vamos al teatro los sábados por la noche.
07. Todas las mañanas desayuna chocolate con churros.
08. El autobús de la empresa nos recoge por la mañana temprano para llevarnos al trabajo.
09. Por las tardes mi vecino pone la música muy alta y no me deja estudiar.
10. Todos los veranos nos vamos de vacaciones a la playa.

29. Completa las siguientes frases poniendo los verbos en el tiempo correcto

ضع أفعال الجمل التالية في الصيغة المناسبة

Ej.: Ya .... de noche y si uno .... hacia el cielo .... ver las estrellas que .... radiantes sobre un cielo oscuro. ◃ ***ser – mirar – poder – lucir***
Ya ***era*** *de noche y si uno* ***miraba*** *hacia el cielo* ***podía*** *ver las estrellas que lucían radiantes sobre un cielo oscuro.*

01. José .... alto, moreno, de ojos castaños y su rostro .... una expresión triste que nunca lo .... ◃ ***a. ser** – b. **tener** – c. **abandonar***

02. Cuando .... joven, ... en el aeropuerto, ... en la sección de facturación; el cliente .... con billete y yo .... la que .... s .... su nombre en la lista de pasajeros y si .... le .... la tarjeta de embarque. ◃ *a. **yo, ser** – b. **trabajar** – c. **estar** – d. **llegar** – e. **ser** – f. **comprobar** – g. **aparecer** – h. **estar** – i. **entregar***

03. Su vida .... en prestar ayuda a los demás y su conversación .... siempre alrededor de los grandes problemas de la humanidad.
◃ *a. **consistir** – b. **girar***

04. Su madre .... una persona mayor que no .... enferma, pero siempre .... de tener problemas de salud; .... siempre todos los cuidados y .... que .... siempre peor que nadie.
◃ *a. **ser** – b. **estar** – c. **quejarse** – d. **reclamar** – e. **decir** – f. **encontrarse***

05. Durante su estancia en el hotel .... todas las noches a cenar al restaurante y después mientras .... cócteles en el bar, ... cigarrilos, ... la prensa o .... novelas.
◃ *a. **ellos, bajar** – b. **tomar** – c. **fumar** – d. **ojear** – e. **leer***

06. Aquel hombre .... altoy delgado y su cuerpo, a pesar de la edad, ... aspecto juvenil; su cabello .... negro y las arrugas que .... en la frente no le .... el rostro en absoluto.
◃ *a. **ser** – b. **tener** – c. **ser** – d. **tener** – e. **afear***

07. "La tarde .... pausadamente y el último sol del día .... de rosa y morado los volcanes. Los campos de lava .... en torno a las casas blancas, rodeadas de diminutos jardines de geranios rojos. En la linea impecable del horizonte, el mar aún .... el azul. Pero más cerca, en la orilla, en las aguas del puerto, bajo el gran ventanal del bar abierto sobre los barcos del muelle, el azul .... en sombras. Por el este de la isla, el brillo de las premeras luces .... de luciérnagas. La costa." ◃ *a. **descender** – b. **teñir** – c. **oscurecerse** – d. **conservar** – e. **disolverse** – f. **salpicar***

30. Completa las siguientes frases poniendo los verbos entre paréntesis en pretérito imperfecto, pretérito indefinido o la construcción "estaba + gerundio" según corresponda

أكمل الجمل التالية وذلك بوضع الفعل بين قوسين في الماضي البسيط |أو الماضي التاريخي أو مع المصطلح estar وفاعل الحال

Ej.: Ayer no .... a mis amigos a visitar el museo porque .... demasiado cansada y porque .... demasiado calor. ◁ ***yo, acompañar – yo, estar – hacer***
*Ayer no **acompañé** a mis amigos a visitar el museo porque **estaba** demasiado cansada y porque **hacía** demasiado calor.*

01. .... al restaurante, ... al primer piso y .... a un pequeño comedor donde ya nos .... nuestros amigos.
◁ ***nosotros, llegar – subir – llegar – esperar***
02. Cuando .... a su casa, Maria .... en el salón mientras .... una taza de té. ◁ ***yo, llegar – leer – tomar***
03. .... de su casa, ... las escaleras y al llegar al portal .... a su hijo que .... de su novia. ◁ ***yo, salir – bajar – ver – despedirse***
04. Le .... dónde .... Correos y me .... hasta un edificio viejo y destartalado que .... a pocos metros de allí.
◁ ***yo, preguntar – estar – él, acompañar – hallarse***
05. Maria .... ayer un accidente, ... por una carretera comarcal cuando el coche .... ; no .... controlar el volante y .... por un barranco. ◁ ***tener – ella, conducir – patinar – poder – caer***
06. Cuando .... al café, el humo .... toda la sala y los clientes .... en torno a la barra y .... a gritos a los camareros.
◁ ***nosotros, llegar – llenar – agolparse – llamar***
07. .... a salir de casa cuando me .... por teléfono un amigo.
◁ ***yo, disponerme – llamar***
08. Cuando .... en la zapatería .... de que no .... dinero suficiente para comprar los zapatos. ◁ ***yo, entrar – yo, darme cuenta – tener***

31. Transforma las frases siguientes del estilo directo al estilo indirecto, según el modelo.

حول الجمل التالية من الكلام المباشر إلى الكلام غير المباشر حسب المثال

Ej.: El cartero me counicó: "No **he recibido** ningún paquete a su nombre".

*El cartero me comunicó que no **había recibido** ningún paquete a mi nombre.*

01. Nos comentaron: "Nos hemos comidos unos bocadillos porque no hemos encontrado ningún restaurante para comer bien".
02. Nos dijeron: "Hemos perdido el tren porque hemos llegado tarde a la estación.
03. Me comentó: "He pasado muchas veces por aquí, pero nunca me he detenido a ver las flores del parque".
04. Les pregunté: "¿Cómo lo habeís pasado en la cena de fin de curso?"
05. Me contestaron: "Lo hemos pasado estupendamente; nos hemos divertido muchísimo".
06. Los dos decían lo mismo: "Nuestro amor ha sido amor a primera vista".
07. Su madre le dijo: "Tu amigo ha telefoneado y ha dicho que viene a buscarte a las siete".
08. Los periódicos dieron la noticia: "Ayer se produjo un atentado en una céntrica calle de la ciudad.
09. Nos comentó: "Hemos ido a cenar a un restaurante nuevo que han abierto cerca de nuestra casa y la comida nos ha parecido estupenda.
10. Me repitió varias veces: "¿Has entendido lo que te he dicho? Si es así, ya sabes lo que tienes que hacer".
11. Nos contó lo siguiente: "Me han contratado para trabajar como intérprete en un hotel de la costa.

32. Rellena los puntos suspensivos con la forma verbal adecuada, teniendo encuenta que en todos los casos hay una acción pasada anterior a otra también pasada.

ضع مكان النقاط صيغة الفعل المناسبة آخذاً بعين الاعتبار أن هناك زمناً ماضياً يسبق آخر

Ej.: .... el tren y .... hacer auto-stop. ◃ ***yo, perder – yo, decidir***

Había perdido *el tren y* ***decidí*** *hacer auto-stop.*

01. Ya .... el sol cuando .... a subir la montaña.
◃ ***salir – nostros, empezar***
02. Cuando .... por la mañana, los niños ya .... al colegio.
◃ ***yo, despertarme – irse***
03. Aún no .... de prepara la comida cuando .... mis invitados.
◃ ***yo, terminar – llegar***
04. Cuando .... de que su amigo la .... y nadie la .... mucho. ◃ ***ella, enterarse – llamar – avisar – ella, enfadarse***
05. Ya .... cuando .... a su casa después de una noche de juerga.
◃ ***amanecer – él, llegar***
06. Cuando .... de su viaje por la India, nos .... las fotos que ....
◃ ***ellos, regresar – ellos, enseñar – ellos, hacer***
07. Aún no .... su trabajo cuando le .... otro.
◃ ***él, terminar – ellos, encargar***
08. Ya .... la puerta de su casa cuando .... de que .... las llaves dentro. ◃ ***cerrar – acordarse – dejarse***
09. .... su coche en un lugar prohibido y cuando .... a recogerlo la grúa se lo .... ◃ ***él, aparcar – volver – llevar***
10. Cuando .... en la sala de cine, la película ya ....
◃ ***ellos, entrar – empezar***

33. Transforma las frases siguientes en otras que sean más coloquiales, según el ejemplo

حول الجمل التالية إلى جمل أخرى أكثر عامية، وذلك حسب المثال

Ej.: Si los futbolistas hubieran jugado mejor, **habrían ganado** el partido.
*Si los futbolistas hubieran jugado mejor, **habían ganado** el partido.*

01. Si me hubieras dicho que tenías prisa por llegar a tu casa, te habría llevado en mi coche.
02. Si hubieras estudiado durente el curso, no habrías suspendido el exámen de junio.
03. Si hubieras estado mirando por donde ibas, no te habrías chocado contra la farola.
04. Si hubiera sabido que estabas enfermo, habría ido a verte.
05. Si te hubiera visto, te habría saludado, pero la verdad es que no te vi.

34. Rellena los puntos suspensivos con la forma verbal adecuada del futuro, según el ejemplo

عوض عن النقاط بصيغة فعل مناسبة في المستقبل، حسب المثال

Ej.: Hacienda .... los casos de fraude. ◃ ***investigar***
*Hacienda **investigará** los casos de fraude.*

01. No .... los resultados de votaciones hasta dentro de unos días. ◃ ***nostros, saber***
02. .... adoptar o acoger niños parejas con una convivencia mínima de tres años. ◃ ***poder***
03. La nueva autopista .... cerca de nuestro pueblo. ◃ ***pasar***
04. El Presidente del gobierno y siete ministros .... el diputación permanente. ◃ ***estar***

05. La televisión .... algo tan omnipresente que pronto .... un objeto que nos .... hacerlo todo sin movernos de casa. ◁ ***ser – ser – permitir***
06. Los planes urbanísticos .... reservar suelo suficiente para usos infantiles. ◁ ***deber***
07. El estado .... grandes cantidades de dinero por la privatización de las empresas públicas. ◁ ***ingresar***
08. La compañía telefónica .... a disposición de los usuarios en servicio de atención al cliente. ◁ ***poner***
09. Gobierno y sindicatos .... conversaciones con el fin de evitar la huelga. ◁ ***mantener***
10. Mañana el cielo .... parcialmente nuboso en todas las cordilleras de la Península. ◁ ***estar***

35. Pón los infinitivos en el tiempo y modo que convenga

ضع المصدر في الزمن والصيغة المناسبة

01. Si (tú) *hacerme* .... ese favor, yo te *estar* .... sumamente agradecido.
02. ¡*Pedir* .... (tú) lo que te *parecer* .... !
03. Ayer él me *hablar* .... como si *tener* .... algo contra mí.
04. Ya es hora de que yo *hacer* .... valer mi opinión aquí.
05. Transcurrió la jornada sin que *ocurrir* .... ningún incidente.
06. Criticaron duramente a los que les *haber* .... ayudado.
07. El que *haber* .... visto a Pedro que me lo *comunicar* .... inmediatamente.
08. ¡Ojala (él) *ser* .... buena persona como usted nos *asegurar*............ !
09. Le dije que *buscar* .... una pensión cuando *llegar* .... a Córdoba.
10. El portero no sabía si los atracadores *ser* .... dos o tres.
11. ¡Jo! Cada vez que *sonar* .... el teléfono se equivocan de número.
12. Por mucho que (yo) *insistir* ...., ellos no se quitar esa idea de la cabeza.

36. Transforma las siguientes frases en construcciones que se considere más cortes, según el ejemplo:

حول الجمل التالية إلى تعابير ألطف، حسب المثال

EJ.: ¿Puedes pasarme la sal?

*¿**Podrías** pasarme la sal?*

01. ¿Puedes bajar el volumen de la radio que está muy alto y no puedo concertrarme?
02. ¿Te importa dejar ya de hablar por teléfono que necesito hacer una llamada urgente?
03. ¿Me haces el favor de cerrar la puerta que tengo mucho frio?
04. ¿Puedes hablar un poco más alto que no me entero de lo que dices?
05. ¿Te apetece tomar un café?
06. ¿Le interesa conocer vuestras ofertas?
07. No quiero mostrarme severa en exceso.
08. ¿Es posible rechazar la fecha del exámen?
09. Me atrevo a decir que usted es la persona idónea para ese trabajo.
10. ¿No te importa salir un momento que quiero hablar a solas con ella?

37. Transforma las siguientes frases según el modelo:

حول الجمل التالية حسب المثال الوارد

Ej.: Primero terminaremos de corregir los exámenes y después nos iremos de vacaciones.

Cuando vayamos de vacaciones, ya habremos terminado de corregir los exámenes.

01. Escribiré la carta y después iremos a comer.
02. Leeré este libro y después te lo prestaré.
03. Iré a recoger a mi hermana al aeropuerto y luego pasaré a buscarte.

04. Terminaré de escribir esta novela y después empezaré a escribir otra.
05. Primero vivirán juntos durante unos meses y después se casarán.

38. Pón las siguientes oraciones en estilo indirecto

ضع الجمل التالية في صيغة الكلام غير المباشر

Ej.: Nos dijo: "Cuando ellos vuelvan, nosotros ya nos habremos ido.
*Nos dijo que, cuando ellos volvieran, ellos ya se **habrían ido**.*

01. Nos dijo: "En el mes de mayo ya habré comenzado a trabajar en mi nuevo empleo."
02. Los políticos vaticinaron: "Dentro de dos años habremos conseguido solucionar el problema del paro."
03. Me comunicó: "Cuando te llame por teléfono, ya habré llegado al hotel."
04. Nos confirmaron: "Mañana habrán terminado las obras en esta carretera y se podrá volver a circular por ella."
05. Me dijo: "Cuando oigas el ruido del motor, ya habrá empezado a funcionar el aire acondicionado."

39. Pón el infinitivo entre paréntesis en la forma verbal adecuada:

ضع المصدر بين قوسين في صيغة الفعل المناسبة

Ej.: Quiero que me .... la verdad de lo ocurrido. ◃ ***tú, decir***
*Quiero que **me digas** la verdad de lo ocurrido.*

01. Me asusta que .... *(tú, **viajar**)* sola en coche.
02. Me sorprende que .... *(tú, **hacer**)* promesas que luego no .... ***(cumplir)***.
03. Los trabajadores solicitan que el jefe les .... *(**conceder**)* una entrevista.

04. Los profesores prohíben que los alumnos .... *(ellos, **copiar**)* en los exámenes.
05. Me apena que no .... *(tú, **contar**)* conmigo para planear vacaciones.
06. Es muy posible que le .... *(ellos, **renovar**)* el contrato, porque .... *(él, **trabajar**)* mucho durante estos últimos seis meses.
07. Me han pedido que les .... *(yo, **acompañar**)* a visitar el Museo del Prado.

40. Pón los infinitivos en cursiva en la forma que exija el contexto

ضع المصدر الوارد بشكل مائل في الصيغة التي يتطلبها المضمون

Ej.: El Congreso *seguir* .... *deliberar* .... sobre la ley de divorcio.
*El congreso **sigue deliberando** sobre la ley de divorcio.*

01. No nos fiamos ni un pelo de él, siempre *andar* .... *contar* .... mentiras.
02. No le lleves la contraria porque (tú) *salir* .... *perder* ....
03. Veo que vosotros *ir* .... *mejorar* .... vuestro castellano poco a poco.
04. Él se fue y ella *quedarse* .... *bailar* .... con un antiguo admirador.
05. Anoche Rafael *quedarse* .... *leer* .... hasta muy tarde.
06. No (ustedes) *andar* .... *escribir* .... en las paredes. No ven que es muy feo.
07. La anciana *venir* .... *cobrar* .... la pensión desde la muerte de su marido.
08. Como es hora punta, será preferible que nosotros *ir* .... *andar* .... a casa.
09. Nosotros *llevar* .... *esperarle* .... más de una hora y sigue sin llegar.
10. Por aquel entonces *(tú)* ya *llevar* .... *estudiar* .... español cuatro años.

41. Utiliza en las siguientes frases el verbo de la columna derecha que considere más adecuado

استخدم في الجمل التالية فعلاً من العمود على اليمين تراه مناسباً

01.	El negocio le salió mal por .... con indeseables.	***cansarse***
02.	Como no me gusta el flamenco demasiado .... mucho.	***perderse***
03.	Le sacó tanta punta allápiz que	***aburrirse***
04.	Nos metimos por callejuelas desconocidas y	***romperse***
05.	Cuando juego al tenis más de dos horas	***animarse***
06.	La fiesta .... mucho con la llegada de los payasos.	***engancharse***
07.	No le gusta viajar en barco porque siempre	***interesarse***
08.	Es un tipo muy apático; no .... por nada.	***mezclarse***
09.	*(Él)* .... con dos vasos de vino.	***emborracharse***
10.	Anduvo sin chaqueta toda la tarde y	***marearse***
11.	Algunos ejecutivos .... al trabajo como a una droga.	***enfriarse***

42. Dá la forma apropiada del pretérito imperfecto o del pretérito indefinido

ضع الصيغة المناسبة للماضي البسيط والماضي التاريخي

01. Ayer *(yo)* .... un día extraordinario. ◁ ***pasar***
02. Por esas fechas *(ella)* .... todos los años. ◁ ***venir***
03. .... una vez un rey que tenía dos hijas. ◁ ***haber***
04. A los 18 años *(nosotros)* .... que la vida era todo rosas. ◁ ***creer***
05. Cuando *(tú)* .... a Madrid *(tú)* .... 25 años. ◁ ***llegar – tener***
06. .... un día de invierno. ◁ ***ser***
07. *(Ellos)* .... muchos regalos de Navidad. ◁ ***recibir***
08. .... cantar todas las mañanas mientras .... ◁ ***soler, ir – afeitarse***
09. El lunes pasado *(nosotros)* .... de viaje. ◁ ***ir***
10. .... un día de invierno, cuando yo la conocí. ◁ ***ser***
11. Ayer .... nevando sin parar toda la noche. ◁ ***estar***

12. El lunes pasado (nosotras)............ de viaje, cuando .... el coche. ◃ ***ir – estropearse***
13. En aquel momento (nosotras) .... la verdadera razón de su comportamiento. ◃ ***comprender***

43. Dá la forma adecuada del pretérito imperfecto o del pretérito indefinido en las siguientes frases

ضع الصيغة المناسبة للماضي البسيط والماضي التاريخي في الجمل التالية

01. Antes que me olvide, ¿qué *(tú) hacer* .... la semana pasada?
02. ¿Cada cuánto *(ellas) visitar* .... a su familia?
03. Aquella cuaresma *(nosotros)* no *tomar* .... una sola copa de alcohol.
04. Por lo general *(ella) soler* .... pasar los domongos en el campo.
05. ¡Puf! El otño de 1989 *ser* .... uno de los más lluviosos del siglo.
06. Todos los días de esas navidades (yo) *trabajar* .... como una loca.
07. Cuando *(usted) buscar* .... empleo, era muy difícil encontrarlo.
08. El verano pasado (ella) *recorrer* .... medio mundo.
09. El sábado *(yo) estar* .... oyendo música moderna toda la tarde.
10. Ahora lo recuerdo; antes (yo) no lo *recordar* ....
11. Hace ocho años (vosotras) *fumar* .... un paquete al día; hoy ni lo tocáis.
12. En 1980 *(ella) tener* .... buena voz, hoy apenas se la oye.
13. No hay derecho, mientras *(tú) pasarlo* bien ...., yo *aburrirme* .... como una ostra.
14. Los lunes *(yo) llegar* .... a casa temprano; pero ese lunes *(yo) llegar* .... tardísimo.
15. Durante más de un año *(ellos) utilizar* .... el Metro para moverse en Madrid.
16. Siempre tomábamos un café a las cinco, esa tarde *(nosotros) tomarlo* .... a las seis.

44. Dí los adjetivos de significación contraria

اذكر عكوس هذه الصفات

01. Ese hombre es muy *trabajador*.
02. Es una calle de dirección *doble*.
03. Es un chiste *gracioso*.
04. Es un soldado *valiente*.
05. Siempre habla de casos *particulares*.
06. Es un chico muy *callado*.
07. El fuego está *encendido*.
08. El tranajo está bastante *adelantado*.
09. Tienen un jardín muy *cuidado*.
10. Esa solución es *inadecuada*.

45. Rellena los puntos con un verbo adecuado

إملأ الفراغات بفعل مناسب

01. Se .... al exámen sin saber nada.
02. Al ver la policía , él .... a correr.
03. Has .... una tontería mayúscula.
04. ¿Le gusta a usted .... el piano?
05. Mi hermana .... veinte años mañana.
06. Se fue a .... un paseo.
07. Por efectos de la tempestad el barco ....
08. Fue a .... el pelo.
09. Se .... los zapatos porque le hacían daño en los pies.
10. ¿Se ha .... usted la medicina?
11. Se han .... a una casa nueva.
12. El automóvil se .... contra un árbol.

46. Formula deseos de cumplimiento poco probable en el presente y en el futuro

شكل جملاً تعبر عن الرغبة أو الوفاء في الحاضر والمستقبل

Ej.: Poder dormir bien esta noche.

*¡Ojalá **pudiera** dormir bien esta noche, pero con el calor que hace me temo que no podrá ser.*

01. Tener una casa grande como la tuya.
02. Poder estar juntos toda la vida.
03. Saber lo que va a ocurrir en el futuro.
04. Poder realizar alguno de sus sueños.
05. Poder vivir sin trabajar.
06. Poder hacer un viaje alrededor del mundo.
07. Tener una gran biblioteca.

47. Pón las palabras que van en cursiva en gerundio.

ضع الكلمات الواردة بشكل مائل في صيغة خال الفاعل

01. Estuvo .... hasta la seis de la mañana. ◃ ***trabajar***
02. Mataba el tiempo .... crucigramas. ◃ ***hacer***
03. .... terminado el banquete, llegó la hora de los discursos. ◃ ***Haber***
04. Hoy, ... vi a tu padre. ◃ ***mientras paseaba***
05. Antonio siempre va .... a la escuela. ◃ ***correr***
06. Aun .... la verdad, deberías haberte callado. ◃ ***saber***
07. Y .... pintado los últimos detalles, dio por terminada su obra. ◃ ***haber***
08. .... no hay posibilidad de hacerse rico. ◃ ***Enseñar***

48. Formula mandatos en forma afirmativa y negativa con los siguientes elementos:

ضع صيغة الأمر الإيجابية والسلبية للعناصر التالية:

Ej.: Contar lo que ha sucedido.

Cuéntame *lo que ha sucedido. /* ***No me cuentes*** *lo que ha sucedido.*

01. Salir de la habitación.
02. Comerte todos los pasteles.
03. Llevarte el paraguas porque llueve.
04. Leer este libro porque es muy interesante.
05. Bajar en el ascensor.
06. Cruzar la calle ahora.
07. Ir a ver esa película porque es muy divertida.
08. Encender la luz.
09. Quitar esos libros de encima de la mesa porque me estorban.
10. Sentarte en esta silla.

49. Transforma las siguientes oraciones en una construcción de infinitivo siempre que sea posible

ول هذه الجمل إلى الصيبغة المصدرية إن أمكن ذلك

Ej.: Veo que los niños salen del colegio.

Veo ***salir*** *a los niños del colegio.*

01. Vi que (ella) atravesaba el jardín en dirección a la calle.
02. Veo que la gente que corre para resguardarse de la lluvia.
03. Escuchó que los muchachos hablaban de sus conquistas.
04. Oigo que los vecinos discuten todo el día.
05. Observo que los niños juegan en el patio.

50. Coloca el adjetivo o el pronombre posesivos más adecuados al contexto

ضع الصفة أو ضمائر الملكية التي تناسب المضمون

1ª Persona singular (yo)

01. No te consiento que uses .... coche.
02. Este amigo .... sabe mucho de historia.
03. Tus preocupaciones no son las ....
04. Tu prefesión es interesante, pero la .... es fascinante.

2ª Persona singular (tú)

01. Mi chica cocina mejor que .... mujer.
02. Lo que es mío es también ....
03. .... amigotes me fastidian.
04. .... razones no me convencen en absoluto.

3ª Persona singular (él, ella)

01. .... desesperación era verdaderamente patética.
02. .... negocios iban de mal en peor.
03. Este libro .... es un rollo.
04. Hay que reconocer que nuestros empleados son menos capaces que los ....

1ª Persona plural [nosotros(as)]

01. .... aspiraciones son idénticas.
02. Ese jardín se parece al ....
03. Aquella casa .... está hecha una pena.
04. No desconfíes; es ....

2ª Persona plural [vosotros(as)]

01. .... hijos son muy salados.
02. Dijo el orador: "Jóvenes, el mundo es ...."

03. Con su permiso y con el .... me retiro.

04. Cuidad .... amistades.

3ª Persona plural (ellos, ellas)

01. .... pretensiones eran demasiadas.

02. En .... caso yo no me preocuparía.

03. Este cuñado .... es un hombre de bien.

04. Se me averió el coche en las mismas circunstancias que las ....

(Usted, ustedes)

01. Déme .... dirección y .... teléfono.

02. Hay que reconocer que .... punto de vista es convincente.

03. Sí, mi chico es aplicado, pero el .... es más inteligente.

04. ¿Son .... estos papeles?

51. Transforma a la pasiva según el modelo

حول الجمل إلى المبني للمجهول حسب المثال

Ej.: El fuego destruyó la casa

La casa ***fue destruida por*** *el fuego.*

01. Isabel abrió la carta.

02. Picasso pintó "El Guernica".

03. Un coche atropelló a un niño.

04. El ministro de Hacienda presentó el presupuesto.

05. El Congreso aprobó la ley de diviorcio.

06. La policía capturó a los terroristas.

07. Europa propondrá a Gorbachew para el Premio Nobel de la Paz.

52. Transforma según el modelo

حول الجمل حسب المثال

Ej.: Pagaron las facturas.

Las facturas fueron pagadas.

01. Pintaron las paredes.
02. Recigieron los platos
03. Leyeron las cifras
04. Resuelven las dificultades.
05. Regaron las calles.
06. Examinan los documentos.
07. Venden los coches.
08. Jugaron la vida.

53.Ház el contraste entre el imperfecto y el indefinido según el modelo

بين الفرق بين الماضي البسيط والماضي التاريخي كما في ا لمثال الوارد

Ej.: Todas las semanas *iba* al cine.

Pero esta semana no ***fui****.*

01. Todas las tardes .... *(nosotros)* té. Esa tarde no lo .... ◃ ***tomar***
02. Siempre .... *(yo)* los niños al colegio. Ayer no .... ◃ ***llevar***
03. Los sábados .... *(nosotros)* fuera. Ese sábado .... en casa. ◃ ***comer***
04. En verano .... *(ellos)* a la playa. El verano pasado .... a la montaña. ◃ ***ir***
05. Todos los domingos .... *(él)* al fútbol. Este domingo no .... ◃ ***jugar***
06. Todas las mañanas .... *(yo)* las noticias. Hoy no .... ◃ ***escuchar***

54. Rellena los puntos suspencivos con la preposición adecuada:

a, ante, con, contra, de, entre, sin, sobre

ضع بدل النقاط حرف الجر المناسب

01. Están llamando .... la puerta.
02. Haremos los deberes .... la tarde.
03. El alumno escribe .... cuidado.
04. Los invitaremos mañana .... cenar.
05. Nuestros amigos son .... Sur.
06. El albañil se apoyó .... la pared.
07. La niña se fue .... su casa.
08. La comida sabía bien, estaba .... sal.
09. Le gopearon .... un ladrillo.
10. El profesor hablará .... Cervantes.
11. El testigo se presentó .... el juez.
12. Estamos .... amigos.
13. El año pasado vivíamos .... familia francesa.

55. Rellena los puntos suspencivos con la preposición "por" o "para"

ضع بدل النقاط حرفي الجر "por" أو "para"

01. Nadamos .... debajo del barco.
02. Enviaron dinero .... sus hijos.
03. .... escribir bien se necesita práctica.
04. Recibí la carta .... el mes de octubre.
05. Le di las gracias .... el favor que me hizo.
06. .... hacerse socio de ese club hay que ser presentado .... otros dos socios.
07. Ese libro del que tú hablas está .... escribir.
08. .... mí ese chiste no tiene gracia.

09. .... tener cincuenta años se conserva muy bien.
10. El niño se levanta mucho .... la noche.
11. Cuando la encontré iba .... el banco.
12. Lo tendrán terminado .... el lunes próximo.
13. Fue perseguido .... la policía.
14. Nuestra casa está ya .... terminar.
15. El padre trabaja .... su familia.
16. He vendido mi coche .... 800 euros.
17. Hace cinco minutos venía .... acá.
18. Se descalzó .... no meter ruido.

56. Elije de estos interrogativos *qué, cúal(es), dónde, cómo, cuándo, por qué desde cúando,* el que más convenga a cada una de las siguientes frases.

انتق اسم استفهام من الأسماء المذكورة أعلاه، يناسب إحدى هذه الجمل

01. ¿ .... de esas señoras es tu madre?
02. ¡Pero hombre!, ¿ .... te pasa?
03. ¿ .... ha hecho eso?
04. ¿ .... lo supiste tan pronto?
05. ¿ .... saliste de Madrid?
06. ¿ .... vives ahora?
07. ¿ .... hace ese señor?
08. ¿ .... no me habéis dicho la verdad?
09. ¿ .... son las ciudades españolas que usted conoce?
10. ¿ .... estás aquí, Ramon?

57. Completa con *el* o *la*

أتمم الجمل مع الأداة la أو la

01. ***la** mesa*	08. .... bolígrafo	15. .... maleta
02. .... ventana	09. .... televisión	16. .... ejercicio
03. .... cuaderno	10. .... abogada	17. .... amigo
04. .... libro	11. .... estudiante	18. .... pulsera
05. .... pizarra	12. .... puerta	19. .... regalo
06. .... conejo	13. .... habitación	20. .... diccionario
07. .... hotel	14. .... violín	21. .... parque

58. Escribe el femenino

حول إلى صيغة المؤنث

01. el conductor	***la conductora***	07. el doctor
02. el actor		08. el fotógrafo
03. el artista		09. el macho
04. el pianista		10. el marido
05. el maestro		11. el anciano
06. el perro		12. el dependiente

59. Completa la tabla

أكمل الجملة كالمثل

01. *Un gato blanco.*	***Una gata blanca.***
02.	Una actriz buena.
03. Un hombre alto.	....
04.	Una reina simpática.
05.	Una mujer elegante.

06. Un estudiante inteligente. ....
07. .... Una estudiante brasileña.
08. .... Una pintora argentina.
09. Un artista famoso. ....
10. Un escritor importante. ....
11. .... Una dependiente amable.
12. Un poeta famoso. ....

60. Escribe el plural

حول إلى صيغة الجمع

01. *Unos coches blancos.* ***Un coche blanco.***
02. Una cámara japonesa. ....
03. Un libro interesante. ....
04. Una mujer alta. ....
05. Un perro marrón. ....
06. Un autobús nuevo. ....
07. Una flor bonita. ....
08. Una niña iraní. ....
09. Una ciudad grande. ....

61. Elige entre las formas que te proponemos y completa las frases

اختر الكلمة المناسبة ثم أكمل الجملة

01. el hombre / la mujer .... es rubia.
02. el padre / la madre .... es más alto que yo.
03. el yerno / la nuera .... de José es abogado.
04. el sobrino / la sobrina .... de mi padre es muy joven.
05. el hijo / la hija .... mayor es profesor.

06. El cuñado / la cuñada .... de Maria está casada con Pedro.

07. el tío / la tía .... de mi padre se llama Elsa.

62. Transforma según el modelo, utilizando: *más ... que / menos ... que / y tan ... como* y los adjetivos entre paréntesis

ركب جملاً حسب المثل أدناه، مستخدماً المصطلحات المذكورة أعلاه والصفة بين قوسين

Ej.: Laura mide 1,65. Pablo mide 1,70. ◃ ***alto***

*Pablo es **más alto que** Laura.*

01. Esta casa vale 20 millones. La casa azul vale 35. ◃ ***barata***
02. La clase de ciencias dura una hora. La clase de física dura 2. ◃ ***larga***
03. El libro de inglés es sencillo. El libre de francés no lo entiendo. ◃ ***difícil***
04. El profesor de alemán es aburrido. El profesor de japonés no es divertido. ◃ ***aburrido***
05. Antes pesaba 50 kilos. Ahora peso 47. ◃ ***delgada***
06. El idioma ruso es difícil. El alemán también. ◃ ***difícil***

63. Escribe los contrarios (antónimos) de los siguientes adjetivos

اكتب عكوس الصفات التالية

01. claro
02. pequeño
03. fácil
04. interior
05. fuera
06. simple
07. aburrido
08. barato
09. frio
10. limpio
11. largo
12. pesado
13. casado
14. duro
15. gordo

64. Haz las comparaciones. Utiliza los adjetivos del recuadro.

picante – grande / pequeño – divertido / aburrido – sano – bonito / feo – caro /barato – mejor / peor

قارن بين الجمل مستخدماً الصفات الواردة أعلاه، حسب المثل

Ej.: Vivir en el campo / vivir en la ciudad.

Vivir en el campo es mejor que vivir en la ciudad.

01. La música clásica / la música moderna. ....
02. París / Nueva York. ....
03. El cine / el teatro. ....
04. La comida hindú / la comida española. ....
05. Andar / ir en coche. ....
06. El oro / la plata. ....
07. Las comedias / las tragedias. ....
08. Estar casado / estar soltero. ....

65. Dí los adjetivos que expresan la idea contraria a los siguientes

إذكر الصفات التي تعطي المفهوم العكسي للصفات التالية

01. La fruta está verde. ....
02. Esta calle es muy ancha. ....
03. La película fue divertida. ....
04. Esta silla es muy pesada. ....
05. El clima en esta región es seco. ....
06. La ropa está mojada. ....
07. Es un hombre muy trabajador. ....
08. Estas manzanas están podridas. ....
09. Es un niño salvaje. ....
10. Este colchón es muy duro. ....

11. Esa casa es muy grande. ....
12. Los trenes están muy limpios. ....
13. Mi hermana mayor es gorda. ....
14. Esa chica es simpática. ....
15. Ese estudiante no es inteligente. ....

66. Escribe lo contrario

اكتب عكوس المفردات التالية

01. Antes
02. Siempre
03. Todo
04. Mucho
05. Más
06. Bien
07. Fuera
08. Cerca
09. Rápidamente
10. Mejor

67. Elige entre las formas *muy* o *mucho* y completa las frases

اختر بين الظرفين mucho و yum وأتمم الجمل

01. Esta comida no me gusta ....
02. Este actor es .... guapo.
03. La casa de mis padres está .... lejos.
04. No creo que aprendas .... sin estudiar.
05. Elena es .... amiga mía.
06. Tengo .... dolor de cabeza.
07. El libro que compré es .... interesante.

68. Transforma los siguientes adjetivos en adverbios

حول الصفات التالية إلى ظروف

01. Posible
02. Rápido
03. Igual
04. legal
05. Triste
06. Cómodo
07. Justo
08. Fácil

69. Utiliza *no / nunca / jamás / tampoco* para completar estas frases.

استخدم أدوات النفي المذكورة أعلاه لتصبح لذيك جملة مفيدة

01. Yo .... en mi vida he visto una cosa así.
02. Si tú no vas al cine, yo ....
03. Elena y Yolanda .... van a ir a esa fiesta.
04. Eso .... explica que pasó en realidad.
05. No has visto a Ahmad pero, ¿ .... has visto a Amir?

70. Contesta a estas preguntas en forma negativa utilizando las formas: *nadie – nada – nunca – ninguno* según convenga

أجب على الأسئلة التالية بالنفي مستخدماً المصطلحات الواردة أعلاه بشكل مائل

01. ¿Hay alguien aquí?
02. ¿Tienes algo que hacer?
03. ¿Habeís ido algunan vez al Polo Norte?
04. ¿Tienen alguna habitación libre en el hotel?
05. ¿Quiere usted algo más?
06. ¿Se ducha usted alguna vez después de comer?
07. ¿Ha venido alguien esta mañana?
08. ¿Tenéis algunas revistas extranjeras?
09. ¿Te contó algo interesante?

71. los puntos con la forma adecuada del presente del verbo "haber"

إملأ الفراغ بالصيغة المناسبة لمضارع الفعل "haber"

01. *(Yo)* ya .... comido.
02. *(Nosotros)* nunca .... ido allí.
03. *(Vosotros)* .... venido temprano.
04. ¿*(tú)* .... visto a Maria?
05. *(Ella)* .... recibido muchas cartas.
06. *(Usted)* .... estado en el hospital.
07. *(Ellos)* no .... sido buenos.
08. *(Ustedes)* no .... sabido contestar.
09. *(Vosotras)* .... bebido demasiado.
10. *(Él)* .... hecho su examén.

72. Dá la forma apropiada del presente de "ser"

ضع الصيغة المناسبة لفعل الكون "ser" في الحاضر

01. Ustedes .... Juan y Carmen.
02. Mario .... argentino.
03. Mi cuñado .... socialista.
04. ¿No .... (tú) protestante?
05. Ahmad Chauki y Hafez Ibrahim .... dos grandes poetas egipcios.
06. Nosotros .... estudiantes.
07. Vosotros no .... millonarios.
08. Yo .... electricista.
09. Estos libros no .... nuestros.
10. Esta copa no .... de cristal.
11. Ellas no .... españolas, ... de Puerto Rico.
12. Hoy .... lúnes.
13. Ese libro .... muy interesante.

14. Tu padre .... muy buena persona.
15. Vosotras .... las primeras que llegaron.
16. Tú .... mayor que yo.

73. Dá la forma aprepiada del presente de "estar".

ضع الصيغة المناسبة لفعل الكون "estar" في الحاضر

01. Nuestro amigo .... enfermo.
02. Nosotros .... ahora de vacaciones.
03. El estudiante .... en clase.
04. ¿Dónde .... vosotros?
05. ¿Por qué .... tú aquí?
06. Yo .... muy cansado.
07. ¿Cómo .... usted?
08. Ellos ya .... aquí.
09. La puerta .... abierta.
10. ¿Dónde .... tu amigo?
11. Él no .... hoy de buen humor.
12. La luz .... apagada.
13. ¿Cómo .... *(tú)*? *(Yo)* .... regular.
14. Todavía *(yo)* no .... preparado para el exámen.
15. Nuestros vecinos .... fuera.

74. Rellena los puntos con la forma adecuada del presente del verbo "haber"

ضع محل الخط صيغة الحاضر المناسبة للفعل المساعد "habar"

01. *(Yo)* ya .... comido.
02. *(Nosotros)* nunca .... ido allí.
03. *(Vosotros)* .... venido temprano.

04. *¿(tú)* .... visto a Maria?
05. *(Ella)* .... recibido muchas cartas.
06. *(Usted)* .... estado en el hospital.
07. *(Ellos)* no .... sido buenos.
08. *(Ustedes)* no .... sabido contestar.
09. *(Vosotras)* .... bebido demasiado.
10. *(Él)* .... hecho su examén.

75. Forma el plural de las siguientes frases

ضع الجمل التالية في صيغة الجمع

01. Dice que la mujer sueca es muy guapa.
02. El caballo de mi tío era muy rápido.
03. El sábado no trabajo.
04. Este chico parece inteligente.
05. En ese balcón hay muchas flores.
06. Llevo un papel en la cartera.

76. Pón en singular las siguientes frases

ضع الجمل التالية في صيغة المفرد

01. Nos cansamos mucho.
02. Vosotros os ponéis los guantes.
03. Ellas os lo darán.
04. Ustedes no nos ayudan.
05. Ellos os regalaron ese jarrón.
06. Ellas se visten rápidamente.
07. ¿Se han lavado ustedes?
08. No nos gusta el marisco.

09. Ellas se han mudado de casa.

10. Vosotras no nos invitáis nunca.

77. Dá la forma apropiada del participio pasado

ضع الصيغة المناسبة لاسم المفعول

01. ¿Me has .... la verdad? ◁ ***decir***
02. Hemos .... otro televisor. ◁ ***comprar***
03. ¿Has .... a tus padres? ◁ ***escribir***
04. No ha .... mucha gente en la corrida. ◁ ***haber***
05. Han .... la lámpara. ◁ ***romper***
06. ¿Nos has .... nunca a tu pueblo? ◁ ***volver***
07. Ya han .... el problema. ◁ ***resolver***
08. Luisa ha .... mucha suerte. ◁ ***tener***
09. ¿Te has .... la camisa de cuadros? ◁ ***poner***

78. Responde según el modelo

ابن جملاً حسب المثال

Ej.: – Pablo se levanta temprano el lúnes, ¿y tú?
– *Yo también me levanto temprano.*

01. – Nosotros nos acostamos tarde el sábado.
– ¿Y vuestros amigos? ....
02. – Mi novia se pasea por la plaza.
– ¿Y tú novio?... .
03. – Silvia se interesa por La política.
– ¿Y Paul? ....

04. – Amado se baña diariamente en el mar.

– ¿Y tus amigos? ....

05. – Wassim se afeita todas las mañanas.

– ¿Y tú? ....

79. Completa estas oraciones con el tiempo y el modo que requieran las conjunciones, según el modelo

أكمل الجمل بالزمن والصيغة التي تتطلبها أدوات الربط، وذلك حسب المثال المذكور

Ej.: *Vengo* ***a que*** *me* ***ayudes*** *a resolver el tema.* ◃ ***ayudar***

01. Vengo para que tú me .... otro ejercicio. ◃ ***poner***
02. A fin de que (tú) .... a tiempo, te doy mi reloj. ◃ ***llegar***
03. Con tal que (tú) ...., haz el exámen como desees. ◃ ***aprender***
04. No te perjudicará, a condición de que .... prudentemente. ◃ ***beber***
05. Nos llevaremos bien, siempre y cuando (ellos) .... bien. ◃ ***portarse***
06. Puedes salir el fin de semana, siempre y cuando .... ◃ ***estudiar***
07. Con tal de que (tú) lo ...., puedes ir adonde desees. ◃ ***decir***
08. En caso de que (vosotros) ...., tenednos informados. ◃ ***venir***
09. Lo hizo como si .... acobardado. ◃ ***estar***

80. Contesta en forma negativa a las preguntas siguientes utilizando: ***no ... nunca (jamás) / no ... nada / no .... ninguno, según el modelo:***

أجب على الأسئلة التالية مستخدماً المصطلحات المذكورة أعلاه، وذلك حسب المثال:

Ej.: – ¿Vas a hacer hoy algo especial?

– No, no voy a hacer nada.

01. – Estuviste algunan vez en Irlanda? ....
02. – ¿Has visto antes el museo? ....
03. – ¿Quieren algo tus amigos? ....
04. – ¿Conoces a alguien en Granada? ....
05. – ¿tienes alguna idea mejor? ....
06. – ¿está siempre en casa? ....
07. – ¿Habías visto antes la película? ....
08. – ¿Estás viviendo aún en Egipto? ....

81. Completa los espacios de estas frases con la forma del condicional que corresponda

إملأ فراغات هذاه الجمل بصيغة الاحتمال المناسبة

01. Los secuestradores .... liberar hoy al rehén. ◃ ***poder***
02. Siempre pensé que .... piloto. ◃ ***ser***
03. Por aquellos años, Jaime .... en el ejército. ◃ ***estar***
04. Si lo ...., se lo comunicaría. ◃ ***ver***
05. Me .... mejor si pudiera saber que pasó. ◃ ***sentir***
06. Si .... al campo, te acompañaría. ◃ ***ir***
07. .... las tres cuando llegó. ◃ ***ser***
08. Dijo que .... ayer. ◃ ***venir***
09. Pensó que .... mañana. ◃ ***llegar***
10. Comunicó que .... pronto el país. ◃ ***abandonar***

82. Pon estas oraciones en pretérito perfecto según el modelo:

ضع هذه الجمل في صيغة الماضي التام القريب، وذلك حسب المثال:

Ej.: Amir lee la carta y escucha música.

*Amir **ha leído** la carta y **ha escuchado** música.*

01. Carlos compra el periódico y coge el bus.
02. Maria se pone un abrigo y coge el paraguas.
03. Tomamos un café y comemos un bizcocho.
04. Lees el periódico y ves un anuncio interesante.
05. Escribe una carta a su madre y la echa al correo.
06. Terminas el trabajo y te pones a escuchar música.
07. Perdemos las llaves y llamamos al cerrajero.
08. Salimos de vacaciones y nos instalamos en un apartamento.

83. Transforma estas oraciones usando "hace ... que", según el modelo:

حول الجمل مستخدماً المصطلح "hace ... que" وذلك حسب المثال:

Ej.: Estudio español desde hace tres meses.

***Hace** tres meses **que** estudio español.*

01. Los niños duermen desde hace una hora.
02. No como buenas naranjas desde hace tiempo.
03. Lisa está enferma desde hace dos días.
04. No veo a mi padre desde hace medio año.
05. El jefe está hablando desde hace una hora.
06. Veraneo aquí desde hace cinco años.
07. No le he vuelto a ver desde hace un mes.
08. Están casados desde hace siete años.

84. Completa con: *ayer, mañana, anteayer, pasado mañana, al día siguiente, ese día:*

اكمل الجمل مع المصطلحلا الواردة أعلاه:

01. Hoy estamos a 20 de marzo: .... empieza la primavera.
02. Nos casamos el 7 de agosto y ...., el 8, viajamos a París.
03. Los niños pueden acostarse tarde: .... no hay colegio.
04. El dí 10 de mayo cumple cuarenta años: .... será fiesta.
05. Encontré a Pablo el martes: .... había mucha gente en la calle.
06. Anuncian que hará frio: .... tendré que salir abrigado.
07. Nos saludamos ...., cuando paseaba por la alameda.
08. Llegó al hospital enfermo y .... le operaron.
09. Hoy es domingo: .... era viernes.
10. Si mañana no puedes, nos veremos ....

85. Haz oraciones según el modelo:

ركب جملاً حسب المثال:

Ej.: *Ahora paseo poco,* ***pero antes paseaba más.***

01. Ahora hablo poco, ...
02. Ahora como poco, ...
03. Ahora viajo constantemente, ...
04. Ahora conduzco prudentemente, ...
05. Ahora duermo mal, ...
06. Ahora fumo poco, ...
07. Ahora hago poco deporte, ...
08. Ahora soy pesimista, ...
09. Ahora trabajo más, ...
10. Ahora estoy más gordo, ...

86. Responde a las preguntas según el modelo:

أجب على الأسئلة حسب المثال:

Ej.: Cuando llegó tu amiga, ¿os habíais ido?

*Si, **cuando llegó, nos habíamos ido ya.***

01. Cuando encontraste trabajo, ¿habías terminado la carrera?
    Si, ...
02. Cuando te marchaste al extrajero, ¿te habías casado ya?
    Si, ...
03. Cuando comenzaste el curso, ¿te habían hecho la pruebe de nivel?
    Si, ...
04. Cuando hiciste la prueba, ¿habías hablado con el director?
    Si, ...
05. Cuando te matriculaste en este curso, ¿te habían hablado de él?
    Si, ...

87. Construye frases con el futuro próximo o con el futuro simple, según el modelo:

ركب جملاً مع صيغة المستقبل القريب أو مع المستقبل العادي، حسب المثال:

Ej.: *Voy a cambiar de domicilio y enviaré la nueva dirección a mis amigos.*

01. Cambiar de teléfono / enviar el nuevo número a mis padres.
02. Sentarse en la terraza / cenar fuera.
03. Cambiar de barrio / ir al colegio a pie.
04. Tomar una aspirina / sentirse mejor.
05. Sacar un billete / hacer turismo.

88. Transform as las oraciones según el modelo:

ركب جملاً حسب المثال:

Ej.: Para ahorrar energía, instala ventanas dobles.
Si instalas ventanas dobles, ahorrarás energía.

01. Para recibir el catálogo, envía un sobre con sello.

....

02. Para aumentar los beneficios, reduce los gastos.

....

03. Para tener una habitación agradable, enciende la calefacción.

....

04. Para evitar los atascos, sal más temprano.

....

05. Para cometer menos errores gramaticales, habla lentamente.

....

06. Para poder ir a la sierra, cómprate el equipo adecuado.

....

07. Para aprender más rápido, concéntrate mucho.

....

08. Para tener éxito, acaba todo perfectamente.

....

89. Pon las frases en subjuntivo o en indicativo, según el modelo:

ضع الجمل في صيغة الاحتمال أو في صيغة المضارع حسب المثال:

Ej.: Va a llover, lo temo.

Yo también temo que vaya a llover.

01. Reclamarán, me lo temo. ....
02. Que le den permiso, lo dudo. ....
03. Lo olvidará, me temo. ....
04. Llegarán tiempos mejores, confío. ....
05. Terminad, os lo ruego. ....
06. Escríbelo otra vez, te aconsejo. ....

90. Pon las siguientes oraciones en el tiempo pasado correspondiente, según el modelo: completa las frases con:

ضع الجمل التالية في صيغة الماضي المناسبة حسب المثال:

Ej.: Todas las mañanas escucho las noticias en la radio mientras desayuno.

Todas las mañanas ***escuchaba*** *las noticias en la radio mientras* ***desayunaba****.*

01. Siempre se queja que no tiene dinero para ir de juerga.
02. Todos los días salgo de casa para evitar el atasco del centro.
03. Por las noches nos reunimos varios amigos en mi casa para jugar a las cartas.
04. Su hermana trabaja por las mañanas en el Ministerio y por las tardes colabora en el voluntariado social.
05. Cada día me llama por teléfono y estamos hablando durante varias horas.
06. Normalmente vamos al teatro los sábados por la noche.
07. Todas las mañanas desayuna chocolate con churros.
08. El autobús de la empresa nos recoge por la mañana para llevarnos al trabajo.

09. Por las tardes mi vecino pone la música muy alta y no me deja estudiar.
10. Todos los veranos nos vamos de vacaciones a la playa.

91. Completa los puntos suspensivos con la forma verbal adecuada de los verbos que van entre paréntesis:

ضع محل النقاط صيغة الفعل المناسبة للأفعال الواردة بين قوسين:

Ej.: Nos informaron de que el museo no se .... ***(poder)*** visitar porque .... ***(estar)*** en obras.

Nos informaron de que el museo no se ***podía*** *visitar porque* ***estaba*** *en obras.*

01. Una secretaria muy joven, de pelo rubio y muy guapa me preguntó que .... *(yo,* ***desear****).*
02. Es portero de la casa nos preguntó que adónde .... *(****nosotros****, ir).*
03. Me dijo que no .... *(él,* ***poder****)* venir con nostros porque no .... ***(tener)*** tiempo.
04. La enfermera me comunicó que el médico aún .... ***(estar)*** ocupado y que .... (él, tener) que esperar unos minutos.
05. Afirmó que no le .... ***(interesar)*** participar en nuestro negocio.
06. Me preguntó qué .... *(yo,* ***opinar****)* sobre el nuevo empleado.
07. Me comentaron que la empresa no .... ***(funcionar)*** bien.
08. Me confirmaron que el avión .... ***(llegar)*** a las seis.
09. Le dijeron que .... *(él,* ***tener****)* que quedarse para terminar el trabajo.
10. Le pregunté que .... *(ella,* ***querer****)* ser de mayor y me respondió que ....l. *(ella,* ***querer****)* ser estrella.

92. Transforma las siguientes frases en construcciones que consideres más cortéses, según el modelo:

حول الجمل التالية إلى جمل تكون برأيك ألطف وذلك حسب المثال:

Ej.: ¿Puedes pasarme la sal?

*¿**Podrías** pasarme la sal?*

01. ¿Puedes bajar el volumen de la radio que está muy alto y no puedo concentrarme?
02. ¿Te importa dejar ya de hablar por teléfono que necesito hacer una llamada urgente?
03. ¿Me haces el favor de cerrar la puerta que tengo mucho frio?
04. ¿No te importa salir un momento que tengo que hablar a solas con tu compañero?
05. ¿Puedes hablar un poco más alto que no me entero de lo que dices?
06. ¿Te apetece tomar un café?
07. ¿Le interesa conocer nuestras ofertas?
08. Me atrevo a decir que es usted la persona idónea para este trabajo.
09. No quiero mostrarme severa en exceso.
10. ¿Es posible retrasar la fecha del exámen?

93. Completa las frases con: *contra – desde – entre – hacia – hasta – según – sin – sobre*

ضع في الفراغات حرف الجر المناسب الذي ورد أعلاه:

01. No comprendo por qué os gusta tanto hablar .... la gente y .... sus vidas.
    Porque es divertido, nada más. Es un tema .... complicaciones.
02. Quita las cosas que hay .... la mesa, para poder limpiarla.
    ¿Y dónde las pongo?, ¿en el suelo?

03. Por qué no colocamos la lámpara .... la pared y el sofá?
Bueno, si cabe, quedaría muy bien.

04. Intenta hacer esas cuentas .... la calculadora; si no, perderás agilidad mental.
Eso son tonterías. No sé qué tienes .... las calculadoras.

05. Yo te aconsejo que actúes .... la mayoría, o o pasarás mal.
¿Y ni siquiera puedo dar mi opinión .... lo que está pasando.

06. Como la casa es tan pequeña, ten ciudado de no chocar .... los muebles.
Es verdad: pasar .... darse un golpe no es facil, ¿eh?

07. Todo había ido bien, ... que empezaste a actuar por tu cuenta.
Te equivocas en algo, yo he actuado por mi cuenta .... el principio.

08. Si seguimos así, vamos .... a la ruina total.
¡No exageres, hombte!

09. Por favor, ¿la secretaría?
Vaya por ese pasillo y la encontrará a la derecha, ... se entra en el patio.

10. Mira .... otro lado, que ahí vienen los tontos esos del otro día.
¡Cómo eres! Tampoco pasa nada si los saludamos, ¿eh!

94. Completa los puntos suspensivos con la forma verbal adecuada, señalando el modo o la manera en que se realiza la acción, según modelo:
ضع بدل النقاط صيغة الفعل المناسبة مشيراً إلى كيفية حدوث العمل وذلك حسب المثال:

Ej.: ¿Ha venido .... o en su propio coche? ◃ ***andar***
*¿Ha venido **andando** o en su propio coche?*

01. Quiso justificarse .... que él no tenía la culpa de lo que había pasado. ◃ ***decir***

02. Los dos amigos se despidieron .... un afectuoso abrazo. ◃ ***darse***

03. La niña se despertó .... ◃ ***llorar***
04. Se marchó .... ◃ ***reir***
05. Se sentó .... después de haber corrido varios kilómetros. ◃ ***jadear***
06. Sonreía .... una dentadura perfecta. ◃ ***mostrar***
07. De pronto se oyó una voz que se acercaba .... : "No entren ahí". ◃ ***gritar***
08. Los turistas subían .... por las cuestas del pueblo. ◃ ***resoplar***
09. Mi hermano pequeño emplea el tiempo .... con los trenecitos. ◃ ***jugar***
10. A mi padre le gustaba estar todo el día fuera de casa .... vueltas por el puerto, ... los barcos y .... en la terraza del club a tomar un refresco. ◃ ***dar, admirar, sentarse***

95. Transforma las oraciones que van en cursiva por una construcción de participio, según el modelo:

حول الجمل الواردة بشكل مائل إلى صيغة اسم المفعول وذلك حسب المثال:

Ej.: Cuando finalizó su contrato fue despedido.
Finalizado su contrato *fue despedido.*

01. *Después de visitar los monumentos de aquel pueblo medieval,* continuamos nuestro viaje.
02. *Como estábamos convencidos de que ya no tenía sentido quedarnos allí por más tiempo,* nos fuimos.
03. *Cuando terminó el periodo lectivo,* los alumnos se fueron de vacaciones.
04. *Aunque estaban cansados,* los jugadores esperaban conseguir la victoria.
05. *Cuando finalizó sus estudios de literatura francesa en París,* decidió marcharse a Londres a estudiar literatura inglesa.
06. *Como hemos roto nuestro compromiso,* ya no tenemos nada más que decirnos.
07. *Cuando finalizó la representación,* los actores salieron a saludar al público.
08. *Aunque estaba aburrido por la larga espera,* la recibió con una sonrisa.
09. *Después de ver las pruebas,* el juez dictó sentencia.

10. *Cuando terminamos de comer,* volvimos a la oficina.
11. *Después de abandonar la casa,* fue derribada.
12. *Después de obtener el permiso de circulación,* los coches fueron revisados.

96. Pon las siguientes frases en estilo indirecto, según el modelo:

ضع الجمل التالية في الأسلوب غير المباشر وذلك حسب المثال:

Ej.: Le preguntaron: "¿Cómo se llama usted señora?"
Ella respondió: "Me llamo Consuelo."
Le preguntaron cómo se llamaba. Ella respondió que se llamaba Consuelo.

01. Le pregunté: "¿Qué sabe hacer usted, señorita?"
Me dijo: "Sé cocinar y además puedo ocuparme de las faenas domésticas y de los niños."
02. Me preguntó: "¿Cuándo llega el profesor?"
Contesté: "No sé cuándo va a llegar."
03. Llamé por teléfono y una voz me dijo: "El comisario está ocupado."
04. Pregunté: "¿Dónde está el restaurante?"
Me dijieron: "Está en La planta de arriba."
05. Le pregunté: "¿Puede prestarme alguna ropa para cambiarme porque la mía está completamente mojada por la lluvia."
Me dijo: "Voy a ver qué encuentro."
06. El mendigo preguntó al transeúnte: "¿Me puede dar algo para comer porque llevo dos días sin probar un bocado?"
Éste le contestó: "Si no tiene trabajo es porque no quiere y el que quiere trabajar, trabaja y el que no, no."
07. Me preguntaron: "¿Por qué no participas en la conversación?"
Contesté: "Porque no me interesa nada lo que estais diciendo."
08. Me preguntaron: "¿Dónde está Mario?"
Les dije: "No sé nada de él."

09. La azafata me preguntó: "¿Le gusta viajar en avión?"
    Le contesté: "Me aterroriza."
10. Me preguntó: "¿Qué edad tienes?"
    Contesté: "Eso a ti no te importa."

97. Sustituye el imperativo por un presente en los casos que sea posible, según el modelo:

عوض عن صيغة الأمر بصيغة المضارع إن أمكن ذلك، وذلك حسب المثال:

Ej.: Ahora, por favor, sal y cómprame el periódico.
Ahora ***sales*** *y* ***me compras*** *el periódico.*

01. Ahora ve y dile que suba inmediatamente que tengo que hablar con él.
02. Llévate el libro y dáselo de mi parte.
03. Ahora sal y cierra la puerta.
04. Cómete todo y cállate porque ya está bien.
05. Vete a la calle a pasear y déjame tranquilo.
06. Sube a mi despacho y bájame el libro que está encima de la mesa.

98. Elige la respuesta adecuada

ضع في الفراغ الجواب المناسب

01. No podrás pasar .... tengas una autorización: ha habido un accidente.
    a. ***por muy que,*** *b.* ***si bien,*** *c.* ***aunque***
02. ..... todas mis advertencias, ha hecho lo que le ha dado la gana, y claro, ¡mira el resultado!
    a. ***con las,*** *b.* ***pese a,*** *c.* ***incluso si***
03. Tampoco esta vez les ha llegado a tiempo el paquete; ..... lo he mandado hace un mes.

a. ***así,*** *b.* ***porque,*** *c.* ***y eso que***

04. Debemos seguir escribiendo contra la violencia; .... se haya escrito, todavía no es suficiente.

a. ***por mucho que,*** *b.* ***por muy que,*** *c.* ***a poco que***

05. .... la experiencia diaria demuestra lo contrario, mucha gente sigue creyendo que las mujeres guapas son tontas.

a. ***y mira que,*** *b.* ***aun cuando,*** *c.* ***aun a riesgo de que***

06. .... la igualdad de derechos y obligaciones debería ser lo normal, todavía no lo es, por eso hoy queremos recordar a quienes han luchado y luchan por alcanzarlos y mantenerlos.

a. ***cuando,*** *b.* ***pese,*** *c.* ***si bien***

07. No saber cocinar no es un problema. .... seas un desastre total, puedes quedar con tus invitados llamándonos. Te organizamos un banquete en un par de horas.

a. ***aunque,*** *b.* ***incluso si,*** *c.* ***por mucho***

08. ¿De verdad que no te gusta Brad Pitt? ¡................ buenísimo que está!

a. ***por muy,*** *b.* ***con lo,*** *c.* ***pese a***

09. No me vengas con lo de los años. .... alguien sea mayor, no tiene necesariamente más experiencia.

a. ***porque,*** *b.* ***aun a riesgo de que,*** *c.* ***mal que***

10. No te preocupes que yo lo terminaré .... trabajo que tenga.

a. ***por mucho,*** *b.* ***con el,*** *c.* ***y eso***

99. Completa estas frases incluyendo la estructura condicional correspondiente que se da al final de cada una y haciendo los cambios necesarios

أكمل هذه الجمل مضيفاً المصطلح الوارد في نهاية كل جملة واجرِ التبدلات الضرورية

01. ***(Decidir)*** .... dejar de fumar, busque otra persona que también desee dejarlo y así podrán ayudarse. ◃ ***en caso de que***

02. No se engañe, no dejará de fumar, ***(no estar)*** .... convencido de eso. ◁ ***mientras***
03. ***(Ser posible)*** ...., evite estar con otros fumadores. ◁ ***siempre que***
04. Los beneficios de su esfuerzo serán casi inmediatos, ser .... un poco estricto consigo mismo. ◁ ***a condición de que***
05. Piense que es posible, ***(tomárselo)*** .... en serio. ◁ ***con tal de que***
06. Después de un tiempo sin fumar, se dirá: ***(hacerlo)*** .... antes, no lo habría pasado tan mal. ◁ ***de***
07. Hablemos de otros peligros: ¿por qué no te pones el casco? No hay ninguna razón para no hacerlo, ***(tener)*** .... la cabeza tan grande que no encuentro tu talla. ◁ ***a no ser que***
08. ¿Por qué arriesgarte a "perder la cabeza" ***(poder)*** .... evitarlo fácilmente? ◁ ***gerundio***
09. Nunca te ha pasado nada hasta ahora, pero ***(no llevarlo)*** .... una sola ve, ya te estás jugando la vida. ◁ ***con que***
10. Además, no comprendo por qué te molesta tanto ponértelo; ***(pensarlo)*** .... bien es tan incómodo. ◁ ***gerundio***

100. Elige la solución correcta

ضع الجواب الصحيح

01. No sabes lo interesado que es, ... ganar unos euros es capaz de vender a su padre.
    a. ***con que,*** *b.* ***con tal de que,*** *c.* ***con tal de***
02. ¡Aprovecha .... puedas! Una ocasión así no se presenta siempre.
    a. ***mientras,*** *b.* ***siempre que*** *c.* ***desde que***
03. Si .... a saberlo, ... en casa.
    a. ***llegué...me quedé,*** *b.* ***llegara...me quedara,*** *c.* ***llego...me quedo***

04. Me acosté tarde y si ellos ya .... , yo no los ....

a. ***habían llegado...vi** , b.* ***llegaran...vi** , c.* ***llegaron...había visto***

05. Llévate el paraguas por si acaso ....

a. ***llueva**, b.* ***llueve**, c.* ***llovió***

06. Con que tú .... a mi lado, ... feliz.

a. ***estés...seré**, b.* ***estás...seré**, c.* ***estabas...seré***

07. Si te .... lo del otro día, lo siento: yo no .... ofenderte.

a. ***molestó...quise**, b.* ***molestara...querría**, c.* ***molestara...quería***

08. Es una empresa donde podrás hacer carrera, ... te esfuerces.

a. ***a menos que**, b.* ***como**, c.* ***a poco que***

101. Señala los prefijos que hay en estas palabras.

ما هي السوابق الموجودة في هذه الكلمات

01. reconstruir	....	04. submarino	....
02. impaciente	....	05. superfeliz	....
03. prehistoria	....	06. desafortunado	....

102. Forma los contrarios de estas palabras añadiendo los prefijos *i–, im–* o *in–*

شكل عكوس هذه الكلمات وذل بإضافة السوابق:

01. posible	....	04. limitado	....
02. legal	....	05. activo	....
03. capaz	....	06. paciente	....

103. Completa los huecos con el artículo *el* o con el pronombre personal *él*, según sea el caso

إملأ الفراغات إما بأداة التعريف el أو بالضمير الشخصي él

01. .... me dijo que compró .... libro ayer.
02. .... coche de Fernando era de un color que sólo le gustaba a ....
03. .... arte de Pablo Picasso es una de las más notables del mundo.
04. .... profesor le preguntó al alumno si .... sabía la respuesta para aquella cuestión.
05. .... paisaje del camino que lleva a la playa es muy bonito.
06. .... científico político dijo que .... hambre es .... gran mal de la humanidad.

104. Formula preguntas utilizando el pronombre interrogativo adecuado para cada situación:

¿De dónde?, ¿Cómo?, ¿Cuánto(s)?, ¿Cuándo?, ¿Qué?, ¿Adónde?, ¿Cuál(es)?, ¿A qué?, ¿Quién(es)?

ركب جملاً مستخدماً اسم الاستفهام المناسب لكل حالة

01. ¿ .... ?
Tengo 18 años.
02. ¿ .... ?
Trabajo como secretaria en una empresa de cosméticos
03. ¿ .... ?
Estudio Filosofía en la facultad de Salamanca.
04. ¿ .... ?
El próximo verano voy a Chile.
05. ¿ .... ?
Aquellos chicos de camisa roja son Juan y Alfredo.

06. ¿ ....?
Raúl viene de un pueblo que está al sur de Mérida.
07. ¿ ....?
Voy al centro de compras en metro
08. ¿ ....?
Voy a la playa el próximo martes.
09. ¿ ....?
Mi nombre es Mercedes.
10. ¿ ....?
Me llamo Manuel.

105. Rellena los espacios en blanco con la forma átona de los posesivos:

إملأ الفراغات بضمير الملكية المناسب:

01. .... libro es ese que está debajo de la mesa. *(yo)*
02. El chico de quien Sol está enamorada es amigo de .... hermano. *(tú)*
03. .... ideales tienen que ver con la mejoría de la calidad de vida de las personas. *(nosotros)*
04. Es bueno saber que .... hermanos han ingresado en la universidad. *(vosotros)*
05. .... zapatos están en el armario. *(él/ella/usted)*
06. Rodrigo no fue a la fiesta porque .... padre estaba enfermo. *(él)*
07. No fuimos al cine porque .... novio tardó en llegar. *(yo)*
08. ¡ .... madre hace unos pasteles riquísimos! *(vosotros)*
09. Tenemos que comprarles los regalos a .... padres. *(nosotros)*

106. Completa las oraciones siguientes con los verbos que están en el recuadro, debidamente conjugados en presente de indicativo.

estudiar, tener, trabajar, hacer, llevar

أتمم الجمل التالية بالأفعال الواردة أدناه وذلك في صيغة المضارع

01. .... español e inglés en la universidad. *(yo)*
02. ¿Cuánto tiempo .... en España? *(tú)*
03. Miguel .... sus tareas con mucha responsabilidad y atención. *(él)*
04. No vamos a comprar todo lo que está en la lista porque no .... dinero suficiente. *(nosotros)*
05. ¿Cuántas horas .... al día? *(vosotros)*
06. Pedro, ¿ .... algún bolígrafo para prestarme? *(tú)*
07. ¿ .... cuánto tiempo estudiando? *(tú)*
08. Francisco y Raúl .... años.
09. Las chicas de la secundaria .... francés los lunes.
10. .... lo mejor que podemos. *(nosotros)*
11. .... natación dos veces por semana. *(yo)*
12. ¿En qué escuela .... ? *(vosotros)*
13. ¿ .... mucho durante la semana? *(tú)*

107. Completa los huecos con la forma escrita de los numerales ordinales que están indicados en cada oración.

إملأ الفراغات بالعدد الترتيبي الوارد في كل جملة

01. Vivian tuvo su .... hijo. ◃ ***3er***
02. Fui el .... en llegar a la cita. ◃ ***1o***
03. Carlos se clasificó en .... lugar en la competición de natación. ◃ ***10o***

04. Mira la lista de Marta ....: peluquería, ...: supermercado, ...: panadería. ◃ ***1o; 2o; 3o***

05. Mariana es la hija .... del matrimonio .... de mi padre. ◃ ***4a; 3er***

06. Estamos en el .... piso. ◃ ***13er***

108. Ponga el antónimo de la palabra en paréntesis.

ضع مضاد الكلمة الواردة بين قوسين

01. Aquella tienda estará .... ◃ ***abierta***
02. El pasaje es muy .... ◃ ***ancho***
03. El monedero está completamente .... ◃ ***vacío***
04. Es .... que llueva tanto en este período. ◃ ***normal***
05. Al oír el grito, se puso .... ◃ ***tranquilo***
06. ¡Qué ocurrencia tan .... ◃ ***tonta***
07. Este azul es muy .... ◃ ***claro***
08. Llevamos .... años sin restaurar el chalet. ◃ ***muchos***
09. .... de tomar esta decisión, ¡avísame! ◃ ***antes***
10. Aquella chica es muy .... ◃ ***alta***

109. Ponga el antónimo adecuado en cada frase

ضع المضاد المناسب في كل جملة

01. En verano, las noches son cortas y los días ....
02. Sergio es alto. Claudia y Elena son ....
03. La botella está llena. El vaso está ....
04. Este paseo es ancho. Esta callecita es ....
05. Este edificio es moderno. Esta iglesia es ....
06. El azul celeste es claro. El azul de Prusia es ....

07. ¿Está usted casada? No, estoy ....
08. Esta mujer es delgada. Su marido es ....
09. El aluminio es ligero. El plomo es ....
10. Estos zapatos están sucios. Esta camisa está ....

110. De este primer grupo de palabras, elija una voz antónima de cada uno de lo adjetivos enumerados y escríbala en el espacio correspondiente ***particular - superficial - vulgar - blando - resuelto - ingenuo - sereno gordo - difícil - accidental - natural - flojo - suspicaz - perdurable - modesto - fecundo - áspero - evidente - condescendiente***

اختر من مجموعة الكلمات الواردة أعلاه مضاداً لكل صفة مرقّمة وضعها في مكانها المناسب

01. astuto ....
02. confiado ....
03. general ....
04. colérico ....
05. fugaz ....
06. profundo ....
07. flaco ....
08. vanidoso ....
09. raro ....
10. fácil ....
11. árido ....
12. opaco ....
13. esencial ....
14. suave ....
15. duro ....
16. artificial ....
17. oculto ....

18. confuso ....
19. tirante ....
20. tozudo ....

Soluciones a los ejercicios
حلول التمارين

1.

01. Hablo **el** alemán, **el** italiano a **la** perfección.
02. ¿Qué te gusta más **la** fruta o **el** flan?
03. ¡Ay, me he mordido **la** lengua.
04. ¡Bueno, hasta **el** sábado a **las** once en punto.
05. **El** ser humano es ambicioso por naturaleza.
06. **Las** alegrías y **las** penas se mezclan en nuestra vida.
07. Se metió **la** mano en **el** bolsillo.
08. Con ese traje te iría mejor **una** corbata azul.
09. A mi hermana no le gusta **el** arte, prefiere **la** historia.
10. Me encanta **el** chocolate con **los** churros.

2.

01. Me gusta Gloria porque tiene ..... algo muy atractivo.
02. Mi hermano es ..... pintor pero no gana **un** céntimo.
03. Él es ..... musulmán, pero se señora es ..... católica.
04. Como ..... abogado debo recomendarle que tenga prudencia.
05. Está hecho **una** calavera.
06. ¡Señorita!, soy ..... soltero y sin compromiso!
07. Fui ..... profesor de ese colegio, pero ahora enseña ..... otro.
08. Ha comprado **un** bolígrafo y **unos** cuadernos.
09. Mi señora está leyendo **una** revista.
10. Los huevos están a 1,50 euro **una** docena.

3.

01. **Los** sábados por la tarde cierra el comercio.
02. A pesar de su juventud era todo **un** hombre.
03. En **los** martes ni te cases ni te embarques.
04. Tenemos **un** coche, pero no lo usamos.
05. Su madre es ..... medica.
06. En dos minutos me pongo **la** corbata, **la** camisa, **los** pantalones y **los** zapatos.
07. Me fumé **un** paquete completo de cigarrillos y luego ..... otro que me dieron.
08. El problema de los jóvenes en general es conseguir ..... empleo.
09. **El** señor Amado es un hombre muy ocupado.
10. **Los** romanos fueron un pueblo pragmático y en ocasiones cruel

4.

01. **El** Idioma, 02. **El** Corazón, 03. **El** Ángel, 04. **El** Fantasma, 05. **El** Día, 06. **El** Papa, 07. **El** Recuerdo, 08. **La** Uva, 09. **La** Tribu, 10. **La** Juventud, 11. **El** Arroz, 12. **El** Jarabe, 13. **El** Pez, 14. **La** Luz, 15. **El** Tema, 16. **El** Artículo, 17. **La** Generación, 18. **El** Dibujo, 19. **La** Edad, 20. **El** Amor, 21. **La** Tos, 22. **El** Pulmón, 23. **El** Problema, 24. **La** Salud, 25. **El** Énfasis, 26. **El** Higo, 27. **La** Acelga, 28. **La** Sangre, 29. **El** Césped, 30. **La** Ciruela, 31. **El** Queso, 32. **La** Flor, 33. **La** Libertad, 34. **El** Cielo, 35. **La** Lluvia, 36. **La** Lema, 37. **El** Trigo, 38. **La** Jaula, 39. **El** Ave, 40. **Las** Matemáticas, 41. **El** Clima, 42. **La** Plancha, 43. **El** Poeta, 44. **El** Crucigrama, 45. **El** Dilema, 46. **La** Reunión, 47. **El** Faro, 48. **El** Temblor, 49. **El** Oeste, 50. **El** Calor, 51. **El** Continente, 52. **La** Rana, 53. **El** Sapo, 54. **La** Nave, 55. **El** Mediodía, 56. **La** Noche, 57. **El** Viaje, 58. **El** Caos, 59. **La** Haya, 60. **La** Berenjena, 61. **El** Perejil, 62. **La** razón, 63. **El** Acordeón, 64. **El** Buque, 65. **El** Estudiante, 66. **El** Soldado

5.

01. Llevó **el** traje negro durante **un** año al morir su madre.
02. **Lo** triste de Pedro es **el** vacio de su carácter.
03. Dicen que cada hijo al nacer trae **un** pan debajo **del** brazo.
04. ¡Camarero, tráigame **la** cuenta!
05. **Lo** divertido del caso es que presume mucho y no sabe nada.
06. ¡Espera **un** momento; me falta **el** paraguas!
07. La tortilla a **la** española es uno de **los** platos más sabrosos y baratos.
08. ¡Cómete **las** habas y no hagas más remilgos.
09. No sabía **lo** simpático que era hasta que lo traté.
10. Cuando escaseaba **el** azúcar, usábamos sacarina.
11. **El** lema que sigo: vive y deja vivir.

6.

01. Los lunes, 02. Los lápices, 03. Los caracteres, 04. Las crisis, 05. Los andaluces, 06. Los calices, 07. Los rubies, 08. Las hachas, 09. Los jabalies, 10. Las aguas, 11. Las águilas, 12. Los vienes, 13. Los regímenes, 14. Las voces, 15. Las cruces, 16. Las tesis

7.

01. Cuando encarecen **los** plátanos, compro ..... naranjas.
02. Dame ..... pan y llámame tonto.
03. A casi todo el mundo le gusta **el** dulce.
04. Nada más levantarme, me cepillo **los** dientes.
05. Antes de salir me pongo **la** corbata y lustro **los** zapatos.
06. Tengo las manos frías y **el** corazón caliente.
07. El muerto al hoyo y **el** vivo al bollo.
08. A mi hermanita le duele **la** garganta.
09. **El** señor director llega siempre tarde.
10. Perdí **el** pasaporte al cruzar la frontera.

11. ¿No te hacen daño **las** gafas?
12. **El** mayor error de Napoleón fue invadir Rusia.

8.

01. Bailarina, 12. Sirvienta, 03. Profesora, 04. Abogada, 05. Deportista, 06, Amante, 07. Candidata, 08. Poeta, 09. Telefonista, 10. Jueza, 11. Secretaria, 12. Emperadora

9.

01. Mi hijo es muy corajoso.
02. Nuestro vecino es muy generoso.
03. Estas naranjas son agrias.
04. Este problema es muy simple.
05. La película fue bastante aburrida.
06. La ropa está húmeda.
07. La máquina da un rendimiento buenísimo.
08. En el piso inferior vive un profesor.

10.

Las **actuales** investigaciones en la tecnología de los ordenadores siguen también otro rumbo. Por ejemplo, los que utilizan líquidos o gases en lugar de corrientes **eléctricas**. Una importante ventaja sobre los **convéncionales** ordenadores estriba en que ofrecen **mayor** seguridad que éstos en **adversas** circunstancias; por ejemplo, si están sometidos a **grandes** variaciones de temperatura, como ocurre en los vehículos **espaciales**.

11.

01. anual. 02. sensato, 03. veraniego, 04. primaveral, 05. deportivo, 06. temeroso, 07. sensible, 08. cómodo, 09. crítico, 10. perezoso, 11. sutil, 12. prefético, 13.individual, 14. monárquico, 15. práctico, 16. anárquico

12.

01. Según la Biblia, nuestros **primeros** padres fueron Adán y Eva.
02. Eso que estas haciendo lo puede hacer **cualquiera**: no tiene nada en particular.
03. Es un hombre que tiene muchas respuestas y **ninguna** pregunta.
04. La **Primera** Guerra Mundial empezó en 1914.
05. Ese tejido se encuentra en **cualquier** tienda: es muy corriente.
06. Siento decir que no me gusta **ningún** novelista actual: son unos pelmazos.
07. **Algunos** contendientes terminaron agotados.
08. Esta porcelana antigua la compré en **un** tenducho del Rastro.
09. La **primera** vez que lo vi me resultó antipático, pero después he cambiado de opinión.
10. **Tales** razones no me convencen ni me convencerán nunca.
11. Te lo he dicho dos veces: a la **tercera** va la vencida.
12. **Ambos** hermanos aprobaron los exámenes.

13.

01. Ese gazpacho frío sabe bien.
02. Se expresa bien.
03. Tengo mucho hambre.
04. No me encuentro bien ; tengo mucho dolor de cabeza.
05. La película fue bastante buena.
06. El postre está muy bueno.
07. Tu determinación no me convence mucho.
08. No estoy bien hoy.
09. Esto está muy bien pero me cuesta mucho trabajo creelo.
10. Eran gente de mucho dinero.

14.

01. Ha dicho **algo** que no entiendo.
02. No conozco **ningún** hombre con más personalidad que él.
03. **Ninguno** de nosotros comprendió la conferencia.
04. Lo hizo sin escrúpulo **alguno**.
05. No basta con saber **algo** , hay que demostrarlo.
06. Tiene un carácter muy abierto: hace amistad con **cualquiera**.
07. Es un ignorante: no sabe **nada** de **nada**.
08. La fiesta me resultó aburrida porque no conocía a **nadie**.
09. **Ninguno** de estos trajes me satisface.
10. Esa dirección se la puede dar **cualquier** policía.
11. La nueva barriada tenía un mercado y dos supermercados.
12. Este incendio se ha producido por **un** cortocircuito.
13. **Quienquiera** que haya hecho esto, demuestra muy mala idea.
14. El tarbajo está bien, pero a **cualquiera** le gusta divertirse de vez en cuando.
15. ¿Hay **alguien** en el servicio?

15.

01. Ese artículo es **tan** malo **que** nadie lo compra.
02. Últimamente llueve **tanto** que no se seca la ropa.
03. Es este país dormimos **tanto como** en otras partes del mundo. ¿Verdad?
04. Mi abuelo vivió **más** años **que** el tuyo.
05. Enrique habla el alemán **tan** bien **como** su padre.
06. Gastaban **tanto que** no les llegaba a fin de mes.
07. ¡No te fastidies! Tú no eras **más** fuerte **que** yo.
08. En España se **trabaja como** en cualquier otro país europeo.
09. Hoy había en la corrida **más** gente **que** ayer.
10. Viven **tan** lejos del centro **como** yo.
11. Gisela y Silvia son **tan** encantadoras **que** todo el mundo las quiere.

12. Son **tan** ridículos **que** producen risa.
13. Ese médico no sabe **tanto como** parece.
14. Joaquin era **menos** empollón **que** Paco. Por eso sacaba peores notas.

16.

01. Ayer por la tarde se **nos** estropeó el teléfono (a nosotros).
02. A Juanita siempre se **le** escapa la risa en los momentos más inoportunos.
03. Pasé un mal rato porque se **me** durmió un brazo.
04. Como hacía viento, se **les** cayó un tieso a la calle (a ellos).
05. Se **te** cae la baba cuando te hablan de Mara Belén.
06. Se **me** ha perdido el bolígrafo (a mí).
07. Se **le** quemó la comida (a ella).
08. Le ofendieron y se **le** subió la sangre a la cabeza (a usted).
09. Se **le** pinchó una rueda de la moto (al cartero).
10. La pisé un callo y **se le** escapó un taco.
11. Ella no apagó la vela; **se** apagó.
12. Tú no tiraste los papeles; **se te** cayeron.
13. Yo no quería decir eso; **se me** escapó.
14. El policía no apretó el gatillo; **se le** disparó la pistola sola.
15. No hubo primer plato porque a mi madre **se le** quemaron los fideos.
16. Tuvo que entrar por la terraza porque **se le** perdió la llave de la puerta.
17. No, doña Luisa, yo no rompí el vaso. **Se** rompió

17.

01. Aplazaron el viaje **para** el verano.
02. Me voy **por** una semana.
03. Se arrastró **por** debajo de la mesa.
04. **Para** mi esa tía tiene más cara que espalda.
05. ¿Te vienes **para** el centro?
06. **Por** lo menos deberías haberle avisado.
07. **Para** Pedro, tú eres un cero a la izquierda.
08. Ha navegado **por** todos los mares del mundo.
09. Nueve **por** ocho son setenta y dos.
10. Se compró unas botas **para** la nieve.
11. Fue **para** Semana Santa cuando le escribimos.
12. Últimamente se le ha dado **por** la pintura.
13. El coche está hecho una pena **por** fuera..
14. Al principio lo tomé **por** forastero.
15. **Para** nosotras todo está perfectamente, no se moleste más.
16. **Por** ahora no hay nada que hacer; ya veremos más adelante.

17. Ese tipo se enfurece **por** cualquier cosa.
18. Aún queda mucho **para** discutir.
19. Te tienen **por** persona muy capacitada.
20. Estoy **para** el arrastre, chico: no puedo con mi alma.

18.

01. No le permito que lo haga **bajo** ningún pretexto.
02. No he vuelto a verle **desde** entonces.
03. ¡Estás equivocado!, no hay nada **entre** ella y yo.
04. **Hasta** ahora no he podido hablar con él.
05. Apoyó la escalera **contra** la pared.
06. Los vagabundos vivían **bajo** el puente.
07. **Por** lo que más quieras, no me causes más disgustos.
08. **Sobre** todo, me molesta su manera de hablar.
09. ¿Cómo vienes **a** estas horas?
10. Se limpió los zapatos **con** un trapo.
11. Me voy **a** Toledo mañana.
12. No iremos a pie; iremos **en** coche.
13. **Según** las últimas estadísticas más de la mitad **de** la población mundial pasa hambre.

19.

01. Tristeza, 02. Mentira, 03. Riqueza, 04. Salud, 05. Injusticia, 06. Abundancia, 07. Fealdad, 08. Odio, 09. Debilidad, 10. Audacia, 11. Ignorancia, 12. Pesimismo, 13. Exactitud, 14. Consuelo, 15. Carencia, 16. Superficialidad, 17. Deshonestidad, 18. Confusión, 19. Humildad, 20. Compañia, 21. Oscuridad, 22. Inoperancia, 23. Maldad , 24. Incivilidad, 25. Antipatía, 26. Tacañería, 27. Manquedad, 28. Hostilidad, 29. Desprecio, 30. Desiquilibrio

20.

01. En **cuando** termine usted esa carta, pase a mi despacho.
02. Te lo digo **según** me lo comentaron, sin omitir una sola palabra.
03. Iban acomodándose **cuando** entraban.
04. Me gusta tener un piso **donde** no haya ruido.
05. Déjate caer por casa **cuando** quieras; serás bien recibido.
06. Este palacio destruido es de **cuando** la guerra.
07. Para **cuando** mi hijo esté en edad de casarse, estaré hecho un viejo.
08. Escriba **como** quiera, no hay límite de palabras.
09. **Cuanto** más le oigo, más me duele la cabeza.
10. En **cuanto** a su petición, me temo que ha sido denegada.
11. Estoy de acuerdo con la idea, pero **cuando** y cómo se lleve a cabo.
12. Dijeron que bajarían al pueblo **cuando** cayeran las primeras nieves.
13. **Como** no sabía inglés le denegaron la beca para Inglaterra.

14. **Según** el relato de los testigos, el accidente pudo evitarse.
15. **Como** bebió más de la cuenta, tuvimos que llevarlo a la casa.
16. El barrio **donde** vivimos está muy apartado del centro.

21.

01. Hoy estamos a 4° **bajo** cero.
02. El portero vive **abajo**.
03. El pueblo gritaba: **¿Abajo** con el tirano!
04. No hay nada nuevo **bajo** el sol.
05. Tuvimos que prestar declaración **bajo** juramento.
06. El lápiz está **debajo** de ti.
07. Puedes hacerlo, pero **bajo** tu responsabilidad.
08. El vecino de **abajo** se pasa el día tocando el acordeón.

22.

01. **¡Para** bromas estoy yo!
02. ¡No te vayas! Están **por** llegar.
03. Atravesó el bosque **por** el atajo.
04. ¡Felicidades! Y que sea **para** muchos años.
05. **¡Por** poco me pilla el autobús!
06. **Para** dormir no hay nada mejor que el vino.
07. **Por** fortuna no ha habido victimas.
08. Lo han multado **por** aparcar en doble fila.
09. Tengan los trabajos preparados **para** el próximo martes.
10. Tocó el tema sólo **por** encima.
11. **Para** la priamvera nos vemos. ¿vale?
12. **Por** más que lo intentes, no conseguirás levantar esa piedra.
13. **Para** serle sincero, no me gusta la música.

23.

01. Cuando oigo esas cosas **se me** ponen los pelos de punta.
02. Al ver la langosta (a mí) **se me** hizo la boca agua.
03. Del susto que recibió **se le** cortó la voz.
04. Cuando se enteró de que habían suspendido a su hijo **se le** cayó el alma a los pies.
05. Estaban tan débiles que **se les** doblaban las piernas.
06. Dice que perdió el control de sus nervios y **se le** nubló la vista.
07. ¿Por qué (a ti) **se te** antojan siempre estas chucherías?
08. A tu hija siempre **se le** han atragantado las matemáticas.
09. Salga Vd. a tomar un poco el aire, a ver si **se le** despeja la cabeza.

24.

01. A nosotros **nos faltan** mil euros.
02. A mi **me falta** tiempo para terminar lo que tengo proyectado.
03. Todavía **le sobran** a ella treinta euros.
04. Ese tipo de chicas no **le va** a él.
05. Los pedantes **les caen** mal a él.
06. Sé que a usted **le desagran** estas cuestiones.
07. A mí no **me gustan** las gafas de sol.
08. Ya sé que a ti **te fastidian** las fiestas de sociedad.
09. A ella **le falta** valor para hacerlo.
10. Siempre que come fabada no **le sienta** bien.
11. ¿**Le apetece** a usted un güisqui?
12. A nosotros **nos hace falta** ayuda.
13. Ahora **nos toca** a nosotros pagar la siguiente ronda.
14. A Carmina **le está** bien ese peinado.
15. A ellos **les quedan** cinco días para iniciar sus vacaciones.

25.

01. *(Él)* no **se durmió** hasta las seis de la mañana.
02. *(Ella)* **se cayó** en la zanja y se **rompió** una pierna.
03. *(Nosotros)* nunca **supimos** la verdad.
04. *(Ellos)* **trajeron** las herramientas en un santiamén.
05. Los romanos **construyeron** muchos puentes y carreteras.
06. Sí, *(yo)* oí lo que decía, pero no **quise** contestarle.
07. *(Él)* **se murió** de pena.
08. No me **cupo** la menor duda de su idiotez.
09. *(Ellos)* **se pusieron** las botas.
10. *(Él)* **dijo** que llegaría tarde.
11. Los soldados **huyeron** en todas las direcciones.
12. *(Yo)* **llevé** a mi hermanito a la escuela.
13. *(Ella)* **tuvo** que retractarse de sus palabras.
14. *(Yo)* **recorrí** medio mundo.

26.

01. emite
02. juegan / están jugando
03. estoy planchando
04. estamos viendo
05. salgo
06. está hablando
07. intenta / está intentando

08. te quejas / me quejo / haces
09. recogen / están recogiendo
10. me voy / tengo / quiero

27.

01. llega , 02. baja, 03. se reúnen, 04. me presento / dejo, 05. quedamos, 06. vuelves, 07. sales, 08. visita, 09. escribimos, 10. hacemos, 11. conoces, 12. vaís, 13. van, 14. se acaban

28.

01. Siempre se **quejaba** que no **tenía** dinero para ir de juerga.
02. Todos los días **salía** temprano de casa para evitar el atasco del centro.
03. Por la noches **nos reuníamos** varios amigos en mi casa para jugar a las cartas.
04. Su hermana **trabajaba** por las mañanas en el Ministerio y por las tardes **colaboraba** en el voluntariado social.
05. Cada día me **llamaba** por teléfono y **estábamos** hablando durante varias horas.
06. Normalmente **íbamos** al teatro los sábados por la noche.
07. Todas las mañanas **desayunaba** chocolate con churros.
08. El autobús de la empresa nos **recogía** por la mañana temprano para llevarnos al trabajo.
09. Por las tardes mi vecino **ponía** la música muy alta y no me **dejaba** estudiar.
10. Todos los veranos nos **íbamos** de vacaciones a la playa.

29.

01. a. **era** / b. **tenía** / c. **abandonaba**
02. a. **era** / b. **trabajaba** / c. **estaba** / d. **llegaba** / e. **era** / f. **compraba** / g. **aparecía** / h. **estaba** / i. **entregaba**.
03. a. **consistía** / b. **giraba**.
04. a. **era** / b. **estaba** / c. **se quejaba** / d. **reclamaba** / e. **decía** / f. **encontraba**.
05. a. **bajaban** / b. **tomaban** / c. **fumaban** / d. **hojeaban** / e. **leían**.
06. a. **era** / b. **tenía** / c. **era** / d. **tenía** / e. **afeaban**.
07. a. **descendía** / b. **teñía** / c. **se escurecían** / d. **conservaba** / e. **se disolvía** / f. **salpicaba**.

30.

01. llegamos / subimos / llegamos / estaban esperando (o esperaban).
02. llegué / estaba leyendo / tomaba.
03. salí / bajé / vi / estaba despidiéndose
04. pregunté / estaba / acompañó / se hallaba.
05. tuvo / estaba conduciendo / patió / pudo / cayó.
06. llegamos / llenaba / se agolpaban / llamaban.
07. me disponía / llamó.
08. estuvimos / me di cuenta / tenía.

31.

01. Nos comentaron que se habían comido unos bocadillos porque no habían encontrado nigún restaurante para comer bien.
02. Nos dijeron que habían perdido el tren porque habían llegado tarde a la estación.
03. Me comentó que había pasado muchas veces por allí, pero nunca se había detenido a ver las flores del parque.
04. Les pregunté que cómo lo habían pasado en la cena de fin de curso.
05. Me contestaron que lo habían pasado estupendamente; que se habían divertido muchísimo.
06. Los dos decían lo mismo que se amor había sido amor a primera vista.
07. Su madre le dijo que su amigo había telefoneado y había dicho que venía a buscarla a las siete.
08. Los periódicos dieron la noticia de que el día anterior se había producido un atentado en una céntrica calle de la ciudad.
10. Nos comentó que habían ido a cenar a un restaurante nuevo que habían abierto cerca de su casa y que las comida les había parecido estupenda.
11. Me repitió varias veces que si había entendido lo que me había dicho y que si era así, que ya sabía lo que tenía que hacer.
12. Nos contó que la habían contratado pata trabajar como intérprete en un hotel de la costa.

32.

01. había salido / empezamos.
02. me desperté / se habían ido.
03. había terminado / llegaron.
04. se enteró / había llamado / había avisado / se enfadó.
05. había amanecido / legó.
06. regresaron / enseñaron / habían hecho.
07. había terminado / encargaron.
08. había cerrado / se acordó / se había dejado.
09. había aparcado / volvió / había llevado.
10. entraron / había empezado.

33.

01. Si me hubieras dicho que tenías prisa por llegar a tu casa, te había llevado en mi coche.
02. Si hubieras estudiado durente el curso, no habrías suspendido el exámen de junio.
03. Si huebieras estado mirando por donde ibas, no te habías chocado con la farola.
04. Si hubiera sabido que estabas enfermo, había ido a verte.
05. Si te hubiera visto, te había saludado, pero la verdad es que no te vi.

34.

01. sabremos, 02. podrán, 03. pasará, 04. estarán, 0. es / será / permitirá, 06. deberán, 07. ingresará, 08. pondrá, 09. mantendrán, 10. estará

35.

01. Si *(tú)* **me haces** ese favor, yo te **estaré** sumamente agradecido.
02. **¡Pide** (tú) lo que te **parece**!
03. Ayer él me **hablaba** como si **tuviese** algo contra mí.
04. Ya es hora de que yo **haga** valer mi opinión aquí.
05. Transcurrió la jornada sin que **ocurriera** ningún incidente.
06. Criticaron duramente a los que les **habían** ayudado.
07. El que **ha** visto a Pedro que me lo **comunique** inmediatamente.
08. ¡Ojala *(él)* **sea** buena persona como usted nos **asegura**!
09. Le dije que **busque (buscara**) una pensión cuando **llegue (llegara)** a Córdoba.
10. El portero no sabía si los atracadores **eran** dos o tres.
11. ¡Jo! Cada vez que **suena** el teléfono se equivocan de número.
12. Por mucho que *(yo)* **insistiera (insista),** ellos no se **quitan** esa idea de la cabeza.

36.

01. **¿Podrías** bajar el volumen de la radio que está muy alto y no puedo concertrarme?
02. ¿Te **importaría** dejar ya de hablar por teléfono que necesito hacer una llamada urgente?
03. ¿Me **harías** el favor de cerrar la puerta que tengo mucho frio?
04. **¿Podrías** hablar un poco más alto que no me entero de lo que dices?
05. ¿Te **apetecería** tomar un café?
06. ¿Le **interesaría** conocer vuestras ofertas?
07. No **querría** (o **quisiera**) mostrarme severa en exceso.
08. **¿Sería** posible retrazar la fecha del exámen?
09. Me **atrevería** a decir que usted es la persona idónea para ese trabajo.
10. ¿No te **importaríasalir** un momento que quiero hablar a solas con ella?

37.

01. Cuando vayamos a comer, ya habré escrito la carta.
02. Cuando te preste este libro, ya lo habré leído.
03. Cuando pase a buscarte, ya habré ido a recoger a mi hermana al aeropuerto.
04. Cuando empiece a escribir otra novela, ya habré terminado ésta.
05. Cuando se casen, ya habrán vivido juntos durante unos meses.

38.

01. Nos dijo que en el mes de mayo ya habría comenzado a trabajar en su nuevo empleo.
02. Los polçiticos vaticinaron que dentro de dos años habrían conseguido solucionar el problema del paro.
03. Me comunicó que, cuando me llamara por teléfono, ya habría llegado al hotel.
04. Nos confirmaron que al día siguiente habrían terminado las obras en aquella carretera y que se podría volver a circular por ella.
05. Me dijo que, cuando oyera el ruido del motor, ya habría empezado a funcionar el aire acondicionado.

39.

01. viajes, 02. hagas / cumples, 03. conceda, 04. copien, 05. cuentes, 06. renueven / ha trabajado, 07. acompañe

40.

01. No nos fiamos ni un pelo de él, siempre **anda contando** mentiras.
02. No le lleves la contraria porque **saldrás perdiendo**.
03. Veo que vosotros **vaís mejorando** vuestro castellano poco a poco.
04. Él se fue y ella **se quedó bailando** con un antiguo admirador.
05. Anoche Rafael **se quedó leyendo** hasta muy tarde.
06. No *(ustedes)* **andan escribiendo** en las paredes. No ven que es muy feo.
07. La anciana **viene cobrando** la pensión desde la muerte de su marido.
08. Como es hora punta, será preferible que nosotros **vayamos andando** a casa.
09. Nosotros **llevamos esperándole** más de una hora y sigue sin llegar.
10. Por aquel entonces *(tú)* ya **llevabas estudiando** español cuatro años.

41.

01. El negocio le salió mal por **mezclarse** con indeseables.
02. Como no me gusta el flamenco demasiado **me aburro** mucho.
03. Le sacó tanta punta al lápiz que **se rompió**.
04. Nos metimos por callejuelas desconocidas y **nos perdimos**.
05. Cuando juego al tenis más de dos horas **me canso**.
06. La fiesta **se animó** mucho con la llegada de los payasos.
07. No le gusta viajar en barco porque siempre **se marea**.
08. Es un tipo muy apático; no **se interesa** por nada.
09. *(Él)* **se emborracha** con dos vasos de vino.
10. Anduvo sin chaqueta toda la tarde y **se enfrió**.
11. Algunos ejecutivos **se enganchan** al trabajo como a una droga.

42.

01. Ayer **pasé** un día extraordinario.
02. Por esas fechas *(ella)* **venía** todos los años.
03. **Había** una vez un rey que tenía dos hijas.
04. A los 18 años *(nosotros)* **creíamos** que la vida era todo rosas.
05. Cuando **llegaste** a Madrid **tenías** 25 años.
06. **Era** un día de invierno.
07. **Recibieron** muchos regalos de Navidad.
08. **Solía** cantar todas las mañanas mientras **se afeitaba**.
09. El lunes pasado **fuimos** de viaje.
10. **Era** día de invierno, cuando yo la conocí.
11. Ayer **estaba** nevando sin parar toda la noche.

12. El lunes pasado **íbamos** de viaje, cuando **se estropeó** el coche.
13. En aquel momento **comprendimos** la verdadera razón de su comportamiento.

43.

01. Antes que me olvide, ¿qué **hiciste** la semana pasada?
02. ¿Cada cuánto *(ellas)* **visitaban** a su familia?
03. Aquella cuaresma *(nosotros)* **no tomamos** una sola copa de alcohol.
04. Por lo general *(ella)* **solía** pasar los domingos en el campo.
05. ¡Puf! El otoño de 1989 **fue** uno de los más lluviosos del siglo.
06. Todos los días de esas navidades *(yo)* **trabajaba** como una loca.
07. Cuando (usted) **buscaba** empleo, era muy difícil encontrarlo.
08. El verano pasado *(ella)* **recorrió** medio mundo.
09. El sábado *(yo)* **estaba** oyendo música moderna toda la tarde.
10. Ahora lo recuerdo; antes *(yo)* no lo **recordaba**.
11. Hace ocho años *(vosotras)* **fumábais** un paquete al día; hoy ni lo tocáis.
12. En 1980 *(ella)* **tenía** buena voz, hoy apenas se la oye.
13. No hay derecho, mientras *(tú)* **lo pasabas** bien . yo **aburría** como una ostra.
14. Los lunes *(yo)* **llegaba** a casa temprano; pero ese lunes (yo) **llegué** tardísimo.
15. Durante más de un año *(ellos)* **utilizaban** el Metro para moverse en Madrid.
16. Siempre tomábamos un café a las cinco, esa tarde *(nosotros)* **lo tomamos** a las seis.

44.

01. Ese hombre es muy **vago**.
02. Es una calle de dirección **única**.
03. Es un chiste **aburrido**.
04. Es un soldado **cobarde**.
05. Siempre habla de casos **comunes**.
06. Es un chico muy **charlatán**.
97. El fuego está **apagado**.
08. El trabajo está bastante **atrasado**.
09. Tienen un jardín muy **descuidado**.
10. Esa solución es **adecuada**.

45.

01. Se **presenta** al exámen sin saber nada.
02. Al ver la policía , él **empezó** a correr.
03. Has **hecho** una tontería mayúscula.
04. ¿Le gusta a usted **tocar** el piano?
05. Mi hermana **cumple** veinte años mañana.
06. Se fue a **dar** un paseo.

07. Por efectos de la tempestad el barco **se hundió**.

08. Fue a **cortarse** el pelo.

09. Se **cambió** los zapatos porque le hacían daño en los pies.

10. ¿Se ha **tomado** usted la medicina?

11. Se han **mudado** a una casa nueva.

12. El automóvil se **chocó** contra un árbol.

46.

01. ¡Ojalá tuviera (o tuviese) una casa tan grando como la tuya!

02. ¡Ojalá pudiéramos (o pudiésemos) estar juntos toda la vida.

03. ¡Ojalá supiera (o supiese) lo que va a ocurrir en el futuro!

04. ¡Ojalá pudiera (o pusiese) realizar alguno de mis sueños!

05. ¡Ojalá pudiera (o pudiese) vicir sin trabajar!

06. ¡Ojalá pudiera (o pudiese) hacer un viaje alrededor del mundo!

07. ¡Ojalá tuviera (o tuviese) una gran biblioteca!

47.

01. Estuvo **trabajando** hasta la seis de la mañana.

02. Mataba el tiempo **haciendo** crucigramas.

03. **Habiendo** terminado el banquete, llegó la hora de los discursos.

04. Hoy, **paseándo** vi a tu padre.

05. Antonio siempre va **corriendo** a la escuela.

06. Aun **sabiendo** la verdad, deberías haberte callado.

07. Y **habiendo** pintado los últimos detalles, dio por terminada su obra.

08. **Enseñando**, no hay posibilidad de hacerse rico.

48.

01. Sal de esta habitación.
No salgas de esta habitación.

02. Cómete todos los pasteles.
No te comas todos los pasteles.

03. Llévate el paraguas porque llueve.
No te lleves el paraguas porque no llueve.

04. Lee ese libro porque es muy interesante.
No leas este libro porque no es muy interesante.

05. Baja en el ascensor.
No bajes en el ascensor.

06. Cruza la calle ahora.
No cruces la calle ahora.

07. Ve a ver esa película porque es muy interesante.
No vayas a ver esa prlícula porque es muy aburrida.

08. Enciende la luz.
    No enciendas la luz.
09. Quita esos libros de encima de la mesa porque me estorban.
    No quites esos libros de encima de la mesa porque no me estorban.
10. Siéntate en esta silla.
    No te sientes en esta silla.

49.

01. La vi atravesar el jardín en dirección a la calle.
02. Veo a la gente correr para resguardarse de la lluvia.
03. Escuchó a los muchachos hablar de sus conquistas.
04. Oigo a los vecinos discutir todo el día.
05. Observo a los niños jugar en el patio.

50.

1.ª Persona singular (yo)

01. No te consiento que uses **mi** coche.
02. Este amigo **mío** sabe mucho de historia.
03. Tus preocupaciones no son las **mías**.
04. Tu prefesión es interesante, pero la **mía** es fascinante.

2.ª Persona singular (tú)

01. Mi chica cocina mejor que **tu** mujer.
02. Lo que es mío es también **tuyo**.
03. **Tus** amigotes me fastidian
04. **Tus** razones no me convencen en absoluto.

3.ª Persona singular (él, ella)

01. **Su** desesperación era verdaderamente patética.
02. **Sus** negocios iban de mal en peor.
03. Este libro **suyo** es un rollo.
04. Hay que reconocer que nuestros empleados son menos capaces que los **suyos**.

1.ª Persona plural [nosotros(as)]

01. **Nuestras** aspiraciones son idénticas.
02. Ese jardín se parece al **nuestro**.
03. Aquella casa **nuestra** está hecha una pena.
04. No desconfíes; es **nuestro**.

2.ª Persona plural [vosotros(as)]

01. **Vuestros** hijos son muy salados.
02. Dijo el orador: "Jóvenes, el mundo es **vuestro** ."
03. Con su permiso y con el **vuestro** me retiro.
04. Cuidad **vuestras** amistades.

3.ª Persona plural (ellos, ellas)

01. **Sus** pretensiones eran demasiadas.
02. En **su** caso yo no me preocuparía.
03. Este cuñado **suyos** es un hombre de bien.
04. Se me averió el coche en las mismas circunstancias que las **suyas**.

(Usted, ustedes)

01. Déme **su** dirección y **su** teléfono.
02. Hay que reconocer que **su** punto de vista es convincente.
03. Sí, mi chico es aplicado, pero el **suyo** es más inteligente.
04. ¿Son **suyos** estos papeles?

51.

01. La carta **fue abierta por** Isabel.
02. El Guernica **fue pintado por** Picasso.
03. Un niño **fue atropellado por** un coche.
04. El presupuesto **fue presentado por** el ministro de Hacienda.
05. La ley de divorcio **fue aprobada por** el Congreso.
06. Los terroristas **fueron capturados por** la policía.
07. Gorbachew **será propondado por** Europa para el premio Nobel de la Paz.

52.

01. Las paredes **fueron pintadas.**
02. Los platos **fueron recogidos**.
03. Las cifras **fueron leídas**.
04. Las dificultades **son resueltas**.
05. Las calles **fueron regadas**.
06. Los documentos **son examinados.**
07. Los coches **son vendidos.**
08. La vida **fue jugada.**

53.

01. Todas las tardes **tomábamos** té. Esa tarde no lo **tomamos**.
02. Siempre **llevaba** yo los niños al colegio. Ayer no **los llevé.**
03. Los sábados **comíamos** fuera. Ese sábado **comímos** en casa.
04. En verano **iban** a la playa. El verano pasado **fueron** a la montaña.

05. Todos los domingos **jugaba** al fútbol. Este domingo no **jugó.**
06. Todas las mañanas **escuchaba** las noticias. Hoy no **las escuché**.

54.

01. Están llamando **a** la puerta.
02. Haremos los deberes a la tarde.
03. El alumno escribe **con** cuidado.
04. Los invitaremos mañana **a** cenar.
05. Nuestros amigos son **del** Sur.
06. El albañil se apoyó **contra** la pared.
07. La niña se fue **a** su casa.
08. La comida no sabía bien, estaba **sin** sal.
09. Le golpearon **con** un ladrillo.
10. El profesor hablará **sobre** Cervantes.
11. El testigo se presentó **ante** el juez.
12. Estamos **entre** amigos.
13. El año pasado vivíamos **con** una familia francesa.

55.

01. Nadamos **por** debajo del barco.
02. Enviaron dinero **para** sus hijos.
03. **Para** escribir bien se necesita práctica.
04. Recibí la carta **por** el mes de octubre.
05. Le di las gracias **por** el favor que me hizo.
06. **Para** hacerse socio de ese club hay que ser presentado por otros dos socios.
07. Ese libro del que tú hablas está **por** escribir.
08. **Para** mí ese chiste no tiene gracia.
09. **Para** tener cincuenta años se conserva muy bien.
10. El niño se levanta mucho **por** la noche.
11. Cuando la encontré iba **para** el banco.
12. Lo tendrán terminado **para** el lunes próximo.
13. Fue perseguido **por** la policía.
14. Nuestra casa está ya **por** terminar.
15. El padre trabaja **para** su familia.
16. He vendido mi coche **por** 800 euros.
17. Hace cinco minutos venía **para** acá.
18. Se descalzó **para** no meter ruido.

56.

01. **¿Cúal** de esas señoras es tu madre?
02. ¡Pero hombre!, **¿Qué** te pasa?

03. ¿**Por qué** ha hecho eso?
04. **¿Cómo** lo supiste tan pronto?
05. **¿Cuándo** saliste de Madrid?
06. **¿Dónde** vives ahora?
07. **¿Qué** hace ese señor?
08. **¿Por qué** no me habéis dicho la verdad?
09. **¿Cuáles** son las ciudades españolas que usted conoce?
10. ¿**Desde cuándo** estás aquí, Ramon?

57.

01. **la** mesa, 02. **la** ventana, 03. **el** cuaderno, 04. **el** libro, 05. **la** pizarra, 06. **el** conejo, 07. **el** hotel, 08. **el** bolígrafo, 09. **la** televisión, 10. **la** abogada, 11. **el** estudiante, 12. **la** puerta, 13. **la** habitación, 14. **el** violín, 15. **la** maleta, 16. **el** ejercicio, 17. **el** amigo, 18. **la** pulsera, 19. **el** regalo, 20. **el** diccionario, 21. **el** parque

58.

01. la conductora, 02. la actriz, 03. la artista, 04. la pianista, 05. la maestra, 06. la perra, 07. la doctora, 08. la fotógrafa, 09. la hembra, 10. la esposa, 11. la anciana, 12. la dependienta

59.

01. Una gata blanca, 02. Un actor bueno, 03. Una mujer alta, 04. Un rey simpático, 05. Un hombre elegante, 06. Una estudiante inteligente, 07. Un estudiante brasileño, 08. Un pintor argentino, 09. Una artista famosa, 10. Una escritora importante, 11. 12. Una poeta famosa

60.

01. Unos coches blancos, 02. Unas cámaras japonesas, 03. Unos libros interesantes, 04. Unas mujeres alta, 05. Unos perros marrones, 06. Unos autobuses nuevos, 07. Unas flores bonitas, 08. Unas niñas iraníes, 09. Unas ciudades grandes

61.

01. **la mujer** es rubia.
02. **el padre** es más alto que yo.
03. **el yerno** de José es abogado.
04. **el sobrino** de mi padre es muy joven.
05. **el hijo** mayor es profesor.
06. **la cuñada** de Maria está casada con Pedro.
07. **la tía** de mi padre se llama Elsa.

62.

01. Esta casa es **más barata que** la casa azul.
02. La clase de física es **más larga que** la clase de Ciencias.
03. El libro de francés es **más difícil que** el libro de inglés.

04. El profesor de alemán es **tan aburrido como** el profesor de japonés.
05. Ahora estoy **más delgada que** antes.
06. El idioma ruso es **tan difícil como** el idioma alemán.

63.

01. oscuro, 02. grande, 03. difícil, 04. exterior, 05. dentro, 06. complicado, 07. interesante, 08. caro, 09. caliente, 10. sucio, 11. corto, 12. liviano, 13. soltero, 14. blando, 15. delgado

64.

01. La música clásica es más divertida / aburrida que la música moderna.
02. París es más bonito / feo que Nueva York.
03. El cine es más barato que el teatro.
04. La comida hindú es más picante que la comida española.
05. Andar es más sano que ir en coche.
06. La plata es más barata que el oro. El oro es más caro que la plata.
07. Las comedias son más alegres que las tragedias.
08. Estar casado es más divertido / aburrido que estar soltero

65.

01. La fruta está **madura.**
02. Esta calle es muy **angosta.**
03. La película es muy **aburrida**.
04. Esta silla es muy **liviana.**
05. El clima en esta región es **húmedo.**
06. La ropa está **seca**.
07. Es un hombre muy **perezoso.**
08. Estas manzanas están **frescas.**
09. Es un niño **callado.**
10. Este colchón es muy **blando.**
11. Es una casa muy **pequeña.**
12. Los trenes están muy **sucios.**
13. Mi hermana mayor es **delgada**.
14. Esa chica es **antipática.**
15. Ese estudiante es **necio.**

66.

01. después, 02. nunca, 03. nada, 04. poco, 05. menos, 06. malo, 07. dentro, 08. lejos, 09. lentamente, 10. peor

67.

01. Esta comida no me gusta **mucho**.
02. Este actor es **muy** guapo.

03. La casa de mis padres está **muy** lejos.
04. No creo que aprendas **mucho** sin estudiar.
05. Elena es **muy** amiga mía.
06. Tengo **mucho** dolor de cabeza.
07. El libro que compré es **muy** interesante.

68.

01. imposible, 02. rápidamente, 03. igualmente, 04. legalmente, 05. tristemente, 06. cómodamente, 07. justamente, 08. fácilmente

69.

01. Yo **jamás** en mi vida he visto una cosa así.
02. Si tú no vas al cine, yo **tampoco iré.**
03. Elena y Yolanda **no** van a ir a esa fiesta.
04. Eso **nunca** explica que pasó en realidad.
05. No has visto a Ahmad pero, **¿Tampoco** has visto a Amir?

70.

01. ¿Hay alguien aquí? **No, no hay nadie.**
02. ¿Tienes algo que hacer? **No, no tengo nada.**
03. ¿Habeís ido alguna vez al Polo Norte? **No, nunca.**
04. ¿Tienen alguna habitación libre en el hotel? **No, ninguna.**
05. ¿Quiere usted algo más? **No, no quiero nada más.**
06. ¿Se ducha usted alguna vez después de comer? **No, nunca.**
07. ¿Ha venido alguien esta mañana? **No, nadie.**
08. ¿Tenéis algunas revistas extranjeras? **No, ninguna.**
09. ¿Te contó algo interesante? **No, nada.**

71.

01. Yo ya he comido.
02. Nosotros nunca hemos ido allí.
03. Vosotros habéis venido temprano.
04. Tú, has visto a Maria?
05. Ella ha recibido muchas cartas.
06. Usted há estado em El hospital.
07. Ellos no han sido buenos.
08. Usted no há sabido contestar.
09. Vosotras habéis bebido demasiado.
10. Él ha hecho su exámen.

72.

01. Ustedes **son** Juan y Carmen.
02. Mario **es** argentino.
03. Mi cuñado **es** socialista.
04. ¿No **eres** *(tú)* protestante?
05. Ahmad Chauki y Hafez Ibrahim **son** dos grandes poetas egipcios.
06. Nosotros **somos** estudiantes.
07. Vosotros no **sois** millonarios.
08. Yo **soy** electricista.
09. Estos libros no **son** nuestros.
10. Esta copa no **es** de cristal.
11. Ellas no **son** españolas, **son** de Puerto Rico.
12. Hoy **es** lúnes.
13. Ese libro **es** muy interesante.
14. Tu padre **es** muy buena persona.
15. Vosotras **soís** las primeras que llegaron.
16. Tú **eres** mayor que yo.

73.

01. Nuestro amigo **está** enfermo.
02. Nosotros **estamos** ahora de vacaciones.
03. El estudiante **está** en clase.
04. ¿Dónde **estáis** vosotros?
05. ¿Por qué **estás** tú aquí?
06. Yo **estoy** muy cansado.
07. ¿Cómo **está** usted?
08. Ellos ya **están** aquí.
09. La puerta **está** abierta.
10. ¿Dónde **está** tu amigo?
11. Él no **está** hoy de buen humor.
12. La luz **está** apagada.
13. ¿Cómo **estás** *(tú)*? *(Yo)* estoy regular.
14. Todavía *(yo)* no **estoy** preparado para el exámen.
15. Nuestros vecinos **están** fuera.

74.

01. *(Yo)* ya **he** comido.
02. *(Nosotros)* nunca **hemos** ido allí.
03. *(Vosotros)* **habéis** venido temprano.
04. ¿*(tú)* **Has** visto a Maria?
05. *(Ella)* **ha** recibido muchas cartas.

06. *(Usted)* **ha** estado en el hospital.

07. *(Ellos)* no **han** sido buenos.

08. *(Ustedes)* no **han** sabido contestar.

09. *(Vosotras)* **habéis** bebido demasiado.

10. *(Él)* **ha** hecho su examén.

75.

01. Dicen que las mujeres suecas son muy guapas.

02. Los caballos de mi tío eran muy rápidos.

03. Los sábado no trabajo.

04. Estos chicos parecen inteligentes.

05. En esos balcones hay muchas flores.

06. Llevo unos papeles en la cartera.

76.

01. Me cansé mucho.

02. Tú te pones los guantes.

03. Ella te lo dará.

04. Usted no me ayuda.

05. Él te regaló ese jarrón.

06. Ella se viste rápidamente.

07. ¿Se ha lavado usted?

08. No me gusta el marisco.

09. Ella se ha mudado de casa.

10. Tú no me invitas nunca.

77.

01. ¿Me has **dicho** la verdad?

02. Hemos **comprado** otro televisor.

03. ¿Has **escrito** a tus padres?

04. No ha **habido** mucha gente en la corrida.

05. Han **roto** la lámpara.

06. ¿Nos has **vuelto** nunca a tu pueblo?

07. Ya han **resuelto** el problema.

08. Luisa ha **tenido** mucha suerte.

09. ¿Te has **puesto** la camisa de cuadros?

78.

01. – Nosotros nos acostamos tarde el sábado.
– ¿Y vuestros amigos? **Ellos también se acuestan tarde el sábado.**

02. – Mi novia se pasea por la plaza.
– ¿Y tú novio? **Él también se pasea por la plaza.**

03. – Silvia se interesa por La política.
    – ¿Y Paul? **Él también se interesa por La política.**
04. – Amado se baña diariamente en el mar.
    – ¿Y tus amigos? **Ellos también se bañan diariamente en el mar.**
05. – Wassim se afeita todas las mañanas.
    – ¿Y tú? **Yo también me afeito todas las mañanas.**

79.

01. Vengo para que tú me **pongas** otro ejercicio.
02. A fin de que (tú) **llegues** a tiempo, te doy mi reloj.
03. Con tal que (tú) **aprendas,** haz el exámen como desees.
04. No te perjudicará, a condición de que **bebas** prudentemente.
05. Nos llevaremos bien, siempre y cuando (ellos) **se porten** bien.
06. Puedes salir el fin de semana, siempre y cuando **estudies.**
07. Con tal de que (tú) lo **digas,** puedes ir adonde desees.
08. En caso de que (vosotros) **vengáis,** tenednos informados.
09. Lo hizo como si **estuviera** acobardado.

80.

01. – No, nunca.
02. – No, nunca.
03. – No, no quieren nada.
04. – No, no conozco a nadie.
05. – No, no tengo ninguna.
06. – No, nunca.
07. – No, nunca.
08. – No, no más / ya no.

81.

01. Los secuestradores **podrían** liberar hoy al rehén.
02. Siempre pensé que **sería** piloto.
03. Por aquellos años, Jaime **estaría** en el ejército.
04. Si lo **viera**, se lo comunicaría.
05. Me **sentiría** mejor si pudiera saber que pasó.
06. Si **fueras / fueses** al campo, te acompañaría.
07. **Serían** las tres cuando llegó.
08. Dijo que **vendría** ayer.
09. Pensó que **llegaría** mañana.
10. Comunicó que **abandonaría** pronto el país.

82.

01. Carlos **ha comprado** el periódico y **ha cogido** el bus.
02. Maria se **ha puesto** un abrigo y **cogido** el paraguas.
03. **Hemos tomado** un café y **hemos comido** un bizcocho.
04. **Has leído** el periódico y **has visto** un anuncio interesante.
05. **Ha escrito** una carta a su madre y la **ha echado** al correo.
06. **Has terminado** el trabajo y te **has puesto** a escuchar música.
07. **Hemos perdido** las llaves y **hemos llamado** al cerrajero.
08. **Hemos salido** de vacaciones y nos **hemos instaldo** en un apartamento.

83.

01. Hace una hora que duermen los niños.
02. Hace tiempo que no como buenas naranjas.
03. Hace dos días que Lisa está enferma.
04. Hace medio año que no veo a mi padre.
05. Hace una hora que el jefe está hablando.
06. Hace cinco años que veraneo aquí.
07. Hace un mes que no le he vuelto a ver.
08. Hace siete años que están casados.

84.

01. Hoy estamos a 20 de marzo: **mañana** empieza la primavera.
02. Nos casamos el 7 de agosto y **al día siguiente,** el 8, viajamos a París.
03. Los niños pueden acostarse tarde: **mañana** no hay colegio.
04. El dí 10 de mayo cumple cuarenta años: **ese día** será fiesta.
05. Encontré a Pablo el martes: **ese día** había mucha gente en la calle.
06. Anuncian que hará frio: **mañana** tendré que salir abrigado.
07. Nos saludamos **ayer / anteayer,** cuando paseaba por la alameda.
08. Llegó al hospital enfermo y **al día siguiente** le operaron.
09. Hoy es domingo: **anteayer** era viernes.
10. Si mañana no puedes, nos veremos **pasado mañana.**

85.

01. Ahora hablo mucho, **pero antes hablaba poco.**
02. Ahora como poco, **pero antes comía más.**
03. Ahora viajo constantemente, **pero antes viajaba pocas veces.**
04. Ahora conduzco prudentemente, **pero antes conducía alocadamente.**
05. Ahora duermo mal, **pero antes dormía mejor.**
06. Ahora fumo poco, **pero antes fumaba más.**
07. Ahora hago poco deporte, **pero antes hacía más.**
08. Ahora soy pesimista, **pero antes era optimista.**

09. Ahora trabajo más, **pero antes trabajaba poco.**
10. Ahora estoy más gordo, **pero antes estaba más delgado.**

86.

01. Si, cuando lo encontré, la había terminado ya.
02. Si, cuando me marché, me había casado ya.
03. Si, cuando lo comencé, me habían hecho la prueba ya .
04. Si, cuando la hice, ya había hablado con él.
05. Si, cuando me matriculé, ya me habían hablado de él.

87.

01. Voy a cambiar de teléfono y enviar el nuevo número a mis padres.
02. Voy a sentarme en una terraza y cenaré fuera.
03. Voy a cambiar de barrio e iré al colegio a pie.
04. Voy a tomar una aspirina y me sentiré mejor.
05. Voy a sacar un billete y haré turismo.

88.

01. Si envías un sello con estampilla, recibirás el catálogo.
02. Si reduces los gastos,aumentarás los bebeficios.
03. Si enciendes la calefacción, tendrás una habitación agradable.
04. Si sales más temprano, evitarás los atascos.
05. Si hablas lentamente, cometerás menos erros gramaticales.
06. Si te compras el equipo adecuado, podrás ir a la sierra.
07. Si te concentras mucho, aprenderás más rápido.
08. Si acabas todo perfectamente, tendrás éxito.

89.

01. Yo también temo que reclamen.
02. Yo tambié dudo que se lo den.
03. Yo también temo que lo olvide.
04. Yo también confío que lleguen.
05. Yo también temo que terminéis.
06. Yo también te aconsejo que lo escribas otra vez.

90.

01. Siempre se **quejaba** que no **tenía** dinero para ir de juerga.
02. Todos los días **salía** de casa para evitar el atasco del centro.
03. Por las noches nos **reuníamos** varios amigos en mi casa para jugar a las cartas.
04. Su hermana **trabajaba** por las mañanas en el Ministerio y por las tardes **colaboraba** en el voluntariado social.

05. Cada día me **llamaba** por teléfono y **estábamos** hablando durante varias horas.
06. Normalmente **íbamos** al teatro los sábados por la noche.
07. Todas las mañanas **desayunaba** chocolate con churros.
08. El autobús de la empresa nos **recogía** por la mañana para llevarnos al trabajo.
09. Por las tardes mi vecino **ponía** la música muy alta y no me **dejaba** estudiar.
10. Todos los veranos nos **íbamos** de vacaciones a la playa.

91.

01. Una secretaria muy joven, de pelo rubio y muy guapa me preguntó que deseaba.
02. Es portero de la casa nos preguntó que adónde **íbamos.**
03. Me dijo que no **podía** venir con nostros porque no **tenía** tiempo.
04. La enfermera me comunicó que el médico aún **estaba** ocupado y que **tenía** que esperar unos minutos.
05. Afirmó que no le **interesaba** participar en nuestro negocio.
06. Me preguntó qué **opinaba** sobre el nuevo empleado.
07. Me comentaron que la empresa no **funcionaba** bien.
08. Me confirmaron que el avión **llegaba** a las seis.
09. Le dijeron que **tenía** que quedarse para terminar el trabajo.
10. Le pregunté que **quería** ser de mayor y me respondió que **quería** ser estrella.

92.

01. **¿Podrías** bajar el volumen de la radio que está muy alto y no puedo concentrarme?
02. ¿Te **importaría** dejar ya de hablar por teléfono que necesito hacer una llamada urgente?
03. ¿Me **harías** el favor de cerrar la puerta que tengo mucho frio?
04. ¿No te **importaría** salir un momento que tengo que hablar a solas con tu compañero?
05. **¿Podrías** hablar un poco más alto que no me entero de lo que dices?
06. ¿Te **apetecería** tomar un café?
07. ¿Le **interesaría** conocer nuestras ofertas?
08. Me **atrevería** a decir que es usted la persona idónea para este trabajo.
09. No **querría / quisiera** mostrarme severa en exceso.
10. **¿Sería** posible retrasar la fecha del exámen?

93.

01. No comprendo por qué os gusta tanto hablar **sobre** la gente y **sobre** sus vidas porque es divertido, nada más. Es un tema **sin** complicaciones.
02. Quita las cosas que hay **sobre** la mesa, para poder limpiarla.
03. Por qué no colocamos la lámpara **entre** la pared y el sofá?
04. Intenta hacer esas cuentas **sin** la calculadora; si no, perderás agilidad mental.
Eso son tonterías. No sé qué tienes **contra** las calculadoras.
05. Yo te aconsejo que actúes **contra** la mayoría, o pasarás mal.
¿Y ni siquiera puedo dar mi opinión **sobre** lo que está pasando.
06. Como la casa es tan pequeña, ten ciudado de no chocar **contra** los muebles.
Es verdad: pasar **sin** darse un golpe no es facil, ¿eh?

07. Todo había ido bien, **hasta** que empezaste a actuar por tu cuenta.
    Te equivocas en algo, yo he actuado por mi cuenta **desde** el principio
08. Si seguimos así, vamos **hacia** a la ruina total.
09. Vaya por ese pasillo y la encontrará a la derecha, **según** se entra en el patio.
10. Mira **hacia** otro lado, que ahí vienen los tontos esos del otro día.

94.

01. diciendo, 02. dándose, 03. llorando, 04. riendo, 05. jadeando, 06. mostrando, 07. gritando, 08. resoplando jugando, 09. dando / admirando / sentándose

95.

01. **Visitados los monumentos de aquel pueblo medieval,** continuamos nuestro viaje.
02. **Convencidos de que ya no tenía ningún sentido quedarnos allí por más tiempo,** nos fuimos.
03. **Terminado el período lectivo,** los alumnos se fueron de vacaciones.
04. **Aunque cansados,** los jugadores esperaban conseguir victoria.
05. **Finalizados sus estudios de literatura francesa en París,** decidió marcharse a Londres a estudiar literatura inglesa.
06. **Roto nuestro compromiso,** ya no tenemos nada más que decirnos.
07. **Finalizada la representación,** los actores salieron a saludar al público.
08. **Aunque aburrido por la larga espera,** la recibió con una sonrisa.
09. **Vistas las pruebas,** el juez dictó sentencia.
10. **Terminada la comida,** volvimos a la oficina.
11. **Abandonada la casa,** fue derribada.
12. **Obtenido el permiso de circulación,** los coches fueron revisados.

96.

01. Le pregunté qué sabía hacer.
    Me dijo que sabía cocinar y que además podía ocuparse de las faenas domésticas y de los niños.
02. Me preguntó que cuándo llegaba el profesor.
    Contesté que no sabía cuándo iba a llegar.
03. Llamé por teléfono y una voz me dijo que el comisario estaba ocupado.
04. Prunté que dónde estaba el restaurante.
    Me dijeron que estaba en la planta de arriba.
05. Le pregunté que si podía prestarme alguna ropa para cambiarme porque la mía estaba completamente mojada por la lluvia.
06. El mendigo preguntó al transeúnte que si le podía dar algo para comer porque llevaba dos días sin probar bocado.
    Éste le contestó que si no tenía trabajo era porque no quería y el que quiera trabajar, trabaja y el que no, no.
07. Me preguntaron que por qué no participaba en la conversación.
    Contesté que porque no me interesaba nada lo que estaban diciendo.

08. Me preguntaron que dónde estaba Mario.
Les dije que no sabñia nada de él.

09. La azafata me preguntó que si me asustaba viajar en avión.
Le contesté que me aterrorizaba.

10. Me preguntó qué edad tenía.
Contesté que eso a ella no le importaba.

97.

01. Ahora **vas** y **le dices** que suba inmediatamente que tengo que hablar con él.
02. **Te llevas** el libro y **se lo das** de mi parte.
03. Ahora **sales** y **cierras** la puerta.
04. **Te comes** todo y **te callas** porque ya está bien.
05. **Te vas** a la calle a pasear y **me dejas** tranquilo.
06. **Subes** a mi despacho y **me bajas** el libro que está encima de la mesa.

98.

01. **c**, 02. **b**, 03. **c**, 04. **a**, 05. **b**, 06. **c**, 07. **a**, 08. **b**, 09. **a**, 10. **a**

99.

01. En caso que decida / haya decidido dejar de fumar ...
02. Mientras no esté convencido ...
03. Siempre que sea posible ...
04. a condición que sea un poco estricto ...
05. con tal que no se lo tome en serio ...
06. de haberlo hecho antes ...
07. a no ser que tengas la cabeza ...
08. pudiendo evitarlo fácilmente ...
09. con que no lo lleves una sola vez ...
10. pensándolo bien, no es tan incómodo ...

100.

01. **c**, 02. **a**, 03. **c**, 04. **a**, 05. **b**, 06. **a**, 07. **a**, 08. **c**

101.

01. **re** + construir, 02. **im** + paciente, 03. **pre** + historia, 04. **sub** + marino, 05. **super** + feliz, 06. **des** + **a** + fortunado

102.

01. **im**posible, 02. **i**lefal, 03. **in**capaz, 04. **i**limitado, 05. **in**activo, 06. **im**paciente

103.

01. **Él** me dijo que compró **el** libro ayer.
02. **El** coche de Fernando era de un color que sólo le gustaba a **él** .
03. **El** arte de Pablo Picasso es una de las más notables del mundo.
04. **El** profesor le preguntó al alumno si **él** sabía la respuesta para aquella cuestión.
05. **El** paisaje del camino que lleva a la playa es muy bonito.
06. **El** científico político dijo que **el** hambre es **el** gran mal de la humanidad.

104.

01. ¿Cuántos años tienes?
02. ¿A qué te dedicas?
03. ¿Qué estudias?
04. ¿Adónde piensas viajar este verano?
05. ¿Quiénes son aquellos chicos?
06. ¿De dónde viene Raúl?
07. ¿Adónde vas a hacer compras?
08. ¿Cuándo vas a ir a la playa?
09. ¿Cuál es tu nombre?
10. ¿Como te llamas?

105.

01. **Mi** libro es ese que está debajo de la mesa.
02. El chico de quien Sol está enamorada es amigo de **tu** hermano.
03. **Nuestros** ideales tienen que ver con la mejoría de la calidad de vida de las personas.
04. Es bueno saber que **vuestros** hermanos han ingresado en la universidad.
05. **Sus** zapatos están en el armario.
06. Rodrigo no fue a la fiesta porque **su** padre estaba enfermo.
07. No fuimos al cine porque **mi** novio tardó en llegar.
08. **¡Vuestra** madre hace unos pasteles riquísimos!
09. Tenemos que comprarles los regalos a **nuestros** padres.

106.

01. **Estudio** español e inglés en la universidad.
02. ¿Cuánto tiempo **llevas** viviendo en España?
03. Miguel **hace** sus tareas con mucha responsabilidad y atención.
04. No vamos a comprar todo lo que está en la lista porque no **tenemos** dinero suficiente.
05. ¿Cuántas horas **trabajáis** al día?
06. Pedro, **¿tienes** algún bolígrafo para prestarme?
07. **¿Llevas** cuánto tiempo estudiando?
08. Francisco y Raúl **tienen** veintitrés años.
09. Las chicas de la secundaria **estudian** francés los lunes.

10. **Hacemos** lo mejor que podemos.
11. **Tengo** natación dos veces por semana.
12. ¿En qué escuela **estudiáis**?
13. **¿Estudias** mucho durante la semana?

107.

01. Vivian tuvo su **tercer** hijo.
02. Fui el **primero** en llegar a la cita.
03. Carlos se clasificó en **décimo** lugar en la competición de natación.
04. Mira la lista de Marta **primero**: peluquería, **segundo**: supermercado, **tercero**: panadería.
05. Mariana es la hija **cuarta** del matrimonio **tercero** de mi padre.
06. Estamos en el **décimotercero** piso.

108.

01. Aquella tienda estará cerrada.
02. El pasaje es muy estrecho
03. El monedero está completamente lleno.
04. Es extraño que llueva tanto en este período.
05. Al oír el grito, se puso nervioso .
06. ¡Qué ocurrencia tan inteligente .
07. Este azul es muy oscuro.
08. Llevamos pocos años sin restaurar el chalet.
09. Después de tomar esta decisión, ¡avísame
10. Aquella chica es muy baja.

109.

01. En verano, las noches son cortas y los días largos.
02. Sergio es alto. Claudia y Elena son bajas.
03. La botella está llena. El vaso está vacío .
04. Este paseo es ancho. Esta callecita es estrecha.
05. Este edificio es moderno. Esta iglesia es antigua.
06. El azul celeste es claro. El azul de Prusia es oscuro.
07. ¿Está usted casada? No, estoy soltera.
08. Esta mujer es delgada. Su marido es gordo
09. El aluminio es ligero. El plomo es pesado.
10. Estos zapatos están sucios. Esta camisa está limpia.

110.

01. ingenuo, 02. suspicaz, 03. particular, 04. sereno, 05. perdurable, 06. superficial, 07. gordo, 08. modesto, 09. vulgar, 10. difícil, 11. fecundo, 12. brillante, 13. accidentel, 14. áspero, 15. blando, 16. natural, 17. evidente, 18. resuelto, 19. flojo, 20. condescendiente